한울사회복지학강좌

이데올로기와 사회복지

●

빅 조지·폴 윌딩 지음 / 남찬섭 옮김

한울
아카데미

IDEOLOGY AND SOCIAL WELFARE

Vic George and Paul Wilding

Routledge & Kegan Paul
London and New York, 1985

우리가 말하는 민주주의는 투표권은 부여하지만 일할 권리와 삶의 권리를 망각하고 있는 그런 민주주의가 아니다. 우리가 말하는 자유는 사회의 조직화와 경제계획을 배제하는 글자 그대로의 개인주의가 아니다. 또 우리는 사회적 특권과 경제적 특권에 의해 쓸모 없이 되어버리는 그런 정치적 평등을 평등이라고 말하지도 않는다. 또한 우리가 경제재건을 이야기할 때, 우리는 극대화된 생산(물론 이것도 필요하지만)을 염두에 두기보다는 공평한 분배를 더 염두에 두고 있다.

The Times, 1 July 1940

역자 서문

이 책은 빅 조지와 폴 윌딩(Vic george and Paul Wilding)이 쓴 *Ideology and Social Welfare*의 두번째 판(1985)을 번역한 것이다. 빅 조지와 폴 윌딩의 이 책에 대한 번역본은 국내에 이미 나와 있지만, 기존 번역본은 원저자의 1974년판을 번역한 것이라 시기가 많이 지난 감이 있었고, 또한 상이한 이데올로기를 가진 사상집단들이 복지국가를 어떻게 바라보는가 하는 데 대한 정리는 여전히 유효한 의미를 가진다고 생각되어 번역에 임하게 되었다.

저자들은 복지국가에 대한 분석이 전체 사회와의 관련 속에서 이루어져야 한다는 생각을 전제로 하면서, 자신들이 구분한 네 가지 사상집단이 가진 이데올로기를 대체로 사회에 대한 시각과 국가에 대한 시각, 사회문제에 대한 시각, 그리고 사회정책에 대한 시각이라는 틀로 소개하고 있다.

복지국가의 본질이나 필요성 그리고 그 성과, 미래의 발전방향 등은 그것을 바라보는 논자에 따라 다르게 인식되는데, 그러한 서로 간의 상반된 인식은 각 논자들이 가진 사회나 국가, 사회문제에 대한 입장과 관련되어 있다. 물론 저자들이 책에서 밝히고 있는 것처럼, 각 차원에서의 입장이 언제나 분명히 연결되는 것은 아니지만, 상당 정도의 일관성을 가지는 것은 사실이다. 이러한 점에서 복지국가에 관련된 이데올로기가 전체 사회에 대한 시각과 관련하여 네 가지로 구분될 수 있는 것이다. 이 네 가지 이데올로기를 단순한 스펙트럼상에 배열한다면, 가장 오른쪽에 반집합주의자들이 위치할 것이고, 가장 왼쪽에 맑스주의자들이 위치할 것이다. 그 가운데의 오른쪽에는 소극적 집합주의자들이, 그 왼쪽에 페이비안 사회주의자들이 위치할 것이다. 복지국가를 옹호하고 복지국가의 각종 제도 도

입에 이론적 근거를 제공했던 사람들은 소극적 집합주의와 페이비안 사회
주의에 속하는 사람들이었다. 그러나 이들의 생각은 복지국가가 물리적으
로 어려움에 처하면서 그와 함께 비판에 직면하게 되었다. 이제 이들의
입장은 전체 사회와의 관련성 속에서 재검증되고 재정립되어야 할 상황에
처하였다. 복지국가를 지지하는 입장이 처한 이러한 사정은 반드시 선진
복지국가에만 해당되는 것이 아니라 복지국가에 대한 관심이 점차 고조되
고 있는 우리 사회에도 해당되는 것이다. 사회를 어떻게 바라보며 앞으로
어떤 사회가 되어야 한다고 생각하는지 그리고 그에 관련하여 복지국가가
어떤 역할을 할 수 있는지에 관한 입장 정리에 이 책이 도움이 되기를 바
란다.

끝으로 번역에 도움을 주신 이혜경 교수님을 비롯하여 대학원의 여러
선후배들에게 감사한다. 특히 초역원고를 하나 하나 읽고 검토해준 <복지
와 사회 연구회>의 학생들에게도 깊이 감사한다. 번역상의 잘못은 모두
옮긴이의 책임으로 많은 사람들의 비판을 바란다.

1994년 8월
옮긴이

감사의 말

이 책의 첫번째 판은 많은 비평가들과 학자들로부터 호의적인 또는 비판적인 논평을 받았다. 우리는 그러한 논평들로부터 많은 도움을 얻었다. 하지만 우리는 특히 사회정책에 관해 최근에 저작을 내었던 이안 고프(Ian Gough), 라메쉬 미쉬라(Ramesh Mishra), 로버트 핑커(Robert Pinker), 그래함 룸(Graham Room), 피터 테일러-구비(Peter Taylor-Gooby), 제니퍼 데일(Jennifer Dale) 등으로부터 많은 도움을 얻었다.

우리는 켄트대학교의 마가렛 조이스에게 감사하며, 또한 원고타자에 수고해 준 맨체스터대학교 조교들에게도 감사한다.

우리들의 다른 모든 저작과 마찬가지로, 이 책도 진실로 공동노력의 산물이며, 따라서 이 책의 모든 잘못과 약점은 우리들 공동의 책임이다.

저자들

저자 서문

우리가 이 책을 1974년에 처음 썼을 때에는 사회복지에 관해 글을 쓰는 사람들이 가진 사회적 가치와 사회정치적 이념에 대해 연구해야 한다는 주장을 해야 했다. 이제는 그런 주장을 할 필요가 없다. 가치와 사회이론에 대한 연구는 이제 사회정책을 이해하는 데 가장 중요한 것으로 간주되고 있기 때문이다.

이번에 새로 내게 된 이 책의 구조는 첫번째 판과 동일하다. 각 장(章)에서, 우리는 최근에 나온 저작들과 그동안 변화한 우리들의 입장에 비추어 이전의 내용을 검토하고 수정하였다. 이 책을 새로 내게 되기까지 많은 상황이 변화하였다. 우리가 반집합주의자로 분류한 학파는 비교적 모호했던 위치에서 그동안 영국을 비롯한 각 국에서 분명한 위치를 차지하여왔다. 반집합주의자들이 내세우는 원리와 실천이 정부에 의해 실제 실행에 옮겨진 경우는 드물지만, 그들의 원리와 실천에 관한 새롭고 중요한 여러 가지 진술들이 그간 많이 출판되었다.

정치적 스펙트럼에서 반집합주의자들의 반대쪽에서는 특히 이데올로기와 국가의 개념에 특히 중점을 두어 공공정책의 본질과 기능을 분석하는 맑스주의자들이 점차 부상하여왔다. 맑스주의 내부의 여러 분파들 간에 벌어지는 끝없고 결실 없는 논쟁을 차치한다면, 맑스주의자들의 새로운 문헌은 복지국가의 기능을 이해하는 데 있어서 초기 맑스주의자들보다 더 정교한 구조적 틀을 제공하고 있다고 할 수 있다.

반집합주의자들과 맑스주의자들의 중간영역에서는 소극적 집합주의자들이 자신들의 입장을 재정립하여왔다. 그 중 가장 강력한 세력은 보수당(the Conservative Party)이 반집합주의적인 경향으로 흐르는 것을 영국의 전통적인 보수주의적 철학과 실천에 위배되는 것이라고 간주하는 보수당 내부 인사들에게서 나왔다. 비록 아직까지는 사회정책논쟁에 별다른 기여를 하지 못하고 있지만 새로운 사회민주당이 이 계열에 속한다고 볼 수 있다.

우파와 좌파로부터 공격받고, 실제로 정부를 운영했던 경험에 의해 오염된 페이비안 사회주의자들은 지난 십여 년 동안 수세적인 위치에 몰려 있었다. 페이비안주의자들이 경제정책과 사회정책에 관련된 자신들의 입장을 재고하고 재정립하기 시작한 것은 최근의 일이다. 아직도 공공정책의 몇 가지 중요한 측면들에 관련해서는 심각한 의견차이가 존재하고 있다. 하지만 그들은 의회주의적 방법을 통해 민주적 사회주의로 나아간다는 데 대해서는 견해를 같이 하고 있다.

마지막 장에서, 우리는 이 책을 처음 냈을 때에는 하지 않았던 시도, 즉 네 가지 사상집단을 비교하는 시도를 하였고, 또한 복지국가에 관한 우리 자신들의 관점을 보다 분명하게 밝히는 시도를 하였다. 이 책의 첫번째 판에서 우리는 복지국가의 실패를 정당하게 비판하였지만, 복지국가의 업적을 변호하지도 못했고 복지국가의 결점을 수정하기 위해서는 무엇을 해야 하는가에 대해서도 말하지 못했다. 우리는 이 책의 마지막 부분에서 민주주의적인 사회주의적 사회정책전략의 대략적인 윤곽을 제시함으로써 복지국가의 결점을 보완하기 위한 대안을 제시하여 보았다. 우리들의 대안은 부적절한 것이라고 비판받을 수도 있을 것이고, 또 비판받아 마땅하다. 하지만 전략에 관련된 생각은 어딘가에서 시작되어야 하고, 우리가 그 시작에 일정한 기여를 했기를 바란다.

빅 조지·폴 윌딩

차례

제1장
사회, 국가, 사회문제, 그리고 사회정책

오늘날의 선진 자본주의 사회는 모두 복지국가로 불릴 수 있다. 선진 자본주의 사회는 그들 사회의 소득 중 삼분의 일 내지 이분의 일을 공공서비스(public services)에 지출하고 있는데, 이 공공서비스에 대한 지출 중 약 이분의 일이 사회서비스(social services; 혹은 사회적 서비스)라고 알려져온 분야에 투입되고 있다. 이 책이 처음 쓰였던 10여 년 전에, 우리는 사회정책(social policy)이 경제체계와 사회체계 그리고 정치체계의 정상적인 여러 과정들—사회정책은 이 과정들의 일부이며, 이 과정들에 대해서 일정한 기여를 하는 것이다—과 무관한 것인 양 분석되고 있다고 말한 바 있었다. 하지만 이제는 공적 서비스나 사회서비스는 그것을 둘러싼 사회의 일부이며, 공적 서비스와 사회서비스의 기원과 목적, 결과를 올바로 이해하기 위해서는 사회의 본질을 제대로 이해해야 한다는 것이 널리 받아들여지고 있다.

사회에 관한 이론과 국가에 관한 이론, 사회문제에 관한 이론 그리고 사회정책에 관한 이론은 모두 상호연관되어 있다. 사회과학자가 사회의 전반적인 구조에 대해서 그리고 국가의 본질에 대해서 어떤 견해를 갖는가 하는 것은 그가 사회문제의 발생과 그에 대한 정부의 사회정책적 조치에 의한 대응을 어떻게 설명하는가 하는 것에 영향을 미치게 되는 것이다. 사회, 국가, 사회문제, 사회정책이라는 이 네 가지 개념화 단계 사이에 흐르는 연관성이 항상 잘 드러나는 것은 아니며, 또한 그 연관성이 언제나 일관성 있는 것은 아니지만, 그럼에도 불구하고 그러한 연관성이 상당 정도로 존재한다는 것은 틀림없다.

사회학 이론이나 정치학 이론을 분류하는 작업은 본질적으로 복잡한 상황을 과도하게 단순화시킬 수밖에 없다. 즉 그러한 분류작업에서는 같은 이론집단에 속한다고 간주된 여러 이론가들이 가진 접근법들에 대해서 그들 간의 차이점보다는 유사점에 강조점을 두게 되는 것이다. 그럼에도 불구하고, 그러한 방법은 다양한 이론집단들과 이론들 그리고 그것들이 사회정책에 대해 가지는 함의(implication)의 유사점과 차이점 모두에 초점을 맞출 수 있는 중요한 장점이 있다. 그것은 사회정책 프로그램(social policy program)의 구체적인 측면들을 다소 과도하게 단순화시키는 위험은 있지만, 사회정책의 광범위한 영역들을 보다 잘 이해할 수 있도록 도움을 줄 것이다.

사회에 관한 이론
질서이론, 사회갈등이론, 계급이론

여기서 우리가 말하는 '질서이론(order theories)'은 사회학에서 질서이론, 합의이론(consensus theory) 또는 기능주의이론(functionalist theory)이라고 알려져온 것들을 말한다. 질서이론이라고 불리는 이 학파 내에서도 학자들 간에 접근법과 강조점에 있어서 많은 차이가 있는 것은 사실이지만, 여기서는 탈콧 파슨즈(Talcott Parsons)의 이론을 이 학파의 중심사상으로 간주하여1) 그의 이론만 다루기로 한다. 우리의 논의에서 볼 때, 사회에 관한 질서이론이 가진 가장 중요한 특징은 그것이 합의와 안정, 통합, 그리고 기능적 관계 등을 중시한다는 점이다.2) 사회의 모든 구성부

---

1) P.S. Cohen, *Modern Social Theory*, Heinemann, 1968, chs.3-6.
2) R. Dahrendorf, *Class and Class Conflict in Industrial Society*, Routledge & Kegan Paul, 1959, p.161.

분은 전체로서의 사회(society as a whole)가 잘 움직일 수 있도록 하는, 특정한 기능(a specific function)을 가진 것으로 간주된다. 초기의 기능주의이론에서 사회는 인간의 몸에 비유되고, 사회의 각 하위체계는 신체의 각 기관에 비유되었다. 이러한 유추(유기체적 유추)는 그 후 오랫동안 기능주의 이론가들 사이에서는 폐기되었지만, 전체로서의 사회와 사회의 각 부분들 간의 관계에 대한 질서이론의 생각을 잘 보여주고 있다. 즉 사회의 어떤 한 부분이 다른 부분들과 조화롭지 못하게 되면, 조화롭지 못한 그 부분을 재통합하거나 또는 그와 연관이 있는 다른 부분들을 재배열하려는 압력이 나타나게 되고, 이리하여 질서와 안정이 대체로 사회를 지배한다는 것이다.

하지만 질서이론에 따르면, 사회안정(social stability)은 위와 같은 추상적인 기능적 필요성(functional necessity)에만 의존하는 것이 아니라 사회에 존재하는 여러 가치들에 대한 실질적인 사회적 합의(social consensus)에도 의존하는 것이다. 개인들은 공통의 기본적인 가치(value)를 공유하고 있는 것으로 간주되며 따라서 서로에 대해 어떻게 행위하고 사회가 어떻게 운영되어야 하는지에 대해서도 동의하고 있는 것으로 간주된다. 파슨즈는 "사회구성원들은 특히 그들 자신의 사회를 준거로 하여 그들에게 좋은 사회가 무엇인가를 정의할 수 있는 존재이다. 사회의 가치체계란, 이들 사회구성원들이 내리는 규범적인 일련의 판단이며,… 따라서 경험적 체계로서의 사회체계를 분석하는 데 있어서 일차적인 준거는 공유된 가치이다"라고 말하였다.[3] 사회가치와 행위유형에 대한 전반적인 동의는 새로운 성원에 대한 사회화(socialization)와 모든 구성원들에 대한 사회통제(social control)라는 두 가지의 과정을 통해 세대에 걸쳐 유지된다.[4] 파슨즈를 비판하면서 록우드(Lockwood)가 적절하게 말했듯이, 질서이론가들이 보기에

---

3) T. Parsons, *Sociological Theory and Modern Society*, Free Press, 1969, p.6.
4) T. Parsons, *Towards a General Theory of Action*, Harvard University Press, 1951, p.227.

"어떤 주어진 한 체계에 있어서 두 가지 중요한 위협은 사회화되지 않은 어린이와 일탈이나 비순응(non-conformity)에의 동기를 가진 개인"인 것이다.5)

확실히 사회변화(social change)를 설명할 수 있는 여지는 질서이론에서 많지 않다. 질서이론에서도 변화를 고려하긴 하지만 변화는 사회에서 때때로 일어나는 역기능(dysfunction)이나 기술의 변화 또는 사회 외부로부터의 압력에 의해 발생되는 이상상태(aberration)로 간주된다. 질서이론에서 변화란 안정과 질서가 사회를 다시 지배할 수 있도록 곧 극복되어져야 하는 일시적인 현상, 즉 탈선 또는 일탈(deviance)의 한 형태로 간주되는 것이다. 사회는 변화의 영향을 흡수하여 그것을 해(害)가 없는 과정으로 바꿀 수 있는 적절한 기제를 항상 내장하고 있는 것으로 간주된다. 거의 영구적인 안정에 대한 이러한 주장과 관련하여 앨빈 굴드너(Alvin Gouldner)는 "파슨즈는 불멸의 사회체계를 생각하고 있었다"고 말하였다.6)

사회변화가 질서이론에서는 고려될 여지가 거의 없는 것이라면, 사회갈등(social conflict)은 질서이론에서 거의 비정상적인 것이고 사회에 대해 명백히 해로운 것으로 간주된다. 즉 질서이론에서는 가치와 행위유형에 대한 합의를 강조한 나머지, 사회갈등은 지극히 예외적인 것일 뿐 아니라 사회의 모든 사람에게 해로운 것으로 여겨지는 것이다. 또한 암묵적으로 갈등은 일탈적이고 파괴적인 것으로 간주된다. 반 덴 베르그(Van den Berghe)가 말한 바와 같이, "기능주의자들은 갈등과 불화(dissension)의 문제를 고려할 수밖에 없는 경우에도, 그것을 '탈선(혹은 일탈)'이나 '변이(variance)'의 관점에서 고려하여왔다. 즉 그들은 갈등과 불화의 문제를, '지배적인 유형' - 지배적인 유형은 '제도화'를 통해서 스스로를 해결해 나

5) D. Lockwood, "Some Remarks on The Social System," *British Journal of Sociology*, vol.Ⅷ, no.2, 1956.
6) A.W. Gouldner, *The Coming Crisis of Western Sociology*, Heinemann, 1971, p.353.

가는 경향이 있다- 으로부터 용인할 수 없을 정도로 일탈된 상태 혹은 변형된 상태로 간주하였던 것이다."7)

한편으로 합의를 인정하고 강조하며 다른 한편으로는 사회의 갈등을 무시함으로써, 기능주의는 사회에 대해 보수주의적 관점을 취하고 기존질서(status quo)를 정당화하는 것이라는 비판을 받는다. 이러한 비판을 받는 예로는 선진 산업사회에 있어서의 소득과 부(富)의 불평등에 대한 기능주의자들의 설명이 대표적인 경우이다. 데이비스와 무어(Davis and Moore)는 소득과 부의 불평등은 현대 사회의 지배적인 가치 때문에 불가피한 것일 뿐 아니라 모든 사람들에게 이익이 되는 것이기도 하다고 주장한다. 불평등은 사회의 가장 중요한 지위를 가장 능력 있는 사람이 차지하도록 보장하는 장치로 기능한다는 것으로서, 만약 능력에 따른 지위의 분배가 이루어지지 않는다면, 경제성장과 정치적 안정이 달성되지 못하여 이는 결국 모든 사람들에게 손실을 가져다준다는 것이다.8) 소득과 부의 불평등에 대한 논의와 관련하여 기능주의에 대해 제기되는 두번째 비판은 기능주의는 선진 산업사회에서 끊임없이 나타나는 노사갈등이나 인종갈등, 성적 갈등 등과 같은 현상과 조화되지 못한다는 비판이다. 잉켈레스(Inkeless)는 이 점과 관련하여, 기능주의를 "인간사(人間事)에 있어서 갈등이나 목적, 이해관계에 관련된 냉혹한 사실들을 가리면서 현실을 왜곡하는 장미빛 거울"로 비유하였다.9)

사회에 관한 사회갈등이론과 계급갈등이론은 선진 자본주의 사회의 성격에 대해서 공통된 견해를 취하고 있다. 즉 이 두 이론은 개인, 집단, 계급이 그들 자신의 이해관계(interests)를 추구하며 그 과정에서 서로 갈등

7) P.L. Van den Berghe, "Dialectic and Functionalism: Towards a Theoretical Synthesis," *American Sociological Review*, vol.28, no.5, October 1963.

8) K. Davis and W. Moore, "Some Principles of Stratification," *American Sociological Review*, vol.10, no.2, April 1945.

9) A. Inkeles, *What is Sociology? An Introduction to the Discipline and Profession*, Prentice-Hall, 1964.

을 일으킨다는 견해를 취하고 있다. 갈등의 기원과 기능, 그리고 갈등의 해결방법에 관해서는 상당한 의견차이가 있지만, 두 이론에서 갈등이 일상생활의 엄연한 사실로 간주된다는 점은 확실하다. 두빈(Dubin)의 말대로, "갈등은 사회이론가들이 사회적 행위에 관한 일반모형을 구축하기 위해서는 반드시 다루어야 하는 현실인 것"이다.[10]

두 가지 주요 갈등학파로는 베버주의(Weberianism)와 맑스주의(Marxism)가 있다. 이들은 각각 사회갈등학파와 계급갈등학파에 해당된다. 베버(Max Weber)는 산업사회를 계급, 지위, 그리고 파당이라는 세 가지 차원에 따라 계층화된 것으로 간주하였다. 계급(class)은 공통의 경제적, 물질적 이해관계를 가진 집단으로 정의되고, 지위(status)는 공통의 생활양식과 소비유형을 가진 집단으로 정의된다. 런시만(Runciman)은 "계급은 돈이 어디로부터 오는가에 따라 달라지고, 지위는 돈이 어디로 가는가에 따라 달라진다"는 표현으로 계급과 지위의 차이를 잘 요약하고 있다.[11] 계급과 지위는 때로 중복될 수도 있으나, 그 둘은 상이한 범주이다. 베버는 파당(party)을 정치적인 정당뿐만 아니라 압력집단이나 이익집단도 포함하는 것으로 정의하였다. 파당도 계급이나 지위와 중복될 수 있으나, 그 세 가지는 분명히 계층화에 있어서 상이한 범주이다. 베버는 "파당은 반드시 순수한 계급적 파당일 필요도 없고 또 순수한 지위적 파당일 필요도 없다. 사실 파당은 혼합된 형태를 띠는 경향이 있으며, 때로는 계급적 파당도 지위적 파당도 다 아닐 수도 있는 것이다"라고 말하였다.[12]

질서를 사회체계의 '필요(needs)'로부터 나온 불가피한 산물로 보는 구조기능주의학파와 달리, 베버주의는 상이한 방식과 상이한 집단형성을 통해 자신의 이익을 추구하는 집단들을 고려하여 행위적 준거틀(action

---

10) R. Dubin, "Approches to the Study of Social Conflict: A Colloquium," *Conflict Resolution*, vol.1, no.2, June 1957.

11) W.G. Runciman, *Social Science and Political Theory*, Cambridge University Press, 1965, p.138.

12) M. Weber, *Economy and Society*, New York, 1968, vol.2, p.938.

frame of reference)을 채택하고 있다. 램버트, 패리스 그리고 블랙커비 (Lambert, Paris and Blackaby)가 말한 바와 같이, "사람들의 이해관계와 신념, 사상이 다양하고 또 사람들 간의 상호작용과 관계가 다양함을 생각할 때, 행위적 준거틀에서는 갈등과 불화, 이해관계의 충돌을 지속적이고 항상적이며 실제적인 것으로 간주"한다.13) 사회에 존재하는 갈등을 이런 식으로 설명하게 되면, 경제적 이해관계는 사회적 갈등을 일으키는 한 가지 요인에 불과한-중요한 것이긴 하지만- 것이 된다. 갈등을 일으키는 인종적, 종교적, 위세(prestige)적, 전문직적, 그리고 기타 원인들도 경제적 원인과 마찬가지로 중요한 것들이다. 그러나 갈등의 원천이 다양하고 여러 가지라면, 자본주의 사회 내에서 그러한 갈등을 해결할 수 있는 가능성도 높아진다. 왜냐하면 이는 갈등의 원천들 중 많은 것들은 생산수단과 분배수단의 자본주의적 소유와 관련되거나 그것에 의존하는 것이 아니기 때문이다. 베버주의 학파는 산업사회에서의 갈등은 자연스럽고 당연한 것이지만, 여러 가지 과정들을 통해서 정치적 안정이 지속된다고 주장한다. 그 과정들 중 중요한 한 가지는 "복종자들 스스로가 자신의 복종이 정당하다고 믿는 신념"14)이다.

맑스주의적 계급갈등이론은 베버주의적 접근과 여러 가지 면에서 차이가 있는데, 그 중 중요한 한 가지 차이점은 계급갈등이론이 계급갈등을 다른 형태의 갈등보다 훨씬 더 중요한 것으로 간주한다는 점이다. 맑스 (Karl Marx)의 주장에 의하면, 계급갈등은 사회적, 정치적, 이데올로기적 체계의 토대(foundation)가 되는 생산체계(production system)로부터 나오기 때문이다. 생산체계의 변화는 계급갈등의 정도와 형태뿐 아니라 두 가지 주요 계급-자본가계급과 노동자계급-의 관계에도 영향을 미친다는 것이다. 제5장에서 살펴보겠지만, 생산체계의 변화는 또한 다른 형태의

---

13) J. Lambert, C. Paris, and B. Blackaby, *Housing Policy and the State*, Macmillan, 1978, p.6.

14) A. Giddens, *Capitalism and Modern Social Theory*, Cambridge University Press, 1972, p.156.

갈등에도 복잡한 방식으로 영향을 미친다. 계급갈등은 그것이 수행해야 할 역사적인 역할을 가지고 있는데, 왜냐하면 계급갈등은 자본주의 체제의 완전한 폐기를 가져올 수 있기 때문이다. 베버주의에서는 사회변화의 주요 동인이 선진 산업사회에 내재하는 합리성과 관료화의 계속적인 증가였다. 확실히 계급이라는 개념은 두 갈등이론에서 매우 다른 의미를 가지는 것이다.

계급갈등이론에서는 자본주의 사회에 존재하는 상대적인 정치적 안정이 자연스러운 것도 아니며 모든 사람에게 이롭지도 않은 것으로 여겨진다. 자본주의 사회에서의 상대적인 정치적 안정이 자연스럽지 않게 간주되는 것은 맑스주의자들이 기능주의자들처럼 자본주의 사회체계를 안정되고 통합된 구조로 보는 것이 아니라 갈등에 의해 지배되며 항상 변화하는 것으로 보기 때문이다. 게다가 맑스주의자들은 그러한 상대적인 정치적 안정을 자본가계급의 이해관계와 부합되는 것으로 간주한다. 자본주의 사회에 존재하는 상대적인 정치적 안정은 강제, 노동자계급의 고용주에 대한 의존, 물질적 생활수준의 향상, 그리고 가장 중요하게는 지배적인 가치의 정당화 작용과 같은 여러 가지 요인의 결과인 것이다. 사회의 지배적인 가치는 지배집단의 이익에 봉사하는 것이지만, 국민적 가치로 변형되면서 노동자계급의 사람들도 그것을 받아들이게 되는 것이다. 따라서 맑스주의자들이 보기에, 사회를 지배하는 일반적인 합의는 질서이론가들이 주장하는 것처럼 사회의 모든 부문에 똑같이 이익을 주는 것이 아니라, 계급지배와 착취를 위한 주요 도구인 것이다.

지금까지 살펴 본 자본주의 사회구조에 관한 세 가지 해석들은 권력의 본질과 권력의 분배, 즉 국가에 관한 서로 다른 인식을 함축하고 있다. 이제 이에 대해 살펴보기로 하자.

국가에 관한 이론
다원주의이론, 엘리트이론, 계급이론

사회에 관한 질서이론은 권력(power)에 관한 합의적 관점(consensus view) 혹은 다원주의적 관점(pluralist view)과 관련된다. 파슨즈는 권력을 합의적 관점에서 바라보면서 권력은 집합적 목적을 달성하기 위해 대중들이 정부에게 부과한 것이라고 주장한다. 파슨즈에게 있어서 권력은 "전체 '대중들'이 헌신해온 그리고 헌신할 수 있는 목적을 이루기 위해 사회의 자원을 동원(mobilization)할 수 있는 능력"으로 정의된다.15)

권력에 대한 파슨즈의 합의적 견해보다 덜 이상론적인 것으로는 다원주의적 견해를 들 수 있다. 다원주의는 정치적 권력이 개인과 압력집단 그리고 정부에 의해 공유되고 있다고 주장한다. 다른 집단들—여기에는 물론 정부도 포함된다—을 지배할 만큼 강력한 집단은 사회에 하나도 존재하지 않는다는 것이다. 다원주의자들은 한 집단에 권력이 집중되면 사회의 균형이 깨어지고, 이는 대항집단들로 하여금 균형을 회복하기 위해 조직을 형성토록 하는 결과를 가져온다—갈브레이드(Galbraith)의 개념으로는 대항권력(countervailing power)이 형성된다16)—고 주장한다. 개인은 집단이나 정부와의 협상이나 논쟁에서 패배하지 않는다. 왜냐하면 개인의 목소리는 그가 특정 집단의 구성원이라는 사실을 통해 그리고 선거를 통해 전달될 수 있기 때문이다. 게다가 로버트 다알(Robert A. Dahl)이 주장하듯이, '민주주의적 신조'에 대한 합의가 지배하고 있기 때문에, 그러한 합의가 때때로 '비(非)미국적인' 방식으로 행동하는 집단이나 개인에 대해 제어작용을 하게 된다는 것이다.17) 이와 같은 통합되고 안정된 사회에서의 권력분배라는 견해를 취하게 되면, 국가는 집단들 간에 존재하는 사소

---

15) T. Parsons, "The Distribution of Power in American Society," *World Politics*, vol. X, no. 1, October 1957.

16) J.K. Galbraith, *American Capitalism*, Penguin, 1963, p.125.

17) R.A. Dahl, *Who Governs?*, Yale University Press, 1961, p.216.

한 갈등—다원주의자들에게 집단 간의 갈등은 확실히 사소한 갈등일 뿐이다—을 중재하는 공평한 중재자이거나 논쟁의 여지가 없이 합의된 정책을 모든 사람들을 위해 도입하는 단순한 도구로 간주되는 것이 당연하게 된다. 국가는 모든 활동에 있어서 공익(public interest)을 위해 봉사하는 것으로 간주된다. 국가의 일차적인 관심사는 공익이며, 국가는 분파적 이익이 발생할 경우 그것을 방지할 의지와 힘을 모두 갖고 있는 것이다.

질서이론이 로버트 다알의 일면적인 권력관(one-face view of power)과 관련된다면, 베버주의적 갈등이론은 바흐라흐와 바라츠(Bachrach and Baratz)가 주장하는 양면적인 권력관(two-dimensional view of power)과 관련된다. 이 관점에 따르면, 권력은 협상 테이블에서의 논쟁에서 승리할 수 있는 능력을 의미—여기까지는 권력에 대한 일면적인 견해이다—할 뿐 아니라 자신의 이익을 유지하기 위해 특정 쟁점을 논의에서 제외할 수 있는 능력도 포함하는 것이다. 기업이 사회에서 자신들의 특권적인 지위를 유지할 수 있는 것은 바로 이 후자의 능력을 통해서라고 바흐라흐와 바라츠는 주장한다.[18]

따라서 국가에 대한 갈등적 관점은 일부 집단들은 다른 집단들보다 항상 더 많은 권력을 행사한다는 점을 인정한다. 미국의 파워 엘리트(power elite)를 구성하고 있는 세 집단의 본질에 관한 라이트 밀즈(C. Wright Mills)의 고전적 논의에서처럼, 항상 더 많은 권력을 행사하는 일부 집단들은 때로 엘리트라고 칭해진다. 밀즈가 말한 세 집단이란 기업의 고위 관리자, 고위 군인, 고위 공무원을 말하는데, 이들은 교육과 가족배경에 의해 연결되어 있으며 현상태를 유지하려는 공통적인 이해관계를 가진다. 따라서 정부에 대한 이들의 영향력은 막강한 것이다.[19]

파워 엘리트라는 개념에 대해서는 그것을 강력하게 주장하는 사람도 있고 다소 약하게 주장하는 사람도 있지만, 대체로 파워 엘리트라는 개념은

---

18) P. Bachrach and M. Baratz, *Power and Poverty*, Oxford University Press, 1970.
19) C. Wright Mills, *The Power Elite*, Oxford University Press, 1956.

국가는 의도적이든 그렇지 않든 사회의 엘리트집단의 이해관계를 고려할 수밖에 없다는 의미를 함축하고 있다. 정부가 실천하는 정책과 정부가 논의과정에서 제외하는 정책들은 이들 엘리트집단이 가지는 권력의 두 차원에 의해서 영향받는 것이다. 제4장에서 보겠지만, 페이비안주의자(Fabian)들의 국가개념이 이와 관련된 것이다. 사회정책문헌에서는 홀과 그의 동료들(Hall et al.)의 글이 권력에 대한 양면적인 접근을 가장 잘 보여주고 있다. 홀과 그의 동료들은 바흐라흐와 바라츠의 권력관을 수용하고 있으며, 또 정부계획에 도입된 정책과 도입되지 않은 정책 모두에 관련하여 '정책형성의 한계'를 설정하는 데 있어서 엘리트집단이 가지는 중요성을 강조하고 있다. 그들은 또한, 정부의 '비결정(non-decision)'을 연구하는 데 따르는 어려움들이 명백하고 엄청나다는 것에 대한 논의를 제기하고 있다.[20]

권력에 관한 맑스주의자들의 견해는 갈등적 관점에서 한 걸음 더 나아가 갈등의 구조적 원천을 밝히는 시도를 한다. 맑스주의자들은 갈등의 구조적 원천을 생산관계(the relations of production)에 위치시킨다. 두 주요 계급 및 그들 각각의 동맹자들은 권력을 상이하게 소유하는 것은 생산체계에서 두 계급이 차지하는 상이한 위치 때문이다. 생산수단(means of production)을 소유한 계급은 필연적으로 많은 권력을 소유하게 된다. 노동자계급도 노동자들의 조직을 통해서 권력을 소유할 수 있는데, 이는 노동자들은 생산체계에 있어서 없어서는 안 되는 존재이기 때문이다. 보통의 경우에는 상위계급의 권력이 지배적이지만, 특정 경제환경에서는 노동자계급이 자신의 권력을 자본가계급의 권력에 필적하거나 그것을 능가할 수 있을 만큼 증가시킬 수 있다. 확실히 권력에 대한 이러한 견해는 권력의 원천과 권력의 분배장치를 사회에서 구하는 구조주의적 입장이다. 하지만 중요한 문제는 과연 모든 권력이 경제체계로부터 직접 또는 간접적

---

20) P. Hall, H. Land, R. Parker, and A. Webb, *Change, Choice and Conflict in Social Policy*, Heinemann, 1975, pp.150-2.

으로 나오느냐 하는 점이다. 베버주의자들이나 여타의 사람들은 권력이
경제체계로부터만 나온다는 주장에 대해 반박하며, 맑스주의자들 내에서
도 경제체계와 사회의 기타 하위체계들 간의 관계가 어떤 것인가에 대해
의견이 일치하지 않고 있다.

맑스주의자들은 다른 이론들과는 훨씬 다른 국가개념을 가지고 있다. 국
가에 대한 그들의 견해는 국가를 자본가계급의 단순한 도구로 보는 입장과
국가는 어떤 특정 환경에서는 자본가의 반대를 묵살할 수 있다는 입장으로
나뉜다. 첫번째의 국가를 자본가계급의 단순한 도구로 보는 입장에서는 국
가를 매우 광범위하게 정의-루이 알튀세(Louis Althusser)가 말한 바의
이데올로기적, 억압적 장치로서의 국가(the ideological and the repressive
apparatus of the state)와 같이-하는 경향이 있는데, 이러한 국가개념에서
는 경찰, 대중매체, 가족제도, 교회(종교제도), 공무원, 군대, 그리고 정부가
모두 국가에 포함된다.21) 이 입장에 따르면, 가장 좌파적인 정부조차도 정
상적인 의회장치를 통해서는 중요한 문제에 관련하여 자본가계급에 대해
자신의 의지를 관철시킬 수 없다는 것이다. 두번째 입장에서는 좌파정부는
강력한 노동자계급의 지지를 받을 경우에 지방적 차원이나 국가 혹은 국제
적 차원에서의 자본가들의 거센 반대가 있다 할지라도 급진적인 정책을 도
입하고 실행할 수 있다고 주장한다.22) 일반적으로 대부분의 맑스주의자들
은 번바움(Birnbaum)의 다음과 같은 결론, 즉 재산소유자들과 경영자들은
"정부에 대해 자신들의 의지를 강제할 수는 없을지 모르지만, 자신들의 이
해관계에 해로운 정책을 방지하거나 그것에 심각한 제약을 가할 수는 있
다"23)는 결론에 공감할 것이다. 두번째 입장에서는 입법을 통해서 상위계
급의 특권영역에 침입하는 것이 가능하긴 하지만 그러한 침입이 일어나는

21) L. Althusser, *Lenin and Philosophy and Other Essays*, New Left
   Books, 1971.

22) R. Miliband, *Marxism and Politics*, Oxford University Press, 1977.

23) N. Birnbaum, *The Crisis of Industrial Society*, Oxford University
   Press, 1969, p.5.

경우는 드문 편이고 또 실제로 침입을 실천함에 있어서 상당한 제약이 따
른다는 것을 인정하고 있다. 지배계급은 몇몇 '전투'에서 패할 수 있지만,
지금까지는 '전쟁'에서 계속 이기고 있는 것이다.

사회문제에 관한 이론
개인적 이론, 제도적 이론, 구조적 이론

안정과 질서, 균형, 그리고 사회 각 부분들 간의 기능적 관계를 강조하고
다원주의적 권력분배개념과 공평한 중재자로서의 국가개념에 중점을 두는
이론은 사회문제의 원인을 그에 관련된 당사자의 개인적 특성에서 구하고
사회문제의 해결도 개인주의적 해결책에서 구하는 경향을 뚜렷이 띤다. 그
래서 사회에 관한 질서이론에서는 사회문제를 일차적으로 탈선, 해체(dis-
organization), 그리고 유전적 부적절성(hereditary inadequacy)이라는 측면
에서 바라본다.

사회문제에 관한 이러한 개인적 이론(personal theory)의 대표적인 주창
자들인 니스벳과 머튼(R.A. Nisbet and R.K. Merton)에 따르면, 탈선과
해체의 본질적인 차이점은 다음과 같다. 즉 "탈선에 의해 나타나는 사회
문제는 사람들이 자신이 가지고 있는 사회적 지위에서 요구하는 조건에
합당한 행동을 하지 못해서 나타나는 것인 반면에, 해체로 인해 나타나는
사회문제의 형태는 탈선의 경우와 달리, 상당 정도로 일관성을 가진 사회
체계 내에서 사람들이 점유하고 있는 사회적 지위들이 잘못 조직되어 나
타나는 것"이다.[24] 사회해체가 일어나는 주요 원인은 '사회체계 내에 살고
있는 사람들 간의 효과적인 의사소통 수단이 붕괴'되었거나, '사회화과정
에 결함'이 있거나, '사회구성원들에 대한 여러 가지 사회적 요구가 잘못

---

24) R.A. Nisbet and R.K. Merton, *Contemporary Social Problems*,
Harcourt Brace & World, 1966, p.804.

조정'되었거나 하는 것들이다.25)

탈선적 행위는 비순응적 행위(non-conformist behavior)와 상궤일탈적 (常軌逸脱的) 행위(aberrant behavior)를 모두 포함한다. 비순응적 행위는 이기적이지 않고 개방적인 행위이며 행위자 스스로가 자부심을 가지고 있는 경우를 말한다. 반면에 상궤일탈적 행위는 개인적 이익을 위한 것이고 은밀하게 행해지며 때로는 행위자 스스로도 좋지 않은 것으로 생각하는 경우를 말한다. 상궤일탈과 비순응을 구분할 명확한 기준이 있는 것은 아니라는 점이 인정되긴 하지만 사회문제로까지 이르게 되는 것은 상궤일탈적 행위뿐인 것으로 간주된다. 절도, 약물중독(drug addiction), 빈곤 등이 상궤일탈적 행위의 예들이다. 따라서 이들은 사회문제이다. 이상한 머리 매무새나 비정통적인 종교에 대한 신앙 등은 비순응적 행위에 속하는 것이므로 사회문제가 아닌 것이다. 해체가 상궤일탈적 행위를 초래하는 경우—따라서 사회문제를 초래하는 경우—도 물론 있다. 이러한 것의 예로, 사회화과정에 결함이 있는 가족에서 성장한 아동의 경우를 들 수 있다. 아동을 적절하게 사회화시키지 못하는 가족들로는 집시(gypsies)나 가족수가 많은 빈곤한 가족 등을 들 수 있는데, 이들 가족들은 그들이 가진 집단으로서의 특성 때문에 사회화과정에 결함을 나타낸다.

사회문제를 해체나 탈선의 관점에서 바라보는 견해가 1960년대에 이르기까지 사회과학사상을 지배하였으나, 1960년대에 들어오면서 그러한 견해는 심각한 도전에 직면하게 되었고 사회문제에 관한 다른 견해들이 수용되기 시작했다. 사회문제에 관한 기능주의적 관점에 대한 초기 비판자들 중 한 사람이었던 라이트 밀즈는 기능주의적 관점은 백인 중산층의 생활양식이 규범적인 것이고, 다른 생활양식은 문제가 있는 것이라는 가정에 근거한 것이라고 지적하였다. 라이트 밀즈는 기능주의적 관점으로 사회문제를 바라보는 사람들을 '사회병리론자(social pathologist)'라고 칭하였으며, 이들 사회병리론자들은 자신들의 주장을 사회과학으로 겉치

---

25) *Ibid.*, pp.802-3.

레하고 있지만 사실은 기존 사회질서를 변명하려는 사람들이라고 비판
하였다.26)

리안(W. Ryan)은 기능주의적 관점은 현대의 사회과학적 용어로 자신을
치장한 '희생자를 비난하는(blaming the victim)' 낡은 이데올로기에 불과
하다고 비판함으로써 기능주의이론에 대한 비판에 새로운 측면을 부가하
였다. 그는 기능주의적 관점이 상당한 호소력을 가졌던 것은 그것이 인간
적이고 건설적이며 미래를 약속하는 것으로 보일 수 있었을 뿐 아니라 그
와 동시에 현존질서를 위협하는 것이 아니었기 때문이라고 주장하였다.
리안은 심리학적 관점을 사용하여 다음과 같은 주장을 하였는데, 즉 자유
주의적이고 진보적인 사람들은 이론상으로는 불평등을 비난하지만 그렇게
비난하는 불평등을 자신들이 사회에서 차지하고 있는 특권적인 지위와 조
화시켜야 하는 곤란한 상황에 봉착할 경우, 그들은 '희생자를 비난하는'
낡은 공식에 의존하게 된다는 것이다. 자유주의적이고 진보적인 사람들은
지속적인 적대와 착취를 그 자신이 속한 계급의 특권적인 지위의 대가라
고 보는 명백히 반동적이고 억압적인 입장에는 편들 수가 없다. 그것은
그의 도덕성과 그의 기본적인 정치철학이 허락치 않는다.27) 그러나 다른
한편, 그는 급진적인 변화를 추구하는 해결책을 너무나 극단적인 것이라
하여 거부하는데, 실상은 그러한 급진적인 변화는 자신의 특권적인 지위
를 위협하기 때문이다. 따라서 결과는 자신의 양심에 크게 거리끼지 않으
면서 현존질서를 그대로 지속시킬 수 있는 타협이 된다.

  그러한 고상한 정식화를 통해 인본주의자들은 두 가지 길을 동시에 갈 수 있다.
그는 희생자의 결함에 대해 자신의 자선적 관심을 집중시킬 수 있고, 그러한 결함
을 초래한(이것은 과거에 일어난 일이다) 모호한 사회적, 환경적 긴장상태를 비난
할 수 있으며, 약자를 희생시키는 사회적 요인의 지속적인 효과(이것은 현재도 일

26) C. Wright Mills, "The Professional Ideology of Social Pathologists,"
    American Journal of Sociology, vol.49, no.2, 1943.
27) I. Gilmour, *Inside Right,* Quartet, 1978, p.179.

어나고 있는 일이다)를 무시할 수 있는 것이다. 이것은 충분히 예상할 수 있는 바와 같이, 사회가 아니라 사회의 희생자를 변화시키려는 목적을 가진, 그러한 완고한 형태의 사회적 행위를 정당화시킬 수 있는 매우 훌륭한 이데올로기이다.[28]

요약해서 말하면, 해체나 탈선적 관점에서는 사회문제를 사회에 존재하는 자원의 불평등한 분배와는 별 관계가 없거나 아무 관계가 없는 것으로 보는 것이다. 이로 말미암아 사회문제의 해결책도 개인이나 가족 혹은 기껏해야 이웃에 대해 조치를 취하는 정도에서 구하려고 하며, 기존의 불평등한 사회경제적 상황을 변화시키려는 시도는 이루어지지 않는 것이다. 반집합주의자들(anti-collectivists)은 바로 이러한 입장을 지지한다. 반집합주의자들은 흔히 사회문제라고 정의된 것들이 발생하는 실제 원인은 개인에 있는 것이며 따라서 그것은 정부의 개입을 통한 개량이나 해결책으로 될 수 있는 문제가 아니라고 본다. 정부의 그러한 행위는 오히려 사회의 자발적인 질서를 붕괴시킴으로써 문제를 악화시킬 뿐이며 기존의 것 이외의 다른 문제까지 발생시킬 뿐이라는 것이다.

제도적 관점(institutional theory)은 사회에 관한 사회갈등이론에 근거하고 있는데, 사회문제의 원인을 개인에게서 구하는 것이 아니라 사회전반에서 구한다. 제도적 관점에서는 사회문제의 원인은 개인적 부적절성에 있는 것이 아니라 사회적, 경제적 상황에 있는 것이라고 주장한다. 빈곤은 대개 낮은 수준의 임금이나 낮은 수준의 사회보장급여의 결과이며, 나쁜 건강상태(ill-health)는 깨끗하지 못한 작업조건과 생활환경의 결과이고, 실업은 이윤을 극대화하려는 사적인 경제체계의 산물이라는 등이다. 갈등론자들은 개인의 행위는 이러한 보다 넓은 틀 속에서만 적절하게 설명될 수 있다고 주장한다. 인간은 일차적으로 사회적 존재(social being)로서 대체로 사회경제적 환경에 의해 형성되는 존재라는 것이다.

갈등론자들은 사회를 질서 있고 통합된 것이라기보다는 갈등에 의해 지배되는 것으로 보기 때문에, 비교적 큰 문화적 다양성도 잘 수용하고, 일

---

28) *Ibid.*, p.7.

반적으로 인정된 행위형식의 정당성을 의문시하는 경향이 있다. 호튼 (Horton)은 사회문제에 관한 질서이론과 갈등이론의 차이점을 논하면서, 둘 간의 차이를 다음과 같이 요약하였다. 즉, "갈등론자들은 기존의 관습과 가치에 대해 끊임없이 의문을 제기한다. 반면에 질서이론가들은 기존의 관습과 가치를 사회가 건전한가 아닌가를 판단할 수 있는 기준으로 간주하여 그것들을 당연시한다"는 것이다.[29] 그러므로 합의이론적 관점에서 사회문제로 간주되는 행위형식이 갈등이론적 관점에서는 또 다른 하나의 행위형식일 뿐인 것―따라서 그러한 행위형식은 공공정책에 대해 하등의 함의도 가지지 않는다―이다. 사실상 합의이론에서 사회문제로 간주되는 행위형식들 중 어떤 것들은 선구적인 변화를 가져올 수 있다는 점에서 갈등이론가들은 이를 긍정적인 것으로 평가한다.

갈등론자들은 사회문제를 사회 내의 여러 집단들 간에 존재하는 이해관계와 가치의 갈등의 산물로 파악한다. 실제로 갈등론자들은 '사회문제'라는 용어 자체를 인정하지 않는데, 이는 왜냐하면, '사회문제'라는 용어는 치료적인 의미를 담고 있어서, 이해관계와 가치의 갈등에 관련된 진정한 정치적 쟁점이 무엇인가 하는 점을 흐린다는 이유에서이다. 룰(J.R. Rule)은 이 점을 다음과 같이 잘 요약하고 있다.

> 인종문제, 공해문제, 빈곤, 도시문제―이 모든 것들은 이른바 '사회문제'들인데, 이들은 여러 집단들로 하여금 재산이나 특권 그리고 무엇보다도 정치적 권력 등과 같은 유용한 자원들에 대한 통제력을 서로 확보하기 위해 경쟁하도록 만든다. 이 문제들은 이해관계의 충돌을 야기하며, 따라서 이들 문제들은 곧 정치적 갈등을 나타내는 것이다. 그러나 정부와 사회과학이 결탁한 기존의 상황에서 쓰이는 언어에서는 그러한 문제들이 사회문제로서, 즉 '사회적 질병(social sickness)'으로서 취급되고 있다. 내가 말하려고 하는 바는 이처럼 임상적인 언어를 아무런 타당성 없이 정치에 적용하는 것은 사람들을 호도하는 것이며 위험한 것이라는 점이

---

29) J. Horton, "Order and Conflict Theories of Social Problems as Competing Ideologies," *American Journal of Sociology*, vol.71, no.6, May 1966.

다. 왜냐하면 이는 정치적인 갈등이 정치적 행위를 통해서가 아니라 전문가의 냉정한 개입을 통해서 비정치적으로 해결될 수 있다는 것을 암시하고 있기 때문이다. 이는 비정치적 '해결책'이라는 가면을 쓴 당파적 조치를 '사회문제'에 적용하는 것을 정당화한다.[30]

따라서 '사회문제'라고 전통적으로 간주되어온 기존의 사회상황들 중 갈등론자들이 사회문제라고 생각하는 것은 훨씬 적을 것이고, 또한 사회문제라고 할 수 있는 상황들에 대해서도 사회문제로 부르기보다는 '사회갈등'이라고 부르기를 더 선호할 것이다. 그리고 그들은 여기서 한걸음 더 나아가 기존에 정상적인 것이라고 간주되었던 상황은 갈등적인 상황으로 간주되어야 하고, 따라서 '사회문제'로 간주되는 상황들의 목록에 그것들이 추가되어야 한다고 주장한다. 이러한 주장에 대해서는 기능주자들도 지지하고 있다. 예를 들면 머튼은 어떤 상황을 사회문제라고 정의하는 것은 사회의 권력구조와 관련되어 있다고 다음과 같이 말하고 있다.

사회문제에 대한 사회적 정의도 다른 여러 사회적 과정들과 마찬가지로 권력구조와의 관련성을 공통적으로 가지고 있다. 권위와 권력에 있어서 전략적으로 중요한 지위를 차지하고 있는 사람들은 사회적 기준으로부터의 의미있는 이탈로 간주될 수 있는 것이 무엇인가를 나머지 사람들에게 규정하는 데 있어서… 다른 사람들보다 더 큰 압력을 행사하게 된다. 사회문제를 규정하는 데 있어서 모든 사람에게 똑같은 투표권이 부여되는, 판단에서의 그러한 수적(數的)인 민주주의 따위는 존재하지 않는다.[31]

따라서 갈등론자들은 예를 들면 이윤을 추구하기 위해 기업이 낮은 수준의 임금을 지급한다든가, 건전치 못한 소비재를 제조하는 것 등은 사회문제라고 주장할 것이다. 이러한 문제들이 정부에 의해 문제로 인식되지 못하는 것은 오로지 사회의 일부 엘리트집단들이 가진 힘 때문이다. 이러

---

30) J.R. Rule, "The Problem with Social Problems," *Politics and Society*, vol.2, no.1, 1971.
31) Nisbet and Merton, *op. cit.*, p.785.

한 상황은 양면적인 권력개념이 적용될 수 있는 좋은 예이다. 즉 힘 있는 집단은 자신들의 특권적인 지위에 결정적인 영향을 미칠 수 있는 쟁점들을 공적인 논의에서 제외시킬 수 있는 힘을 가지고 있는 것이다.

요컨대 사회문제에 관한 갈등론적 관점은 사회구조에 대해 심각한 문제제기를 하는 것이다. 또한 갈등론적 관점에서 볼 때, 사회문제를 연구한다는 것은 사이키스(Sykes)가 주장한 바와 같이, "무엇이 만족스러운 사회조직이고 무엇이 만족스럽지 못한 사회조직인가에 대해서, 일시적으로 대중의 분노를 자아내는 사소한 사안의 측면에서가 아니라 사회구조의 주요 요소라는 측면에서 연구하는 것에 다름 아닌 것"이다.[32] 이러한 관점이 주는 함의는 어떤 사회문제는 자본주의 내에서 해결될 수 있거나 상당히 감소될 수 있지만, 어떤 사회문제는 그렇지 못하다는 것이다.

맑스주의자들도 갈등론자들과 같이 '사회문제'라는 용어는 받아들일 수 없는 것으로 생각한다. 맑스주의자들이 보기에, '사회문제'라는 용어가 갖는 유일한 목적은 불평등이나 억압, 소외와 같은 구조적 쟁점들을 가리고 그것을 탈선이나 부적절성과 같은 개인적인 쟁점으로 전환시키려는 것이다. 라이어조스(Liazos)는 탈선의 개념을 언급하면서 다음과 같이 주장하고 있다.

> 우리는 '탈선'이라는 개념을 버려야 한다. 우리는 억압, 갈등, 학대, 그리고 고통을 말해야 하는 것이다. 탈선행위라는 극적인 행위형식들에 초점을 둠으로써―우리는 지금 이렇게 하고 있다― 우리가 가진 여러 가지 어려움들의 기본적인 원인은 탈선이며, 범죄자나 약물중독자, 정치적 반항자 등과 같은 사람들이 우리들의 어려움을 만드는 존재라는 대부분의 사람들이 가진 신념과 느낌을 영속화하고 있고, 그로 인해 불가피하게 우리들의 고통스러운 사회의 근본에 깔려 있는 불평등과 무권력(powerlessness), 제도적 폭력과 같은 상황을 무시하고 있다.[33]

---

32) G.M. Sykes, *Social Problems in America*, Scot, Foresman, 1971, pp.9-10.

33) A. Liazos, "The Poverty of the Sociology of Deviance: Nuts, Sluts and Perverts," *Social Problems*, vol.20, no.1, Summer 1972.

맑스주의자들은 그들의 사회분석에 근거하여, 이른바 사회문제라는 것은 산업화나 도시화 또는 집단 간의 갈등으로부터 발생하는 것이 아니라 자본주의적 생산관계와 그에 따른 자본주의적 사회관계로부터 발생하는 것이라고 본다. 어떤 사회문제에 있어서는 맑스주의자들의 설명이 직접적으로 연결되며 매우 명쾌하다. 그러나 어떤 문제에 있어서는 그 연결이 복잡하며 그리 분명치 않다. 빈곤은 전자의 대표적인 경우이며, 범죄는 후자의 경우이다.

맑스주의자들에게 있어서 빈곤은 생산수단의 사적 소유로부터 나오는 불가피한 산물이다. 자본가들은 이윤을 위해 자본을 투자하며, 노동자들은 생계를 위해 그들의 노동을 판매한다. 구조적으로 결정된 이러한 갈등상황에서는 임금수준이 이윤수준과 밀접히 관련을 가지게 되고 또한 임금수준에는 노동자의 가족이 갖는 욕구는 고려되지 않게 된다. 따라서 많은 노동자계급 사람들은 그들 가족의 기본적 욕구를 충족시키는 데 충분치 못한 임금을 받게 되는 것이다. 이는 자본주의적 생산관계에서는 불가피한 현상이다.

범죄(crime)는 어떤 상황이 아니라 행위이기 때문에 빈곤과는 다르다. 그럼에도 불구하고, 모든 행위는 경제구조에 의해서 영향을 받으며 그것에 의해 결정되는 경우도 있기 때문에 범죄도 자본주의적 생산체계라는 측면에서 설명할 수 있다고 맑스주의자들은 주장한다. 테일러와 그의 동료들(Taylor et al.)이 말한 바와 같이, 맑스와 엥겔스는 범죄를 자본주의 체제에 대한 반란이나 반항의 형태로 본 것이 아니라 자본주의에 대한 적응의 한 형태로 보았다. 게다가 맑스와 엥겔스는 어떤 사회에 있어서든지 범죄는 불가피한 것도 아니고 정상적인 것도 아니라고 간주하였다.[34] 그들은 범죄가 사회주의에서는 사라진다거나 상당히 감소될 것이라고 명확히 주장하지는 않았지만, 범죄를 자본주의의 한 특징으로 간주하였다.

---

34) I. Taylor, P. Walton and J. Young, *The New Criminology*, Routledge & Kegan Paul, 1973, p.214.

뒤에서 보겠지만, 맑스주의자들은 '사회문제'를 근본적으로는 자본주의 체제로부터 결과하는 것으로 보기 때문에 자본주의 사회 내에서의 사회정책으로는 많은 것을 성취할 수 없다고 주장한다.

사회정책에 관한 이론
통합적 관점, 휴전적(休戰的) 관점, 계급이론

앞서 보았듯이, 사회에 관한 기능주의적 관점에서는 사회의 모든 하위체계(부분)는 사회(전체)의 질서 있는 작동에 필요한 하나 혹은 그 이상의 기능을 수행한다고 주장한다. 사회서비스는 사회에 존재하는 하위체계 중 하나이며, 따라서 사회서비스는 비록 경제적 기능과 정치적 기능도 수행하긴 하지만 그것의 주된 기능은 사회통합을 증진시키고, 사회의 기본적인 가치에 대해 일반적으로 인정하는 정도를 높이려는 것이다. 사회서비스는 이러한 기능들을 일반적인 방식으로 수행하기도 하고, 특정 탈선집단을 다룰 경우에서와 같이 특수한 방식으로 수행하기도 한다. 사회서비스는 예방적 차원과 치료적 차원 모두에서 기능한다. 사회문제의 경우에서처럼, 기능주의자들은 사회정책도 비정치적, 비이데올로기적, 비당파적 관점에서 바라보는 경향이 있다. 이는 확실히 보수주의적인 함의를 띠는 사회정책관이다.

기능주의자들은 사회서비스는 역사적으로 산업화에 의해 분화(differentiation)와 전문화(specialization)가 증가함으로써 그 결과로 발전한 것이라고 주장한다. 산업화는 다음과 같은 결과들을 가져온다. 즉 산업화는 농촌에서 도시로의 인구이동을 초래하였고, 사람들로 하여금 생계를 위해 임금노동에 전적으로 의지하게끔 만들었고, 확대가족과 그것이 가졌던 전통적인 역할의 수정을 가져왔으며, 노동자에 대한 새로운 훈련형식을 필요하게 만들었고, 무계획적인 대규모의 도시화와 공장노동을 통해 새로운 보건문제를 야기시키는 등의 결과를 가져왔던 것이다. 이러한 모든 결과들은 사회복지를 제공하던 전통적인 제도들ー가족, 길드, 교회, 자선단체 등ー이 더 이상 효과적이지 않게 되었음을 의미하는 것들이다. 이리하여 법정사회 서비스(statutory social services)가 필요하게 되며, 정부는 그러한 법정서 비스를 공급함으로써 그에 대응하게 되었다. 기능주의자들이 보기에 사회 서비스가 필요해진 기능적 필요성이 있었으며, 모든 사람들의 이익을 위해 정부가 통합과 안정을 회복하려고 대응한 것은 자연스러운 것이며 불가피 한 것이었다.

기능주의자들은 산업화는 모든 나라에서 나타나는 것이기 때문에, 이 는 곧 산업화로 인해 모든 나라에서 같은 종류의 변화가 발생하고 또 그 에 대해 모든 나라가 같은 방식으로 대응한다는 것을 의미하게 되는 것 이라고 주장한다. 그러므로 복지국가는 모든 산업사회가 거쳐야 하는 사 회발전단계인 것이다.35) 또한 복지국가는 모든 사회가 거쳐야 하는 필수 적인 발전단계일 뿐 아니라, 나아가 합의적인 사회(consensual society)를 창조하는 것이기도 하다. 복지국가는 목표와 수단에 대한 사회적 합의의 산물이기도 하지만 그와 동시에 합의를 창출하는 데 기여하는 것이기도 한 것이다. 복지국가는 다니엘 벨(Daniel Bell)의 용어로 이른바 '이데올로 기의 종말(the end of ideology)'을 가져오는 데 기여하는 것이다. 벨은 1960년대 초반에, 서구사회에서 "오늘날 지식인들은 정치적 쟁점에 대해 대체로 합의하였다. 즉 지식인들은 복지국가를 받아들이기로 하였고, 권 력분산이 바람직하다는 데 의견의 일치를 보았으며, 혼합경제와 다원주의 적 정치를 받아들이기로 하였다"라고 주장하였다.36) 그의 주장의 논리는 중요한 쟁점과 문제들이 해결되어서 이제 남은 것은 합리적이고 점진적 인 사회공학(social engineering)을 통해 해결될 수 있는 사소한 종류의 문제들뿐이라는 것이다. 파슨즈도 이와 같은 견해를 강력하게 표현하고 있다. 그는 "민주주의의 원리가 지배하는 가운데 이루어진 산업화의 진전

---

35) C. Kerr et al., *Industrialism and Industrial Man*, Harvard University Press, 1960.
36) D. Bell, *The End of Ideology*, Free Press, 1960, pp.402-3.

은 '노동자계급'이 마땅히 기대하는 가장 중요한 열망들을 사실상 해결하였다"고 주장하였다.[37]

산업화가 여러 가지 변화를 가져왔고, 새로운 문제를 창출하였다는 데 대해서는 아무도 이의를 제기하지 않을 것이다. 갈등론자나 맑스주의자나 기타 다른 이론을 주장하는 사람들도 이 점에 대해서는 모두 동의하고 있다. 다른 사람들이 받아들일 수 없는 것은 사회정책발달에 대한 기능주의적인 설명인 것이다. 사회정책발달에 대한 기능주의적 설명의 약점은 그들의 다음 세 가지 주장에서 잘 나타난다. 첫번째는 사회정책은 기능적으로 필요한 것이며 따라서 사회정책의 발전은 '필연적인' 것이라는 주장이고, 두번째는 사회정책은 '중립적인' 것이며 따라서 사회정책의 결과는 '모든 사람에게 이익이 되는 것'이라는 주장이며, 세번째는 사회정책이 보편적으로 나타나는 것이며 따라서 모든 산업사회에서 그 유형이 유사하다는 주장이다. 골드소프(J. Goldthorpe)는 첫번째와 두번째 주장에서 나타나는 약점을 다음과 같이 지적하고 있다.

사회정책발달에 관한 기능주의적 설명은 '행위'적 준거틀(action frame of reference)에 의한 분석을 통해 정교화되고 보완될 필요가 있다. 즉, 전체로 간주되는 사회의 '필요성'에서가 아니라 개인과 집단들의 목적이라는 측면에서의 분석이 필요한 것이다.[38]

하지만 그러한 행위적 준거틀을 취하게 되면 기능주의는 더 이상 기능주의일 수가 없게 된다.

이와 비슷하게 사회정책조치는 모든 산업사회에서 대체로 유사한 형태를 띤다는 세번째 주장도 반박을 받는다. 현대의 여러 산업사회들이 서비스급여의 책임을 인정하고 각 나라가 서로 유사한 종류의 서비스에 대해

---

37) T. Parsons, "Communism and the West: the Sociology of Conflict," in A. and E. Etzioni(eds.), *Social Change*, Basic Books, 1964, p.397.

38) R. Mishra, *Society and Social Policy*, Macmillan, 2nd edn 1981, p.92.

서 유사한 정도의 자원을 투여한다고 해서, 이것이 곧 서비스 수혜자의 관점에서도 유사한 사회서비스가 실시되고 있는 것으로 보여짐을 말하는 것은 아니다. 몇몇 기능주의자들이 국가마다 사회서비스의 형태가 다양하게 나타난다는 것을 인정한다 하더라도, 기능주의적 접근법은 그러한 다양성에 대해 적절한 설명을 제시하지는 못한다. 끝으로, 최근에 들어와서 사회서비스의 역할에 대한 정치적 논쟁이 재개되고 사회정책에 대해 잔여적 접근을 취하는 정부가 집권하는 상황 등으로 인해 사회정책의 발달과 역할에 관한 설명모형으로서 기능주의는 그 타당성이 심각한 위기에 봉착하고 있다.39) 사회정책에 대한 기능주의적 설명이 가진 유일한 장점은 그것이 사회정책의 발달을 전반적인 사회경제적 변화의 일부로서 설명하려고 한다는 점뿐인 것 같다.

반집합주의자들은 사회정책의 발달을 자본주의의 발전 혹은 사회안정에 기능적인 것이라고 간주하지 않는다. 사실 반집합주의자들은 복지에 대한 국가역할의 확대를 자유시장경제에서의 경제적, 사회적 복리에 위협적인 것으로 생각한다. 그들이 보기에, 복지국가라는 것은 구체적인 여러 문제들을 해결하려는 개인과 집단들의 잘못 인도된 노력에 의해 발전한 것이다. 장기적인 결과에 대한 충분한 고려 없이 근시안적인 해결책이 고안되고 적용되고 받아들여졌다는 것이다. 개인은 그 의도에 있어서 좋을 수 있으나, 집단은 자기중심적인 것이다.

사회정책에 대한 갈등론적 관점은 사회는 상호 갈등하는 이해관계를 가진 계급과 집단들로 구성되어 있고, 이들 계급과 집단들은 각기 상이한 권력을 가지고 있으며, 따라서 국가에 대한 각기의 영향력도 상이하며, 사회에서 가장 강한 엘리트의 권력에 의해 국가의 행위가 영향을 받기는 하지만 국가가 완전히 그들의 권력에 의해 좌우되는 것은 아니라는 견해로부터 도출된다.

---

39) W. Moore, "Functionalism", T. Bottomore and R. Nisbet(eds.), *A History of Sociological Analysis*, Heinemann, 1979.

따라서 갈등론자들은 기본적으로 사회정책조치를 사회의 여러 집단들 간의 갈등의 결과로 간주한다. 정부는 사회정책입법을 도입하도록 압력을 받을 수도 있고, 또는 정부는 사회정책입법을 도입하기 위해 선출될 수도 있다. 그러나 이 두 가지 경우 모두에 있어서 정부가 도입하는 사회정책 입법의 형태는 갈등의 흔적을 가지게 된다. 홀과 그의 동료들(Hall et al.) 은 이러한 설명을 취하고 있다.

　　사회정책의 역사의 일부는 이해관계들 간의 갈등—특히 사회계급들 사이에 집 중적으로 나타나는—의 역사이다. 그러나 사회정책의 역사는 한편으로, 그것이 갈 등의 역사인 것에 못지않을 만큼 상이한 계급이라는 경계를 넘어서서 갈등이 해 결되고 타협되고 조정된 역사임에도 분명하다.[40)]

렉스(J. Rex)도 이와 비슷한 입장을 취하지만, 그는 보다 넓은 개념적 관점을 가지고 있다. 렉스는 사회에서의 계급과 집단 또는 정당들 간의 갈등은 다음의 세 가지 방식 중 하나로 해결될 수 있다고 주장한다. 첫째 는 지배계급에게 이익이 되도록 하는 방식이고, 둘째는 억압받고 착취되 는 계급에게 이익이 되도록 하는 방식이며, 셋째는 지배집단이 피억압집 단에게 일정한 양보를 함으로써 지배집단의 지위가 수정되는 타협적 방식 이다. 세번째의 타협을 렉스는 휴전적(休戰的) 상황(truce situation)이라고 불렀는데, 이 휴전적 상황이 바로 복지국가에서의 갈등의 과정을 특징짓 는 것이다. 휴전적 상황은 그 자체의 본질상 불안정한 상황이며, 항상 재 협상의 여지가 있는 것이다. 그러나 휴전적 상황은 "예외적으로 호의적인 조건에서만 새로운 사회질서의 기반이 될 수 있다."[41)] 다시 말하면, 복지 국가조치는 자본주의 체제의 지주인 것만도 아니고 사회주의 체제의 지주 인 것도 아니다. 오히려 복지국가조치는 사회의 모든 집단들에게 일정한

---

40) Hall *et al.*, *op. cit.*, p.150.
41) J. Rex, *Key Problems of Sociological Theory*, Routledge & Kegan Paul, 1961, p.129.

혜택을 줄 수 있는 것이다. 하지만 그 혜택은 모든 집단들에게 평등한 것은 아니다. 가장 힘 있는 집단이 가장 좋은 학교와 가장 좋은 보건시설을 이용하게 되는 것이다. 갈등은 이제 시장에서 일어나는 것이 아니라 정치적 수준에서 일어나지만, 그 결과는 시장에서의 결과와 유사한 것이다.[42] 노동자계급에게만 주어지는 사회서비스-예를 들면, 공영주택 등과 같은 서비스-에서조차도 보다 힘 있는 집단들이 가장 좋은 서비스를 이용하게 되고 이민자나 편부모가족 등은 가장 나쁜 서비스를 받게 된다. 그래서 '주택계급', '교육계급' 등과 같은 집단이 생겨나게 되며, 이는 주택이나 교육과 같은 재화가 사적 시장이 아닌 정부에 의해 제공되는 사회에서 새로운 집단화가 정치적 차원에서 발생함을 의미하는 것이다. 갈등론자들에게 있어서 이 새로운 집단화는 시장에서 나타나는 집단화와 때로 중복되기도 하지만 맑스주의자들의 단순한 계급모형보다는 훨씬 더 복잡한 권력분배 유형을 만들어 내는 것이다.

대부분의 갈등론자들은 자신들의 국가관에 근거하여, 좌파정부는 빈곤이나 부적절한 주택 등과 같은 문제에 대처할 수 있는 입법을 도입할 수 있다고 주장한다. 그러한 입법은 상층계급에 의해 저항을 받을 것이지만, 맑스주의자들이 주장하는 바와 같이 국가는 단순히 자본가계급의 봉사자인 것만은 아닌 것이다.

복지국가에 대한 맑스주의적 관점은 제5장에서 자세히 다룰 것이고 여기서는 대강의 윤곽만 제시하려 한다. 맑스주의자들은 사회서비스의 발달을 ① 자본주의에서의 두 주요 계급 간의 갈등과, ② 자본주의 체제의 필요성이라는 두 가지 과정의 결과로 간주한다. 계급갈등모형은 휴전상황모형과 유사한 행위적 준거틀을 채택하지만, 집단보다는 계급을 변화의 주요 매개자로 파악한다. 정부는 노동자계급으로부터 사회정책입법을 도입하라는 압력을 직접 또는 간접으로 받는다. 하지만 정부가 도입하는 입법의 성격은 자본가계급의 필연적인 반대를 고려하여 형성될 수밖에 없다.

---

42) J. Rex, *Social Conflict*, Longman, 1981, p.47.

그리하여 사회개혁은 노동자계급의 투쟁이 승리한 결과이긴 하지만 그것
이 반드시 자본가계급보다 노동자계급에게 더 이익이 되는 것은 아니다.

사회개혁은 또한 자본주의를 보다 효율적인 것으로 또는 노동자계급에
게 보다 잘 받아들여질 수 있는 것으로 그리하여 보다 더 안정적인 것으
로 만들려는 '자본주의 체제의 필요성을 충족시키기 위해서' 실행될 수도
있다. 그러므로 맑스주의자들이 보기에, 사회개혁의 궁극적인 수혜자는 자
본가계급인 것이다. 맑스주의자들은 '계급갈등적' 접근과 '자본주의의 필요
성'에 의한 접근을 조화시켜 결합하려는 다소간의 시도를 하였는데, 그 시
도의 성공의 정도는 매우 다양하다.[43]

하지만 맑스주의자들은 자본주의적 복지국가에서 공공지출은 그에 필요
한 세입을 정부가 증가시킬 수 있는 능력 이상으로까지 증가한 상황에 도
달해 버렸다고 주장한다. 공공지출이 정부의 조세능력을 초과한 것은 그
들이 보기에, 구조적 경향성인 것이다. 제임스 오코너(James O'Connor)는
이러한 구조적 경향성을 '국가의 재정위기(the fiscal crisis of the state)'
라고 불렀다. 즉 공공지출이 정부의 조세능력을 초과하여 증가하는 것은
국가의 행정적 비효율성이나 기타 관료적 요인과는 별 관계가 없는 구조
적 경향이라는 것이다.[44] 공공지출이 지나치게 증가하는 상황이 전개되면
국가는 공공지출을 줄이려고 하지만, 그렇게 함으로써 국가는 자본의 이
윤성이나 정치적 안정 혹은 그 둘 모두를 침해할 위험에 처하게 되는 것
이다. 유일한 해결책은 자본주의를 폐기하고, 이윤과 사회적 지출이 모든
사람들에게 이익을 주기 위해 정부에 의해 관리되는 사회주의 사회를 창
조하는 것밖에 없다.

지금까지의 논의에서 볼 때, 맑스주의 모형에서는 사회정책이 자본주의
사회의 근본적인 '사회문제'를 해결할 수 없다고 간주할 것임을 알 수 있
다. 그리하여 랄프 밀리반드(Ralph Miliband)는 사회개혁이 노동자계급과

---

43) I. Gough, *The Political Economy of the Welfare State*, Macmillan, 1979.

44) J. O'Connor, *The Fiscal Crisis of the State*, St Martin's Press, 1973.

빈민들에게 혜택을 줄 수 있다는 점은 인정하지만, 자본주의 사회에서는 빈곤이 폐기될 수 없다고 주장하는 것이다. 그는 "빈곤의 근절은 빈곤을 화제에 오르게끔 하는 그 체제가 폐기될 때까지 기다려야 하며, 그러한 체제의 폐기라는 것이 빈곤문제 그 자체를 훨씬 넘어서는 문제임이 냉혹하긴 하지만 진실"이라고 말한다.45) 이와 유사하게, 퀴니(Quinney)는 범죄도 자본주의하에서는 근절될 수 없다고 주장한다. 왜냐하면 노동자계급의 범죄는 '생존이 다른 집합적인 수단에 의해서 보장되지 않는 사회에서 존재하는, 생존을 위한 하나의 수단이기 때문'이다. '자본주의적 조건 하에서 범죄는 필연적인 것'이다.46)

이 장에서는 사회, 사회문제, 국가, 그리고 선진 산업사회에서의 사회정책의 본질에 관한 세 가지 주요 이론들의 입장에 대해 간략히 살펴보았다. 사회와 사회문제, 국가, 사회정책의 본질에 관련된 쟁점들은 다음의 장들에서도 자세하고 명확하게 고찰될 것이다.

---

45) R. Miliband, "Politics and Poverty," p.194 in D. Wedderburn(ed.), *Poverty, Inequality and Class Structure*, Cambridge University Press, 1974.

46) R. Quinney, *Class, State and Crime*, Longman, 1977, p.58.

제2장

반(反)집합주의자

반집합주의(anti-collectivism)는 19세기 영국을 지배했던 이데올로기였다. 그러나 반집합주의 이데올로기는 19세기 말경에 이르면서 점차 도전받기 시작하더니, 20세기에는 학문적으로나 정치적으로 매우 희미한 존재로 전락하고 말았다. 특히, 1940년으로부터 1970년에 이르는 기간까지 그러하였다. 하지만 1970년대 초반부터 선진 각국을 강타한 경기침체로 인하여 반집합주의적 사상은 다시 부활하게 되었다. 반집합주의의 주창자들, 예를 들면 프리드리히 하이에크(Friedrich Hayek)나 밀튼 프리드만(Milton Friedman), 경제문제연구소(the Institute of Economic Affairs) 등은 새로운 지위와 힘을 얻게 되었다. 십여 년 전만 해도, 반집합주의를 흥미롭긴 하지만 다소 빗나간 시대착오적인 사상으로 취급하는 것이 가능하였다. 그러나 이제는 더 이상 그렇지 않다. 반집합주의는 이제 왕성하게 활동하고 있으며, 학문적으로나 정치적으로나 커다란 영향력을 발휘하고 있다.

사회적 가치

반집합주의자들의 가장 근본적인 사회적 가치(social values)는 자유와 개인주의, 그리고 불평등이다. 이 세 가지는 반집합주의자들의 가치체계에 있어서 핵심을 이루고 있다.

자유(freedom 혹은 liberty: 반집합주의자들은 이 두 가지 용어를 흔히 같이 사용한다)는 반집합주의자들에게 기본적인 가치이다. 프리드만은 "자유주의자로서 우리들은 개인의 자유 또는 가족의 자유를 사회구조의 판단에 있어서 가장 궁극적인 목적으로 간주한다"라고 말하고 있다.[1] 하이에크도 프리드만과 마찬가지로 우선순위를 자유에 부여하고 있다. 그는 1961년에 "자유는 여러 가치들 가운데 하나의 가치 혹은 다른 모든 공리들과 동등한 정도의 도덕성을 가진 공리인 것에서만 그치는 것이 아니라 다른 모든 개인적 가치의 원천이며 그것들의 필요조건이다"라고 썼다.[2] 자유는 그 자체로 절대적인 원리로서 간주되어야 한다는 것이다. 자유는 "그것을 구체적인 경우에 적용함에 있어서 어떠한 정당화도 필요 없는 일반적인 원리로 인정될 때에만" 번성할 것이라고 하이에크는 주장한다.[3] 자유를 그 자체로 절대적인 일반원리로 간주한다는 것은 "어떤 특정한 결과를 보장하기 위해서 필요한 것처럼 보이는 조치들을, 그것이 자유의 원리라는 일반원리와 모순됨을 가장 강력한 근거로 삼아, 끊임없이 거부하는 것"을 의미한다.[4]

그러면 반집합주의자들이 말하는 자유란 무엇인가? 그것은 본질적으로 소극적인 상태(negative state), 즉 강제가 없는 상태(the absence of coercion)를 의미한다(소극적 의미의 자유). 자유는 사회에서 강제가 최소화할 때에 극대화된다는 것이다. 그러면 강제(coercion)는 무엇인가? 하이에크는 강제를 "어떤 사람이 자신의 계획에 따라 행동하지 못하고 다른 사람의 목적을 위해 봉사하도록 강요받는 것으로서… 어떤 사람이 다른 사람에게 통제받는 상태"로 정의하고 있다. "강제는 생각하는 존재로서 그

---

1) M. Friedman, *Capitalism and Freedom*, Chicago, 1962, p.12.
2) G. Dietz, "Hayek on the Rule of Law," p.111 in F. Machup(ed.), *Essays on Hayek*, Routledge & Kegan Paul, 1977.
3) F.A. Hayek, *Law, Legislation and Liberty*, vol.1: *Rules and Order*, Routledge & Kegan Paul, 1973, p.61.
4) *Ibid.*, p.16.

리고 가치 있는 존재로서의 개인을 제거하고, 개인을 타인의 목적을 성취
하기 위한 단순한 도구로 전락시킨다"는 데에 그 본질적인 해악이 있다는
것이다.5)

강제에 대한 위의 정의에는 반집합주의자들의 세계관을 이해하는 데에
결정적으로 중요한 한 가지 점이 있다. 그것은, 즉 의도(intent)를 가지고
행위하는 특정 인간만이 강제적이라고 규정할 수 있는 방식으로 행위할
수 있다라는 것이다. 하이에크는 예를 들어, 어떤 사람이 굶어 죽을 위험
에 처하여 매우 낮은 임금수준의 힘든 직업을 선택할 수밖에 없게 되었다
할지라도, 그가 그 이외의 다른 사람의 목적을 위해 봉사하도록 강요받지
않은 이상, 그 사람에게 강제가 행사된 것이 아니라고 주장한다.6)

자유가 반집합주의자들에게 있어서 그처럼 중요한 데는 몇 가지 이유
가 있다. 첫째로 반집합주의자들은 자유를 너무나 당연한 자연권(natural
right)으로서, 모든 인간이 인간이라는 이유만으로 청구할 수 있는 자명
한 권리로서 간주한다. 둘째로 반집합주의자들이 자유를 중요시하는 것
은 인간 지식과 본성에 대한 그들의 비판적 평가를 반영한 것이다. 하이
에크는 만일 인간이 전지전능한 존재라면, 자유에 대해 옹호하는 것은
별로 필요 없을 것이라고 주장한다. 인간은 무지하기 때문에 자유를 필
요로 하는 것이다. "독립적(개별적)이고 경쟁적인 상태에서 이루어지는
사람들의 노력이 우리가 원하는 결과를 초래하리라ー나중에 우리가 그
것을 보게 될 때ー는 사실에 대해 신뢰하는 것은 우리가 우리들 중 누
가 최선의 것을 아는지를 모르기 때문"이다.7) 자유는 우리들로 하여금
가장 현명한 통치자의 정신이나 가장 많은 정보를 가질 수 있는 정부가
할 수 있는 것보다 훨씬 더 많은 지식을 활용할 수 있도록 해줄 것이다.
자유를 가장 중요한 가치로 간주함으로써, 또한 비록 그것이 가장 좋은

5) F.A. Hayek, *The Constitution of Liberty*, Routledge & Kegan Paul,
   1960, reprinted 1976, pp.20-1.
6) *Ibid.*, p.137.
7) *Ibid.*, p.29.

의도에 의한 것이라 할지라도 다른 사람을 억압하려는 인간의 본질적인 경향이 제한받게 될 것이다.

반집합주의자들이 자유를 중요시하는 세번째 이유는 자유가 시장경제와 갖는 상호관계에 관련된 것이다. 시장은 자유를 필요로 할 뿐 아니라 자유를 보존하는 강력한 요소이다. 프리드만이 말한 바와 같이, "시장경제의 가장 중요한 특징은 그것이 다른 사람의 활동에 대한 간섭을 방지한다는 데에 있는 것"이다.[8] 하지만 개인이 자유롭지 못하고 강제받는 상태에 있다면, 시장은 그처럼 혜택을 주게끔 운용될 수가 없다.

마지막 네번째로, 반집합주의자들은 자유를 다른 여러 가지 바람직한 목적을 위한 필요충분조건으로 간주한다. 하이에크가 보기에, "선진적인 문명을 가능케 했던 유일한 도덕적 원리는 개인의 자유라는 원리"였다.[9] 프리드만은 하이에크보다 훨씬 더 열정적으로 자유를 옹호한다.

> 자유를 가장 중요시하는 사회는 그것의 부산물로서 좀더 많은 자유와 좀더 많은 평등을 얻게 될 것이다. … 자유사회(free society)는 사람들로 하여금 그들 자신의 목적을 추구할 수 있도록 그들의 정력과 능력을 해방시킨다. 자유사회는 어떤 사람이 다른 사람을 자의적으로 억압하는 것을 방지해준다. … 자유사회는 오늘 불이익을 받는 사람이 내일 특권을 누릴 기회를 보장해주며, 또한 그러한 과정에서 위로부터 아래까지 거의 모든 사람들로 하여금 보다 완전하고 풍부한 삶을 살아갈 수 있도록 해준다.[10]

반집합주의자들은 자유를 기본적인 가치로 간주하는 것이 몇 가지 문제를 야기시킨다는 것을 알고 있다. 자유를 옹호할 것인가 아닌가의 판단은 균형의 문제이다. 자유는 바람직하지 못하다고 여겨질 수 있는 일을 할 기회까지도 사람들에게 줄 수 있다. 자유를 옹호하는 한, 이러한 것은 용

---

8) Friedman, *op. cit.*, p.14.
9) F.A. Hayek, *Law, Legislation and Liberty*, vol.3: *The Political Order of a Free People*, Routledge & Kegan Paul, 1979, p.151.
10) M. and R. Friedman, *Free to Choose*, Penguin, 1980, pp.181-2.

인되어야만 한다. 또한 "개인의 자유를 보호하는 것은 분배정의라는 이상을 충분히 실현하는 것과 모순된다는 사실"도 용인되어야 한다.11) 자유는 일부 사람들이 공정치 못하게 다루어질 수 있다는 것을 의미하는 것이다. 이것이 자유로부터 얻을 수 있는 다른 많은 이익에 대한 비용이다.

자유에 드는 직접적인 비용이라는 점에서 볼 때, 자유가 언제나 인기 있는 것이 되지는 않을 것이다. 왜냐하면 장기적인 이익은 단기적인 비용에 비해 그리 분명하게 드러나지 않기 때문이다. 브로건(Brogan)이 말한 바와 같이, "정치적 자유가 보통 사람들이 사회에 대해 제기하는 유일한 그리고 중요한 요구는 아닌 것"으로 생각될 수도 있다.12) 따라서 자유를 추구함으로써 얻는 이익이 장기적으로 모든 것을 고려하여 볼 때 결국은 비용을 압도할 것이라는 사실을, 사람들에게 계속 설득해야 한다.

반집합주의자들의 두번째로 근본적인 가치는 개인주의(individualism)이다. 개인주의는 자유를 보완하는 것으로서 둘은 어느 하나 없이 홀로 존재할 수 없다. 반집합주의자들은 자유사회는 개인주의를 증진시킬 것이며, 강력한 개인주의는 대규모의 국가개입이나 강제를 불필요하고 불가능하게 만들 것이라고 주장한다.

개인주의는 두 가지 측면을 가진다. 첫째로 개인주의는 사회에 관한 이론으로서, 하이에크가 말한 것처럼 "인간의 사회생활을 결정하는 요인들을 이해하려는 시도"이다.13) 사회이론으로서의 개인주의는 사회적 현상은 개인의 행위를 이해함으로써만 이해될 수 있다고 주장한다. 이러한 주장은 사회는 그것을 구성하는 개인들과 독립적으로 존재하는 그 자체의 실체로서 이해될 수 있다는 생각을 거부하는 것이다.14) 사회이론으로서의 개인주의는 사회적, 경제적 발전을 이루는 데 있어 세력이나 경향들 또는

---

11) F.A. Hayek, *Individualism and Economic Order*, Routledge & Kegan Paul, 1949, p.22.
12) I. Gilmour, *Inside Right*, Quartet, 1978, p.118에서 재인용.
13) Hayek, *Individualism and Economic Order*, p.6.
14) *Ibid.*

진화적 과정들보다 개인을 가장 중요한 요인으로 보고 있다.

둘째로 개인주의는 '사회가 어떻게 조직되어야 하는가'라는 사회조직에 관한 일련의 정치적 공리로서, 국가에 관한 특수한 견해로부터 도출되며 또한 국가에 관한 특수한 견해를 형성하는 데에 기여한다. 정치적 공리로서의 개인주의에서 가장 중요한 공리는 현재 정부가 맡고 있는 대부분의 일은 개인이 맡는 것이 더 바람직하다라는 것이다.

정치적 공리로서의 개인주의는 인간을 불합리하고 자기중심적이며 오류가 많은 존재로 본다. 정부의 정책이 아니라 개인의 행위가 규범화되어 있는 경우, 개인의 오류는 사회적 과정을 통해 수정될 수 있다. 한 사람의 무지나 오류가 사회를 지배하지는 않게 되는 것이다. 사회적 상호작용을 통해서 개인의 행위는 수정되고 교정되며 보충될 것이고, 개인의 능력을 넘어선 업적이 성취될 수 있을 것이다. 하이에크가 말한 대로 "자유로운 개인들의 자발적인 협력은 흔히 개개인의 지력으로 할 수 있는 것보다 훨씬 더 큰 것을 창조할 수 있는 것"이다.[15] 정부에 의한 행위보다 비록 불완전하고 불합리한 존재이긴 하지만 인간들 간의 경쟁이야말로, 진보에 이르는 더 확실한 길인 것이다.

정치적 공리로서의 개인주의는 또한 반집합주의자들로 하여금 특수한 경제이론과 특수한 경제정책적 처방을 가지게끔 하였다. 마가렛 대처(Margaret Thatcher)는 서구에서의 경제발전이 보다 빨랐던 것은 서구의 도덕철학이 우수하기 때문이라고 주장하였다. 그녀는 "서구의 도덕철학은 개인으로부터 출발하며, 또한 개인의 독특성과 개인의 책임 그리고 개인의 선택능력으로부터 출발하기 때문에 우수한 것이다"라고 주장한다.[16] 개인이 국가의 간섭으로부터 자유롭고 개인에게 적절한 유인이 주어진다면 경제발전이 촉진될 것이라는 믿음은 반집합주의자들의 기본적인 신조이다.

정치적 공리로서의 개인주의는, 또한 책임성 있는 사회의 전제조건으로

---

15) *Ibid.*, p.13.

16) M. Thatcher, *Let Our Children Grow Tall*, Centre for Policy Studies, 1977, p.96.

간주된다. 하이에크는 "'사회'라는 개념이 지배함"으로써 나타나게 된 영
향을 비난하면서 이 점을 지적하고 있다. 하이에크는 사회라는 개념은
"개인들의 책임감을 파괴하는" 영향을 초래했다고 생각하고 있다.17) 좀더
직접적으로 말하면, 하이에크는 "효과적이 되어야 한다는 데 대한 책임은
개인의 책임이어야 한다"고 주장하는 것이다.18) 대처는 그녀가 "건전한
사회"라고 이름붙인 사회-즉 "절대 다수의 사람들이 자기 자신과 자신의
가족에 대한 책임을 받아들이도록 격려되고, 최대한의 독립성과 자립성으
로 스스로의 삶을 살아가도록 격려되는 사회"-의 토대는 개인주의라고
주장하였다.19) 그러한 건전한 사회의 시민은 "다른 사람을 돌보는 사람이
면서 동시에 자기 자신을 돌보기 위해 스스로에게 가장 먼저 주의를 기울
이는 사람들"이다.20)

개인주의로부터 끌어낼 수 있는 마지막 정치적 공리는 여러 학자들에
의해 사회적인 원인을 가졌다고 생각되어져서 사회문제로 묘사된 많은 상
황들이 사실은 개인적인 원인을 가진 문제로 간주되는 것이 보다 적절하
다라는 것이다. 이러한 공리가 가지는 정치적 함의는 흔히 사회문제로 생
각되는 것들이 정부의 정책을 통해서가 아니라 개인의 행위와 개인의 변
화를 통해서만이 해결될 수 있다는 것이다. 갬블(Gamble)은 "정부정책의
가장 중요한 대상이 되는 문제들을 개인적인 책임과 개인적인 선택의 문
제로 돌린 것"을, 대처 수상이 새로운 경제적 자유주의(the new economic
liberalism; 경제적 신보수주의)를 증진시키는 데 있어서 성공할 수 있었던
가장 중요한 요인으로 꼽고 있다.21)

반집합주의자들의 세번째 중심적인 가치는 불평등(inequality)이다. 반집

---

17) F.A. Hayek, *Studies in Philosophy, Politics and Economics*,
    Routledge & Kegan Paul, 1967, p.245.
18) *Ibid.*, p.83.
19) Thatcher, *op. cit.*, p.81.
20) *Ibid.*, p.86.
21) A. Gamble, *Britain in Decline*, Macmillan, 1981, p.150.

합주의자들이 주장하는 불평등이라는 가치는 사회정의라는 개념에 대한 그들의 비판과 밀접히 관련되어 있는 것이지만, 여기서는 불평등을 먼저 논의하기로 하겠다. 반집합주의자들이 불평등을 신뢰하는 것에는 평등주의적 정책의 추구가 자유와 양립될 수 없다는 견해를 그 기저에 깔고 있다. 프리드만의 말을 빌면 "평등주의자이면서 동시에 자유주의자가 되는 것은 불가능하다"는 것이다.22) 평등을 추구하게 되면, 그로부터 나온 일련의 정책들은 자유를 무엇보다 옹호하는 사람들에게는 수용될 수 없을 것이 필연적이라는 것이다. "자유와 양립할 수 있고 자유를 파괴하지 않는, 우리가 옹호할 수 있는 유일한 평등"은 법률과 행동에 대한 일반적 규칙의 평등—즉 공민권과 정치권의 평등—뿐이라고 하이에크는 쓰고 있다.23) 평등주의적 정책에 대한 하이에크의 반대의 핵심은 평등에 대한 요구가 '사회에 대하여 미리 설정된 어떤 분배유형을 강요하려는 사람들의 공공연한 동기'에 불과하다는 그의 주장에서 찾아 볼 수 있다. 사회에 대해 그러한 강요를 시도하는 것에 대해서 하이에크는 "그것이 평등적인 색채를 띤 것이든 불평등적인 색채를 띤 것이든" 모두 반대한다.24) 어떤 특정한 목표가 바람직한 것이라고 해서 그것이 강제의 사용을 정당화하는 것은 결코 아니라는 것이다.

반집합주의자들은 또한, 불평등을 옹호하기 위하여 실용주의적인 주장도 펴고 있다. 반집합주의자들은 혁신과 노력에의 유인이 불평등으로부터 생성된다는 점을 지적하면서 불평등이 결과하는 경제적 편익(economic benefits)을 강조한다. 1976년에, 케이스 조셉 경(Sir Keith Joseph)은 영국의 재분배는 부(富)의 창조자들을 실망시킴으로써 "실질적으로는 국부를 감소시키는 정도에까지 이르렀다"고 썼다.25) 하이에크는 급속한 경제진보

---

22) Friedman, *op. cit.*, p.81.

23) Hayek, *The Constitution of Liberty*, p.85.

24) *Ibid.*, p.86.

25) K. Joseph, *Stranded on the Middle Ground*, Centre for Policy Studies, 1976, p.62.

의 '거의 대부분'이 불평등의 결과이며, '불평등이 없이는 불가능한 것'이라고 말하고 있다.[26] 케이스 조셉 경은 자유는 필연적으로 불평등을 초래하고 불평등은 경제적 이득을 가져다준다는 주장을, "소득의 평등을 추구하는 것은 이 나라(영국)를 총체적인 빈곤으로 전락시킬 것이다"라는 결론을 통해 매우 간결하게 나타내고 있다. 소득의 평등을 추구하는 것은 "자유와 번영 그리고 빈곤제거의 전망을 위험스럽게 만든다"는 것이다.[27] 밀튼 프리드만이 판단하기에, 1945년 이후의 영국의 국내정책은 "보다 많은 결과의 평등을 추구하려는 노력에 의해 지배되어왔던 것"인데, 프리드만은 현명한 독자의 대답에 대해 자신만만해 하면서 "그간 평등을 추구해온 것이 효율성과 생산성에 대해 좋지 못한 영향을 끼쳐왔다는 것을 누가 의심할 수 있을 것인가?"라는 질문을 던지고 있다. 그는 "지난 수십 년 동안 영국의 경제성장이 유럽대륙의 여러 나라들이나 미국, 일본, 그리고 기타 여러 나라들에 비해 훨씬 뒤쳐지게 된 주된 이유 중의 하나가 바로 평등추구정책인 것은 확실한 것이다"라고 말한다.[28] 그러므로 사회에 있어서 경제적으로 이익이 되는 것은 불평등이라는 것이다.

평등추구정책을 반대하는 반집합주의자들의 또 하나의 강력한 주장으로, 평등추구정책은 사회적으로 좋지 못한 영향을 미친다는 주장을 들 수 있다. 하이에크는 평등주의는 "건설적인 도덕윤리를 가장 심각하게 파괴하는 것이다"라고 기술하고 있다.[29] 하이에크가 보기에, 이것은 평등주의가 강제적 정책의 시행을 낳으며, 사회의 절제를 파괴하는 것이기 때문이다. 그 결과는 모든 집단이 저마다 자기 자신들을 위해 더 많은 것을 요구하는 탐욕스러운 본능에 대한 제약이 약화되는 것이다.[30] 서로 간의 차이라는 것이 더 이상 받아들여지지 않게 된다. 서로 간의 차이점은 의심

---

26) Hayek, *The Constitution of Liberty*, p.42.

27) Joseph, *op. cit.*, p.79.

28) Friedman and Friedman, *op. cit.*, p.176, p.178.

29) Hayek, *Law, Legislation and Liberty*, vol.3, p.170.

30) *Ibid.*, p.150.

과 논쟁의 대상이 되어버리게 되면서 불평이 가열되며 사회적 응집력은 위협받게 된다. 한편 조셉과 섬프션(Joseph and Sumption)같은 사람들은 사회의 응집력이라는 것은 반드시 불평등 그 자체에 의해서 파괴되는 것이 아니라, 사람들을 평등하게 하는 데 필요한 파괴적인 조치들에 의해서도 파괴되는 것이라고 주장한다.[31]

밀튼 프리드만은 평등주의적 정책에 드는 사회적 비용을 훨씬 더 경악스럽게 묘사하고 있다. 프리드만은 영국 국내정책의 특징을 이루어왔던 '평등추구'를 대부분의 사람들은 신뢰하지 않는다고 주장하고 있다.[32] 사람들은 평등주의정책을 신뢰하지 않기 때문에, 평등주의정책에 관련된 법률들을 회피하거나 어기게 된다는 것이다. 법률에 대한 존중심의 부족은 전염병과도 같은 것이어서, '폭력이나 절도, 파괴행위 등을 금지한 법률과 같이 누구라도 도덕적이고 타당하다고 생각할' 법률에도 존중심의 부족이 번지게 된다는 것이다. "비록 믿기는 어렵겠지만"-실제로도 믿기가 그리 쉬운 것은 아니다- "최근 몇십 년 동안 영국에서 잔혹한 범죄가 증가한 것은 평등을 추구한 것 때문에 나타난 결과일 것이다"라고 프리드만은 계속해서 말하고 있다.[33]

반집합주의자들이 반대하는 것은 결과의 평등(equality of outcome)을 확대하거나 보장하려는 시도이다. 반집합주의자들은 일반적 규칙의 평등(equality of general rules: 이는 모든 시민에게 법이 평등하게 적용되는 것을 말한다), 공민권과 정치권의 평등(equality of civil and political rights), 그리고 기회의 평등(equality of opportunity)이라는 결과의 평등 이외의 세 가지 평등에 대해서는 어느 정도 받아들일 수 있다고 생각한다. 하이에크는 "법과 행위에 있어서의 일반적인 규칙의 평등은 자유를 촉진하는 유일한 종류의 평등이며, 우리가 자유를 파괴하지 않으면서도 유지할 수 있는 유일한 평등이다"라고 쓰고 있다.[34] 기회의 평등에 대해서 프리드만은

---

31) K. Joseph and J. Sumption, *Equality*, John Murray, 1979, p.28.
32) Friedman and Friedman, *op. cit.*, p.164.
33) *Ibid.*, p.178.

"그것은 자유의 필수적인 구성요소"35)라고 간주하고 있으며, 조셉과 섬프
션은 "개인적 자유의 논리적 추론의 결과"36)라고 간주하고 있다. 기회의
평등은 어떤 특정 사회구조를 바람직한 것이라고 미리 가정하지 않는다는
점에서 반집합주의들에게 받아들여질 수 있는 것이다.

지금까지 반집합주의자들의 근본적인 사회가치에 대해 간략히 논의하였
는데, 이제 마지막으로 사회정의(social justice)에 대한 하이에크의 견해를
살펴보기로 한다. 반집합주의자들의 사회가치에 대한 고찰에서 하이에크
의 사회정의에 관한 견해는 반드시 짚고 넘어가야 한다. 사회정의는 하이
에크의 저작에서 지속적으로 다루어졌던 주제이다. 하이에크에게 있어서,
사회정의라는 용어는 "전적으로 공허한 것이며 무의미한 것"이다.37) 이에
는 여러 가지 이유가 있다. 첫번째 가장 중요한 것으로, 하이에크는 "어떤
상황에 대해서 그것이 정의롭다 정의롭지 못하다라고 말할 수 있는 것은
그 상황이 어떤 개인에 의해 고의적으로 계획되었거나 의도된 경우에 한
해서이다"라고 주장하고 있다. 사회가 자발적인 질서의 체계로 계속 존재
하는 한, 그 사회의 제반 과정들이 초래한 특정 결과에 대해 그것이 정의
롭다 정의롭지 못하다라고 하는 것은 합당하지 못하다는 것이다. 하이에
크는 만일 시장체계로부터 결과한 재화와 서비스의 분배유형이 의도적인
것이고 계획적인 것이라면, 그것은 대단히 정의롭지 못한(불공정한; unjust)
것이라고 간주되어야 함을 기꺼이 인정한다. 그러나 사람들이 시장에서
분배받는 것은 계획된 과정의 결과가 아니기 때문에, 그것을 가지고 정의
롭다 정의롭지 못하다고는 할 수 없다는 것이다.38)

또한 하이에크는 정부가 사회정의의 이상에 입각한 정책을 추구할 수

---

34) Hayek, *The Constitution of Liberty*, p.83.
35) Friedman and Friedman, *op. cit.*, p.164.
36) Joseph and Sumption, *op. cit.*, p.30.
37) F.A. Hayek, *Law, Legislation and Liberty*, vol.2: *The Mirage of Social Justice*, Routledge & Kegan Paul, 1976, p.xi.
38) *Ibid.*, p.64.

있다고 생각하는 것도 환상이라고 주장한다. 사회정의라는 이상은 "여러 가지 세부적인 목표들의 상대적 중요성에 대한 동의를 전제하고 있는 것인데, 사회구성원들끼리 서로를 잘 모르고 또 구체적인 사실들에 대해 구성원들이 똑같이 알지도 못하는 거대한 사회에서는 그러한 동의라는 것은 불가능하다"는 것이다.[39]

사회정의라는 개념에 대한 또 다른 반대는 사회정의가 자유와 갈등을 일으킨다는 점에서 나온다. 사회정의를 위한 정책은 중앙화된 권위에 의한 강력한 지도를 필요로 할 것인데, 이를 근거로 하이에크는 사회정의에 대한 오늘날의 신념은 "자유로운 문명사회의 대부분의 가치를 아마도 가장 심각하게 위협하는 것"[40]이며, "전체주의가 침투할 수 있는 트로이의 목마와도 같은 것"[41]이라고 주장하고 있다.

사회정의를 실현하려는 욕망을 이해하기는 어렵지 않다. 그것은 "누구나 공통의 목적을 쉽게 알 수 있었던 과거 소규모 사회에서 그러한 공통의 목적을 추구하려는 열망"의 일부가 격세유전적으로 나타난 것이다. 그러나 가능한 것이라고는 목적에 대한 합의가 아니라 수단에 대한 합의뿐인 거대한 사회에서의 자발적인 질서와 누구에게나 가시적인 공통의 목적이라는 것은 양립될 수 없는 것이다.[42] 사회정의를 추구하려는 욕망은 자발적인 질서의 본질을 이해하지 못한 소치이며, 또한 자발적인 질서의 어떤한 부분이라도 서투르게 수선하려고 하는 것은 자발적 질서의 섬세한 자기규제 기능을 파괴하지 않고는 불가능하다는 점을 이해하지 못한 소치이다.

프리드만은 '사회정의'에 대해서보다는 '공정(fairness, 혹은 공평)'에 대해서 주로 언급하였는데, 그는 하이에크의 주장을 매우 요약적으로 제시하고 있다. 즉 프리드만은 무엇이 공정한 것인가를 누가 결정할 것인가의 문제, 공평한 몫과 개인의 자유 사이에는 '근본적인 갈등'이 존재한다는

---

39) Hayek, *Studies in Philosohpy, Politics and Economics*, p.171.
40) *Ibid.*, p.66-7.
41) *Ibid.*, p.136.
42) *Ibid.*, p.130.

문제, 공평한 몫을 위한 정부의 정책은 경제적, 사회적 불만을 해소하기는 커녕 오히려 그것을 증가시킨다는 문제, '우리가 개탄하고 있는 바로 그 불공평으로부터' 우리는 이익을 얻을 수 있다는 점 등과 같은 핵심적인 문제들을 지적하고 있는 것이다.[43]

만일 '사회정의'라는 용어가 의미가 없는 공허한 것이라면, 정부에 의한 재분배정책이란 것도 있을 수 없다. 평등은 이미 반집합주의자들에 의해 경멸되고 거부되었다. '사회정의'는 보다 부드럽고 보다 유연한 지침을 제공할 수도 있었을 것이다. 사회정의를 거부함으로써, 반집합주의자들에게는 자발적 질서에 의한 분배유형을 수정하는 데 필요한 논리적 여지가 하나도 남지 않게 되었다.

사회와 국가

우리는 우리가 반집합주의자들로 분류한 사람들의 사회와 국가에 대한 태도를 다음의 다섯 가지 주제 아래 고찰하기로 한다. 즉 그 다섯 가지는 사회조직 전반에 대한 견해, 경제체계에 대한 견해, 사회체계에 대한 견해, 정치체계에 대한 견해, 그리고 국가에 대한 견해이다.

반집합주의자들은 구조나 구조적 요인보다는 개인과 개인의 행위에 일차적인 관심을 두고 있기 때문에, 사회에 대해 어떤 분명한 합의적 모형 또는 갈등적 모형을 가지고 있지는 않다. 하지만 그들은 목적에 대한 사회 전체적인 동의란 불가능하며, 그런 동의를 보장하려는 시도는 사회를 분열시킬 뿐이라는 데에는 분명한 확신을 가지고 있다. 또 한편으로, 그들은 사회가 어떻게 운영되어야 하는가—이에 대한 원칙이 바로 그들이 말하는 일반적인 규칙이다—에 대한 동의는 유지될 수 있다고 믿는다. 반집합주의자들은 목적에 대한 합의가 가능하다는 희망을 가지고 있지 않다는

---

43) Friedman and Friedman, *op. cit.*, pp.166-9.

것은 그들의 모형이 근본적으로는 갈등적인 모형임을 보여주는 것이다. 그러나 반집합주의자들이 말하는 갈등은 개인들 간의 갈등이다. 개인들 간의 갈등을 그들은 경쟁(competition)이라 부르는데, 경쟁은 개인과 사회에 대해 바람직한 영향을 미치는 것으로 간주된다. 반집합주의자들이 사회에서의 이해관계의 갈등이 갖는 장점을 강조하는 경우도 있는데, 그러한 경우에도 그들은 계급적 이해관계보다는 집단 간의 이해관계에 근거하여 그 갈등을 파악한다.

하이에크를 비롯한 반집합주의자들은 자유사회의 사회구조를 유지하는 데 있어서는 법이 핵심적인 기능을 한다는 것을 강조한다. 하이에크는 법에 의해 통치되는 자유로운 사회-그는 이러한 사회를 법치사회(nomocratic society)라 불렀다-와 어떤 바람직한 사회구조를 추구한다는 명목으로 원격조정되는(telocratic) 혹은 목적에 의해 통치되는 자유롭지 못한 사회를 구분하고 있다.[44]

경제체계에 대한 반집합주의자들의 견해는 그들의 철학 전체에 기본이 되는 것이다. 하이에크는 자유주의란 "사회의 제반 사안들에 있어서 자기발생적인, 즉 자발적인 질서를 발견하는 데서 나온다. … 자발적인 질서는 중앙화된 지도에 의해 창조된 그 어떤 질서에서 가능한 것보다 훨씬 더 많이 사회의 모든 구성원들에게 그들의 지식과 기술을 활용할 수 있도록 해준다"라고 쓰고 있다.[45]

그러한 자발적인 경제질서의 토대는 무엇인가? 그것은 본질적으로는 자유로운 경쟁 속에서 작동하는 경제적 힘들이다. 경쟁은 개인의 노력을 이끄는 데 있어서 다른 어떤 것보다 우수한 것이며, 또한 경쟁은 "권위의 강제적이거나 자의적인 개입이 없이 우리들의 활동을 서로에게 적용할 수 있는 유일한 방법"인 것이다.[46] 경쟁은 경제질서를 중앙화된 계획이나 지도가 창조할 수 있는 그 어떤 것보다 훨씬 더 복합적인 것으로 만들 것이다.

44) Hayek, *Studies in Philosohpy, Politics and Economics*, pp.162-6.
45) *Ibid.*, p.162.
46) F.A. Hayek, *The Road to Serfdom*, Routledge & Sons, 1944, p.27.

과거에 문명의 진보가 가능했던 것은 시장의 비인격적 힘에 대해 인간이 복종했기 때문이었다. 그것 없이는 문명의 진보가 불가능했을 것이다. 그러므로 우리는 그러한 복종을 통해서, 우리들 중 어떤 한 사람이 포괄할 수 있는 것보다 더 큰 어떤 것을 건설하는 데 매일 도움을 줄 수 있는 것이다.[47]

반집합주의자들은 자유시장경제를 옹호하기 위해 매우 정교한 주장을 전개하고 있다. 그들은 일반원리라는 것을 고안해 냈는데, 즉 그것은 보상케트(Bosanquet)의 말을 빌면 "개인은 자신의 이기적인 목적의 추구를 통해 대개 전체의 일반적인 이익에 봉사할 수 있게 된다"라는 것이다.[48] 반집합주의자들은 시장체계가 정치적 자유를 보호할 수 있는 가장 중요한 방어벽이라고 생각하는데, 왜냐하면 이러한 생각은 사회의 어떤 집단도 정치적 권력과 경제적 권력을 모두 통제할 수 없다는 것을 의미하는 것이기 때문이다. 프리드만이 말한 바대로 "경제적 활동의 조직화를 정치적 권위의 통제로부터 벗어나게 함으로써, 시장은 정치적 권위로부터 나오는 강제력을 제거할 수 있고, 또 경제적 힘으로 하여금 정치적 권력을 강화하도록 하는 것이 아니라 그것을 견제하도록 할 수 있다"는 것이다.[49] 결국 "경제적 자유는 정치적 자유를 위한 필수조건"이 된다.[50]

자유시장은 또한 경제를 조직하는 가장 효율적인 방법으로 간주된다. 케이스 조셉 경의 자유시장에 대한 찬사는 하이에크나 프리드만의 그것과 정도에 있어서만 차이가 날 뿐 아마도 가장 훌륭한 찬사일 것이다.

시장이 가진, 맹목적이고, 무계획적이고, 조정되지 않은 지혜는… 충분한 조사를 바탕으로 하고, 합리적이며, 체계적이며, 잘 조정되어 있고, 과학에 근거하고, 미래를 예측하며, 통계적으로 훌륭한 정부의 계획보다 훨씬 더 우수하다. … 시장체계는 국부를 창조하는 데 있어서 인류에게 알려진 것 중 가장 위대한 기제

---

47) *Ibid.*, pp.151-2.
48) N. Bosanquet, *After the New Right*, Heinemann, 1983, p.17.
49) Friedman, *op. cit.*, p.15.
50) Friedman and Friedman, *op. cit.*, p.21.

(mechanism)이다. 시장은 강제와 지도, 관료적인 개입이 없이, 무수히 많은 개인들의 다양한 욕구를 어떠한 인간도 감히 이해할 수 없는 방식으로 조정하고 충족시켜 준다.[51]

시장은 보상케트가 말한 "흩어져 있는 지식(dispersed knowledge)"-즉 모든 소비자와 생산자의 지식-을 가장 잘 이용할 수 있는 최선의 수단이기 때문에, 그러한 높은 수준의 효율성을 성취할 수 있는 것이다.[52] 시장을 통하여 여러 사람들의 행동은 강제가 없이도 조정될 수 있다. 생산자와 소비자들은 경쟁과 가격기구(price mechanism)를 통하여 상호 이익이 되게끔 연결될 수 있다. 경쟁은(개인들의 노력을 조정하는 데 있어서) "지금까지 알려진 것들 중, 대개의 경우 가장 효율적인 수단에만 머무는 것이 아니라 그 정도를 훨씬 넘어서서 이로운 것인데, 이는 경쟁이야말로 우리들의 활동을 권위의 강제적이거나 자의적인 개입이 없이 서로에게 적용시킬 수 있게 해주는 유일한 방법이기 때문"이다.[53]

시장기제(market mechanism)는, 또한 경제활동을 조직하는 데 있어서도 가장 효율적인 방법이다. 왜냐하면 시장기제는 에녹 파월(Enoch Powell)의 말을 빌면 "갇혀져 있는 에너지를 해방"시킬 수 있는 "유일한 열쇠"이기 때문이며,[54] 또한 시장기제는 계획경제가 도저히 경쟁할 수 없는 방식으로 실험을 격려하기 때문이다. 시장기제는 성공에 대해 보상을 주고 실패에 대해서는 벌을 준다. 그리고 시장기제는 선호(preference)를 등록시키기 위해 고안된 방법 중 가장 최선의 방법이다. 프리드만의 말로 하면, "시장기제는 특정집단이 생각하기에 사람들이 반드시 원할 것이라고 생각되는 것을 사람들에게 주는 것이 아니라 사람들이 진정으로 원하는 것을

51) Joseph, *op. cit.*, p.57, p.62.
52) Bosanquet, *op. cit.*, p.31.
53) Hayek, *The Road to Serfdom*, p.27.
54) W.H. Greenleaf, "Modern British Conservatism," in R. Benewick, R.N. Berki and B. Parekh, *Knowledge and Belief in Politics*, Allen & Unwin, 1973, p.204.에서 재인용.

준다"는 것이다.55) 시장기제가 우수하다는 것은 백번 듣는 것보다 한번
보는 것이 낫다. 반집합주의자들은 시장체계야말로 좀더 정교하고, 복합적
이며, 효율적이고, 그리고 민감한 경제를 가능케 할 수 있는 경제성장의
위대한 동력이라는 굳은 신념을 가지고 있다. 프리드만은 "자유시장이 작
동되도록 허용된 곳에서는 어디서든지… 보통 사람들이 과거에는 상상도
할 수 없었던 생활수준을 누릴 수 있게 되었다"라고 주장하였다.56) 하이
에크도 프리드만과 유사한 입장에서, 시장체계는 "모든 사람들에게, 여러
가지 재화(즉 상품과 서비스)에 대한 통제력을 다른 어떤 체계를 통한 것
보다 더 많이 부여할 수 있는 전망과 가능성을 증가시킴으로써" 모든 시
민들의 목적을 위해 봉사하고 있다고 주장한다.57)

프리드만은 '자유시장적 자본주의'는 '부자가 빈자를 착취하는 체계'라는
'잘못된 신화'를 격렬하게 비난하고 있다.58) 프리드만은 자유시장 자본주의
가 착취체계라는 생각에 반대하여 "서구 자본주의가 성취한 위대한 업적들
은 일차적으로 보통 사람들에게 이익을 주게 되었다"고 주장한다.59) 하이
에크는 시장이 빈자들에게 어떻게 도움을 주었는지에 대해 보다 구체적으
로 논하고 있다. 하이에크는 "전체적인 소득수준을 상승시키고, 따라서 충
분한 소득을 벌 수 없는 사람들에게 시장 외부적인 지원(support)을 제공
할 수 있게 한 것은 바로 다름 아닌 시장기제였다"고 주장하고 있다.60)

반집합주의자들에게 시장체계는 단순히 한 나라의 경제운영방법인 것만
이 아니다. 시장체계는 자신을 포함한 보다 광범위한 사회체계에 대해서
깊은 영향을 미치는 존재인 것이다. 하이에크의 위대한 통찰력 중의 하나
는 시장관계에 대한 연구를 사회적, 정치적, 법적 관계라는 보다 광범위한

55) Friedman, *op. cit.*, p.15.
56) Friedman and Friedman, *op. cit.*, p.179.
57) Hayek, *Law, Legislation and Liberty*, vol.2, p.107.
58) Friedman and Friedman, *op. cit.*, pp.179-80.
59) *Ibid.*, pp.180-1.
60) Hayek, *Law, Legislation and Liberty*, vol.2, p.139.

맥락 속에 위치시킨 점이다. 하이에크는 시장은 사람들을 직접적인 경제적 관계 속으로 묶어줌으로써 사람들을 사회적으로 결속시키며 여러 가지 다양한 목적들을 평화롭게 조정해준다는 것을 강조하고 있다. 하이에크가 보기에 "이제 사람들이 저마다 말하고 있으며 모든 인류를 하나의 세계로 만드는 모든 사람들 간의 상호의존성은 시장질서의 결과일 뿐만 아니라 시장 이외의 다른 어떤 수단으로는 결코 만들어낼 수 없는 것"이다.61)

셀든(Seldon)은 최근에 새로운 차원에서 시장을 변호하는 주장을 한 바 있다. 즉 그는 "시장의 실패는 교정가능하지만, 정부의 실패(government failure)는 교정불가능하다"고 주장하였던 것이다.62) 셀든의 주장은 시장이 효과적으로 기능하기 위해서는 구매력의 다소간의 차이가 수정될 필요가 있기는 하지만, 시장의 본질적인 원리는 건전한 것이라는 것이다. 재화와 서비스의 분배에 관한 정치적 결정이 시장체계를 대신한다면, 그러한 정치적 결정에 의한 분배체계에서 누가 무엇을 받을 것인가를 결정하게 될 정치적 권력의 불평등은 훨씬 더 수정되기가 어렵다는 것이다.

시장체계에 대한 그들의 신뢰감에도 불구하고, 반집합주의자들은 시장체계를 본질적으로 섬세하고 연약한 체계로 간주한다. 하이에크가 무엇보다 염려했던 것 중의 하나는 모든 정부로 하여금 시장의 기능을 향상시키기 위하여 또는 보다 바람직하다고 생각되는 분배유형을 획득하기 위하여 특정 사항들에 관련하여 시장에 개입하도록 부추기는 유혹이었다. 하이에크는 그 유혹이 강력하다는 것을 인정하였지만, 그러한 유혹은 자발적 질서에 대한 이해가 부족해서 나타난 것이라고 비난하였다. "각각 바람직한 것처럼 보이는 몇 가지 요소들을 단순히 합침으로써 바람직한 사회를 건설할 수 있는 것은 우리들의 소관이 아니다"라고 하이에크는 쓰고 있다.63) 자발적인 시장질서를 보존하는 것은 그처럼 어려운 일이다. 이는 왜

---

61) *Ibid.*, p.112.
62) A. Seldon, *Wither the Welfare State*, Institute of Economic Affairs, 1981, p.17.
63) Hayek, *Law, Legislation and Liberty*, vol.3, p.56.

냐하면 자발적인 시장질서의 보존을 이루기 위해서는 각기 바람직한 여러 결과들을 보장하기 위해 필요한 것처럼 보이는 여러 조치들을 끊임없이 거부해야 하기 때문이다.[64]

시장의 건전성에 대한 반집합주의자들의 관심의 핵심에는 공공지출의 수준에 대한 관심이 위치하고 있다. 반집합주의자들의 분명한 원칙에 따르면, "국가의 복지서비스에 투입되는 국민총생산의 비율이 표시된 속도계에서 보듯이 우리는 이제 예종에의 길(the road to serfdom) 위에 있는 것"이다.[65] 이 속도계는 또한 경제적 파탄으로 이르는 길에서의 제반 도정들도 표시하고 있다. 높은 수준의 공공지출은 높은 수준의 조세를 필요로 하게 되고, 높은 수준의 조세는 힘든 작업이나 새로운 사업에의 유인을 제거하고 효과적인 자본과 새로운 투자를 위해 산업이 필요로 하는 화폐를 고갈시킬 것이다. 정부는 조세증가를 좋아하지 않으면서 높은 수준의 공공지출에 노력하고 있기 때문에, 필연적으로 자원은 정부가 필요로 하는 양보다 적게 되고, 이는 결국 많은 차관의 도입을 야기하게 된다. 따라서 이자율은 증가하고, 기업은 자금을 구하기가 더욱 어려워지게 된다. 개인들은 조세징수원에 의해 저질러진 '약탈'을 임금의 인상으로 보상받으려 하게 되며, 따라서 인플레이션이 발생하게 된다.

이러한 모든 것의 결과는 대처의 말로 하면, "우리들의 부(富)의 창조자들(즉 자본가들)의 마음속에 절망감과 무력감이 생기도록 하는 것"이다.[66] 이와 같은 충격으로 말미암아 경제는 성장이라는 황금알을 더 이상 낳지 못하게 된다. 대처의 말을 한 번 더 인용하면, "조세와 인플레이션은 진정한 경제확장과 사회변동을 수용하는 데 필요한 안정되고 틀 잡힌 질서에 손상을 주었다"는 것이다.[67] 하이에크는 1906년 노사쟁의법에 의해 노동조합에 부여된 막대한 법률적 특권은 노동에 있어서의 자유시장을 너무나

---

64) *Ibid.*, p.61.
65) Bosanquet, *op. cit.*, p.4.
66) Thatcher, *op. cit.*, p.74.
67) *Ibid.*, p.73.

크게 혼란에 빠뜨려 "이는 영국경제의 누진적인 퇴락을 가져온 주요 원인이 되었다"고 주장하였다.[68]

반집합주의자들은 자유시장체계가 모든 사람들의 이익을 위해 움직이는 것이라고 생각하기 때문에, 자발적인 질서의 섬세함이 인정되는 한 그러한 사회는 근본적으로 건전하고 안정된 사회라고 간주한다. 프리드만은 말하기를, 경제적 자유는 "오늘 불이익을 받는 사람이 내일 특권을 누리는 사람이 될 수 있는 기회를 보장해주며, 그러한 과정에서 위로부터 아래에 이르기까지 거의 모든 사람들로 하여금 보다 완전하고 풍부한 삶을 살 수 있도록 해준다"는 것이다.[69] 시장체계는 자유를 제공하고 또한 "삶의 기본적인 수준-소득의 기본적인 수준도 포함하여-을 계속 향상시키기 때문에," 그러한 사회는 안정되리라는 것이다.[70] 반집합주의자들은 사회안정에 대한 가장 큰 위협이 이해관계를 달리하는 집단들 간의 갈등에 있다고 본다. 정부행위 영역의 증가는 사회의 나머지 부분들의 희생에 의해서만 더 증진될 수 있는, 자신들만의 이익을 추구하는 조직화된 집단의 난립을 가져올 것이고, 그러한 조직화된 집단들 중에서 정부관료집단이 여러 가지 측면에서 가장 강력하고 가장 위험스럽다는 것이다.[71]

정치체계에 대한 반집합주의자들의 견해는 어떤 것인가? 하이에크는 자신의 책인 『자유헌장(The Constitution of Liberty)』에서 그가 생각하기에 민주주의를 옹호하는 데 중요하다고 생각되는 세 가지 주장을 전개하고 있다. 그는 '이 세 가지는 각기 완전한 것'이라고 생각하였다. 하이에크가 말한 세 가지는 다음과 같다. 즉 첫째는 민주주의는 차이점을 평화롭게 해결할 수 있는 유일한 방법이라는 것이고, 둘째는 민주주의는 개인의 자유를 보호하는 중요한 보호자이다라는 것이며, 셋째는 민주주의는 공적인 일(public affairs)에 대해 대중들을 교육시킬 수 있는 최선

---

68) Hayek, *Law, Legislation and Liberty*, vol.3, p.32.
69) Friedman and Friedman, *op. cit.*, p.182.
70) Joseph, *op. cit.*, p.61.
71) Friedman and Friedman, *op. cit.*, pp.343-7.

의 방법이라는 것이다.72)

그러나 하이에크는 민주주의에 대해서는 그가 자발적 질서의 과정에 대해 가지는 만큼의 신뢰를 가지지 않았다. 그는 『자유헌장』에서 민주주의를 옹호하는 세 가지 주장을 말한 후 몇 페이지 지나서, "우리는 다수결이라는 것이 자발적인 사회발전이 어떤 의미에서 가질 수 있는 것보다 더 고상하고 높은 초개인적인 지혜를 가진 것이라고 믿을 아무런 근거가 없다"라고 썼던 것이다.73) 다수결은 어떤 주어진 시점에서 사람들이 원하는 것을 말해줄 뿐이지 그 사람들이 더 많은 정보를 가지게 되었을 때 자신들의 진정한 이해관계에 비추어 보아 어떤 것을 원하게 될 것인지에 대해서는 말해주지 않는다는 사실로 인해, 하이에크는 다수결에 대해 거부감을 느꼈던 것이다.74) 가장 중요한 문제는 자발적인 질서의 현재 및 장래의 기능에 대해 다수결이 미칠 수 있는 잠재적 영향이었던 것이다.

민주주의와 경제적, 사회적 안정 간의 문제성 있는 관계는 반집합주의자들의 저작에서 주요 주제로 다루어져왔다. 민주주의와 경제적, 사회적 안정 간의 관계라는 문제에 있어서, 핵심적인 것은 민주주의는 시장질서와 양립될 수 없는 압력과 요구를 산출하는 경향이 있다는 사실이다. 즉 정당들 간의 경쟁은 표를 얻기 위한 경쟁적인 경매로 이어지게 되고, 이는 결국 '기대수준이 체계적으로 상승하는 경향'을 띠도록 하는 결과를 초래하게 된다.75) 투표권자들은 많은 것들-이들은 이상적인 세계에서는 매우 바람직한 것들이다-을 제공받게 된다. 그러나 그러한 것들을 제공하는 데 있어서, 어떻게 비용을 부담할 것인가의 문제와 선택의 불가피성이라는 문제에 대해서는 별로 논의가 이루어지지 않는다. 따라서 정부의 지출과 정부의 '분배' 기능에 지나친 부담이 가해지게 된다는 것이다.76)

---

72) Hayek, *The Constitution of Liberty*, pp.107-8.

73) *Ibid.*, p.110.

74) *Ibid.*, p.109.

75) S. Brittan, "The Economic Contradiction of Democracy," *British Journal of Political Science*, vol.5, no.1, 1975, p.141.

하이에크의 분석도 이와 매우 유사하다. 민주주의는 하이에크가 보기에, 다수정부의 힘은 무제한적이라는 완전히 잘못된 생각을 확산시켜왔다. 이러한 잘못된 생각은 다수정부로 하여금 투표권자들의 지지를 얻고 유지하기 위한 노력의 일환으로 모든 새로운 활동영역에로 진입하게끔 만드는 결과를 초래하였다는 것이다. 근시안적인 당파적 이익을 추구하는 가운데 자발적인 질서는 위험에 처해진 것이다.

민주주의는 정부의 영역은 제한되어야 한다는 묵시적인 신념을 포기하게 만들었다. 하지만 자발적인 질서의 존속은 정부가 자발적인 질서의 여러 가지 기능에 개입하기를 거부하는 것―이는 정부의 일종의 자기부정으로서 무제한적인 정부를 신뢰하는 민주주의에서는 낯선 현상이다―에 달려 있는 것은 아니다. 또 자발적인 질서는 계획에 달려 있는 것도 아니다. 그것은 수없이 많은 개인들의 자유로운 결정에 달려 있는 것이다. 자발적인 질서의 성공은 어떤 주어진 시점에서 그 당시에는 다수의 사람들이 인기 없는 것이라고 생각할 수도 있는 일반적인 규칙을 준수하는 데에 달려 있다. 하이에크는 그가 생각하기에 오직 다수정부의 힘을 제한함을 의미하는 이 결정적 진실을 받아들일 것을 호소하였다.[77]

민주적 정부에 대한 위험스러운 견해가 나타나게 된 것은 하이에크가 말한 바 "건설주의적인 적극적 미신(constructivist positive superstition)"―정부의 행위를 통하여 세계를 개선시킬 수 있다는 견해―에 의해서이다. 여러 집단들은 자신들의 이익을 증진시키려 하고, 서로 경쟁하는 정당들은 집단들의 지지를 얻으려 하므로, 정부가 만일 그러한 미신을 주장한다면 정부는 압력집단들의 표적이 될 것이고 그들에 의한 피조물이 되고 말 것이다. 이러한 과정의 결과는 '개인의 자유에 의해 증진되는 문명의 성장을 억압하며,' 끊임없이 팽창하고 강제적일 수밖에 없는 정부를 낳는 것이 될 것이다.[78] 사회질서를 건설주의적으로 해석하는 것이 정의에 대한 잘못된

---

76) *Ibid.*, p.130.
77) Hayek, *Law, Legislation and Liberty*, vol.1, p.6.
78) Hayek, *Law, Legislation and Liberty*, vol.3, p.129.

이해와 결합하게 되면, 자발적인 질서는 극도의 위험에 처하게 된다. 자발적인 질서가 살아남기 위해서는 '자유로운 인간들의 사회에서 최고의 권력은 평상시에는 어떠한 적극적인 명령권도 가져서는 안 된다는 여전히 낯선 사실'을 사람들이 받아들여야만 한다.[79] 정당 간의 경쟁으로 특징지어지는 민주주의 체제에서 정부에 대한 그러한 소극적인 견해가 받아들여지도록 하는 것은 하이에크 자신도 인정한 바와 같이 지극히 어렵긴 하지만, 매우 중요한 것이다.

반집합주의자들이 주장하는 핵심은 간단하다. 앞에서 그들이 묘사한 것과 같은 민주주의는 전체의 복지에 중요한 원천인 자발적 질서의 제반 과정들에 위협이 된다는 것이다. 또한 그것은 정부의 강제적인 행위를 확장시키기 때문에 자유에도 위협이 되며, 몇몇 이익집단들―그중에서 정부관료집단이 가장 강력한 집단이다―에게 부당한 권력을 부여한다는 것이다. 그리고 민주주의는 정부의 분배기능에 과다한 부담을 줌으로써 사회의 응집력을 위협하게 되고, 특정 집단의 사람들이 특정 경제적, 사회적 결과와 동일시되거나 또는 그러한 결과와 관련하여 비난의 대상이 될 수 있다는 것이다.

정치체계에 대한 반집합주의자들의 태도를 올바로 평가하기 위해서는 지금 말한 것들에 대해 설명할 필요가 있다. 반집합주의자들이 원하는 것은 정치체계의 영역을 제한하자는 것이다. 이러한 이유로 그들은 권력의 분산을 원하게 된다. 하지만 이와 동시에 반집합주의들에게 있어서 정부는 강한 정부여야 한다. 일반규칙들은 강제력에 의해 시행되어야 하는 것이다. 갬블이 말한 바와 같이 "자유로운 경제는 강력한 정부를 필요로 하는 것"이다.[80] 강한 정부로서의 활동영역은 정부의 권력이 제한되어서는 안 되는 부분이다.

---

79) *Ibid.*, p.130.
80) A. Gamble, "Thatcherism and Conservative Politics," in S. Hall and M. Jacques(eds.), *The Politics of Thatcherism*, Lawrence & Wishart, 1983, p.116.

자유시장이 갖는 많은 장점들에 대한 그들의 강조와 자유 및 개인주의에 대한 그들의 신념에 따른 당연한 논리적 추론의 결과로, 반집합주의자들이 '정부'를 언급할 때에는 오로지 정부를 경멸하기 위한 것뿐이다. 그들에게 있어서 정부는 대표적인 경멸의 용어이다. 파월은 "커튼을 열어젖혀라. 그러면 정부는 미래를 위장하고, 정치적 압력과 당파적 편견에 좌지우지되는, 정부청사의 오류투성이 인간들의 보잘 것 없는 집단임을 드러내 보일 것이다"라고 말하고 있다.[81] 영국 신우파의 악마론에서 '정부'는 매우 '고명한' 지위를 차지하고 있다. 스튜어트 홀(Stuart Hall)은 다음과 같이 말하고 있다. 즉 '정부'는

> 차입금과 지출에 짓눌려왔고, 인플레이션을 부채질하였으며, 사람들로 하여금 마지막 분배가 이루어지는 곳에는 항상 또 다른 것이 있을 것이라고 생각하게 만들었고, 시장의 보이지 않는 손에 맡겨지는 것이 가장 좋은데도 물가나 임금과 같은 것을 규제하려 하였으며, 무엇보다도 영국국민의 천재성이라는 본질에 반하여 간섭하고, 어지럽히고, 끼어들고, 훈계하고, 지도하였던 것이다.[82]

정부의 역할

신우파(the New Right)의 사회철학을 요약하면서, 보상케트는 "신우파의 가장 중요한 가정은 정부역할을 상당 부분 제약하는 것이 진보의 필요충분조건이라는 것이다"라고 주장하였다.[83] 비록 전체적으로 볼 때 하이에크는 프리드만에 비해서 정부의 역할을 좀더 크게 인정할 자세가 되어 있지만, 반집합주의자들이 정부의 행위에 대해 전반적으로 굳게 회의하고 있다는 것은 틀림없다. 그들이 정부의 행위를 불신하는 것은 세 가지 근

---

81) E. Powell, *Freedom and Reality*, Elliot Right Way Books, 1969, p.10.
82) S. Hall, "The Great Moving Right Show," in Hall and Jacques, *op. cit.*, p.34.
83) Bosanquet, *op. cit.*, p.101.

거에서이다.

첫째 반집합주의자들은 정부의 행위는 자유를 위협한다고 간주한다. 프리드만은 "정부의 모든 개입행위는 직접적으로는 개인적 자유의 영역을 제한하며, 간접적으로는 자유의 보존을 위협한다"고 주장하고 있다.[84] 둘째 반집합주의자들은 정부의 행위는 본질적으로 비효율적이며 따라서 바람직한 목표를 성취하기 어렵다고 간주한다. 정부의 행위는 자발적 질서의 우수한 과정에 의존하는 것이 아니라 궁극적으로 인간적 지혜에 의존하기 때문에 비효율적이라는 것이다. 셋째 반집합주의자들은 정부의 행위는 여러 가지 측면에서-정부 자신이 국민들에게 조장하는 기대의 측면이나 정부가 자신이 약속한 것을 필연적으로 해주지 못하는 데서 오는 정부권위의 약화라는 측면에서, 또는 좀더 적극적인 정부에 의해 고무되어 새로운 이익집단이 창출된다는 측면 등에서- 사회에 해로운 것이라고 간주한다. 프리드만은 경제영역에서 작동하는 은혜로운 손과 정치영역에서 작동하는 해로운 손을 대조하고 있다. 그는 주장하기를, "오직 정부의 개입을 증진시킴으로써 공익에 봉사하려는 의도를 가진 개인은(자기 스스로는 공익을 추구하려고 의도하였음에도 불구하고) 어떤 보이지 않는 손에 의해 자신이 전혀 의도하지 않았던 사적인 이익을 추구하는 데로 이끌려 가게 된다"고 한다.[85] 이러한 사적인 이익들은 서로 갈등을 일으키게 되며, 따라서 사회질서를 위협하게 된다는 것이다.

반집합주의자들은 또 한편으로는, 정부의 행위를 일정한 시각에서 조망하려는 시도도 하고 있다. 프리드만은 문명의 거대한 진보가 정부의 행위로부터가 아니라 개인의 창의력으로부터 나타난 것이라고 주장한다.[86] 하이에크는 이러한 주장을 보다 폭넓게 하고 있다.

　　의도적으로 공동의 목적을 목표로 하는 행위만이 공동의 목적에 봉사할 수 있

---

84) Friedman, *op. cit.*, p.32.
85) Friedman and Friedman, *op. cit.*, p.24.
86) Friedman, *op. cit.*, p.3.

다고 생각하는 것은 잘못이다. 사실은 오히려 다음과 같다. 즉 자발적 질서가 우리 들에게 제공하는 것은 올바른 행동규칙의 시행을 통해 정부가 제공하는 안전이라 는 서비스만을 제외하고, 정부조직이 제공할 수 있는 대부분의 서비스보다 모든 사람들에게 있어서 더 중요하고 따라서 일반복지에 더 중요하다는 것이다.[87]

정부행위에 대한 그들의 의구심에도 불구하고, 반집합주의자들은 정부 가 해야 할 중요한 역할—그러나 매우 좁게 제한된 역할—이 있다는 사실 에는 동의하고 있다. 하이에크는 정부의 활동은 법과 질서의 유지에만 국 한되어야 한다는 견해를 맹렬히 비판하였다. 그는 그러한 견해는 "자유의 원리에 비추어 보았을 때 정당화될 수 없다. 엄격하게 제한되어야 하는 것은 정부의 강제적인 행위뿐이다. 정부가 비강제적인 활동을 수행해야 하는 영역이 광범위하게 존재한다는 것은 결코 부인될 수 없다"라고 주장 하였다.[88] 대처는 "우리는 사회를 둘러싼 틀을 좋은 상태로 굳건히 유지 할… 강한 정부를 필요로 한다. 그러나 사회를 둘러싼 그 틀은 사회의 모 든 모습을 지배할 만큼 비중이 크거나 정교해서는 안 된다"라고 하였다.[89]

그러면 반집합주의자들이 말하는 정부의 활동영역은 어떤 것인가? 첫 번째의 가장 중요한 영역은 자발적인 질서가 효율적으로 기능할 수 있도 록 필요한 틀을 제공하는 영역이다. 하이에크는 "경쟁은 정부의 어떤 활 동에 의해서, 그러한 활동이 없을 경우보다 더 효과적이고 이롭게 될 수 있다"고 주장하였다.[90] 예컨대 경쟁적인 경제체계는 "지성에 의해 계획되 고 계속적으로 조정되는 법적 틀을 필요로 한다."[91] 따라서 케이스 조셉 경의 말을 빌면, 정부는 "자신의 삶을 스스로 영위하기를 원하는 사람들 을 위한 규칙의 제정자(maker of rules)로서"[92] 그리고 자발적 질서에 필

---

87) Hayek, *Law, Legislation and Liberty*, vol.1, pp.132-3.
88) Hayek, *The Constitution of Liberty*, p.257.
89) D. Heald, *Public Expenditure*, Martin Robertson, 1983, p.322.
90) Hayek, *Individualism and Economic Order*, p.110.
91) Hayek, *Road to Serfdom*, p.29.
92) *The Times*, 2 July 1976.

요한 규칙이 준수되도록 보장하기 위한 존재로서 해야 할 분명한 역할이 있는 것이다.

정부활동이 정당화될 수 있는 두번째 영역은 "엄격한 의미에서의 자발적 교환이 지나치게 비용이 많이 들거나 현실적으로 불가능한 영역들로서, 이러한 영역들은 두 가지의 일반적인 경우로 분류할 수 있는데, 하나는 독점 또는 그와 유사한 것으로 시장불완전성(market imperfection)의 영역이며, 다른 하나는 근린효과(neighborhood effect)가 존재하는 영역이다."[93] 프리드만은 어떤 상황에서는 독점이 효율성을 위해서 필요할 수 있다는 점과 정부의 독점을 신뢰하는 것이 적절한 상황이 존재한다는 점을 인정하고 있다. 근린효과의 존재를 근거로 정부가 개입하게 되는 것은 "한 개인의 행위가 다른 개인들에게 영향을 미치며, 그 영향에 관련하여 다른 개인들에게 비용을 지불토록 할 수 없는 경우에 나타난다."[94]

하이에크는 고도로 발달한 사회에서 "시장이 여러 가지 원인에 의해 공급할 수 없거나 적절하게 공급할 수 없는 수많은 서비스를 제공하기 위해 정부가 조세를 통해 재원을 징수할 권력을 사용하는 것"은 아무런 문제도 없다고 말한다.[95] 그는 더 나아가 "공동자원의 관리자(administrator of common resources)로서 정부가 맡을 수 있는 전적으로 정당한 활동들의 광범위한 영역"에 대해 언급하고 있다.[96] 하이에크는 또한 전체적인 부와 인구밀도가 증가함에 따라 집합주의적인 행위를 통해서만이 충족될 수 있는 욕구의 몫이 계속 증가할 것이라고 '믿을 만한 근거'가 있다는 점도 기꺼이 인정하고 있다.[97]

세번째 영역은 자신의 삶을 스스로 책임질 수 있는 능력이 없다고 사회가 인정한 사람들에게 정부가 가부장적인 역할(parternalist role)을 수행해

---

93) Friedman, *op. cit.*, p.28.
94) *Ibid.*, p.42.
95) Hayek, *Law, Legislation and Liberty*, vol.3, p.41.
96) *Ibid.*, p.42.
97) *Ibid.*, p.53.

야 하는 영역이다. 프리드만은 "어느 정도의 가부장주의는 불가피하다"는 견해를 나타내고 있다.[98] 가부장적 역할은 "남용되기가 쉽지만, 그렇다고 피할 수는 없는" 정부의 의무인 것이다.[99] 남용의 위험은 스스로를 책임 질 능력이 없다고 간주되는 개인과 집단의 범주가 확대된다는 것과 이러한 확대가 자유와 산업적 책임에 위협을 가한다는 것에 있다.

영국에서 정부역할의 증대는 신우파들의 주장에서 핵심적인 요소가 되어왔다. 정부역할의 증대는 대처가 "정부의 성장을 중지시켜야 하고, 정부의 기능이 정확히 무엇인가를 재정립해야 할 긴박한 필요성"을 강조하면서 끊임없이 반복하였던 주제이다. 대처는 지나치게 성장한 정부(over-government)가 경제에 미친 해로움과 개인, 가족, 지역사회의 책임감에 손상을 입히며, 점차 비효과적이고 비효율적으로 되어간다는 것을 강조하였다.[100] 정부의 역할을 축소시키는 것은 대처수상의 첫번째 집권기 때 가장 중요한 목표들 중의 하나였다. 정부역할의 축소를 위해서, 대처수상은 중앙정부가 맡고 있던 책임을 지방정부 또는 사적 기업에게로 이전시킨다든지, 서비스를 민영화(privatization)한다든지, 또는 가족과 이웃의 책임과 역할을 강조한다든지 하는 등의 방법을 사용하였다.

복지국가에 대한 태도

반집합주의자들이 복지국가에 대해 갖는 태도는 그들이 가진 가치와 시장체계의 자발적 질서에 대한 그들의 신념 그리고 정부활동에 대해 그들이 품고 있는 의심 등에서 예상할 수 있듯이 근본적으로 적대적인 것이다.

그러나 반집합주의자들이 정부는 어떠한 복지적 역할도 수행할 수 없다고 주장하는 것은 아니다. 배리(Barry)는 "자유주의자들, 특히 하이에크가

---

98) Friedman, *op. cit.*, p.34.
99) Friedman and Friedman, *op. cit.*, p.53.
100) Thatcher, *op. cit.*, p.74.

복지국가라는 이념에 대해 반대하고 있다고 말하는 것은 잘못된 것일 수 있다"고 주장하였다.[101] 하지만 반집합주의자들이 국가의 복지적 역할을 마음 편하게 받아들이는 것은 결코 아니다. 그들은 복지국가의 제반 정책들은 중요한 사회가치와 사회제도―가족, 근로동기, 경제발전, 개인의 자유 등―를 위협하고 그것에 해로운 영향을 준다고 보고 있으며, 최저수준 이상의 급여에 대해서 모두 반대하고 있다.

하이에크는 정부가 수행하는 것이 정당하다고 간주될 수 있는 복지활동이 무엇인지를 규정하는 데 아마도 가장 많은 노력을 기울인 반집합주의자일 것이다. 정부가 복지활동을 행할 경우 그것이 다음 세 가지 조건을 만족시키면, 그러한 정부의 복지활동은 자유주의적 원칙들과 완전히 양립할 수 있는 것이라고 하이에크는 주장하였다. 즉 그 세 가지 조건이란 정부가 독점을 주장하지 않는다는 조건과, 복지활동에 필요한 자원은 단일한 과세기준을 가진 조세로 동원되어야 하며 그러한 조세는 소득재분배의 수단으로 사용되지 않는다는 조건, 그리고 특정 집단만의 집합적인 욕구가 아닌 공동체 전체의 집합적인 욕구를 충족시켜야 한다는 조건이다.[102]

하이에크는 사회적 최저수준(social minimum)을 보장하는 것은 정부의 책임이라는 것을 인정하고 있다. 그는 사회적 최저수준을 보장할 제도가 필요한 것은 "의문의 여지가 없는 것"이라고 말한다.[103] 하이에크는 "노령, 실업, 질병 등과 같은 긴급한 욕구에 대해 대중들이 대비해야 할 의무가 인정될 경우에는 대중들로 하여금 그러한 삶의 공통된 위험에 대해 보험하도록(혹은 달리 대비하도록) 강제하는 것이 논리적으로 당연한 것이다"라고 보고 있다.[104] 하이에크가 보기에, 기본적인 최저수준의 소득을

---

101) N.P. Barry, *Hayek's Social and Economic Philosophy*, Macmillan, 1979, p.114.

102) F.A. Hayek, *New Studies in Philosohpy, Politics and Economics and the History of Ideas*, Routledge & Kegan Paul, 1978, p.111.

103) Hayek, *The Constitution of Liberty*, p.285.

104) *Ibid.*, p.286.

보장하는 것은 "누구에게나 일어날 수 있는 공통된 위험에 대해 전적으로 정당한 보호를 제공하는 것일 뿐 아니라, 개인이 태어나면서 소속된 특정 집단에 대해 그 개인이 소속집단의 구성원으로서의 권리를 더 이상 주장할 수 없게 된 경우에 위대한 사회가 해 주어야 할 필수적인 부분인 것이다."105) 그러나 하이에크는 최소한의 정부급여는 문제가 되지 않을 수 있지만, "여론에 의존하는 정부, 특히 민주주의 정부는 시장을 보완하려는 노력을 가장 가난한 사람들의 운명을 경감시키는 데에만 한정지을 수는 없을 것이다. … 정부는 자신이 세운 선례에 내재한 원리에 의해 이끌릴 것이다"라고 보고 있다.106) 최저수준에 대한 관심은 곧 불평등에 대한 관심으로 이어지고, 사회정의라는 신기루를 추구하는 데로 이어진다는 것이다. 반집합주의자들은 이러한 정부관심의 팽창을 다음 두 가지 이유에서 불가피한 것으로 보고 있다. 첫째 민주주의 정부는 그 속성상 표를 얻기 위한 정당들 간의 경쟁을 낳게 되고 이는 정부의 약속과 활동의 확대를 초래하게 되며, 둘째는 복지관료주의(welfare bureaucracies)에 의해 정부 내부로부터 팽창압력이 발생하기 때문이다. 관료들이 전개하는 정부 팽창의 주장들은 비전문가와 노련하지 못한 정치가들에게는 매우 강압적인 것이다. 따라서 정부의 행위는 그 내재적인 논리에 의해, 반집합주의자들이 도저히 받아들일 수 없는 상황에까지 이르게 된다. 복지국가정책은 만일 제한되지 않는다면—사실 이를 제한한다는 것은 정치적으로 거의 불가능하다는 것을 반집합주의자들도 알고 있다— 평등주의와 사회주의로 이르는 길로 위험스럽게 따라 내려가는 상황에 처하게 될 것이다.

정부가 최소한의 급여 이상으로 나아가는 것에 대해 반집합주의자들은 우려를 표시하는데, 그 우려와 반대는 일곱 가지로 요약할 수 있다. 첫째 어떤 의미에서 가장 중요한 것으로는 복지국가정책에는 자유에 대한 위협이 내재해 있다는 우려이다. 셀든은 이러한 우려를 매우 극단적으로 표현

---

105) Hayek, *Law, Legislation and Liberty*, vol.3, p.55.
106) Hayek, *Law, Legislation and Liberty*, vol.2, pp.142-3.

하고 있다. 즉 그는 "복지국가는 연민의 표현에서 서서히 변화하여 영국 역사에서 그리고 서구의 산업사회에서 유례를 찾아볼 수 없는 억압도구로 변화해버렸다"고 복지국가를 맹렬히 비난하고 있다.107)

복지국가가 자유를 위협하게 되는 근거는 정확히 무엇인가? 셀든이 강조하는 한 가지는 복지국가가 사실상 사람들에 대해 최대수준의 기준(최저수준의 기준이 아니라)을 부과하였다는 것이다.108) 집합적인 복지를 위한 재정을 충당하기 위해 조세를 납부함으로써 대부분의 사람들은 개인적으로 대비하는 데 돈을 쓸 여유를 잃어버리게 되었다. 따라서 대부분의 사람들은 다른 대안을 가질 수가 없게 되고, 결국은 정부가 제공하는 서비스의 수준을 받아들이게 되는 것이다. 셀든이 보기에 "영국의 복지국가가 강제에 의해 평등을 창조하는 도구가 된 것은 논리적으로 당연하며 그리고 불가피한 것이었다."109)

복지국가가 자유에 치명타를 가할 수 있는 또 다른 요인은 복지국가가 다수로 하여금 소수와 개인들을 강제할 수 있게 허용하는 데 있다. 비록 강제할 의도가 없었다 할지라도 소수와 개인들은 특정 수준의 특정 서비스를 위해 조세를 납부해야만 한다. 그러한 서비스는 그 소수와 개인들이 사용하도록 의도된 것일 수도 있다. 그러나 그럼에도 불구하고 소수와 개인들은 그러한 서비스가 없는 것을 여전히 선호할 수도 있고 또한 그들의 돈을 다른 데에 사용하기를 선호할 수도 있는 것이다. 그러나 복지국가에서 그들은 그렇게 할 수가 없다. 복지국가에서는 특정 재화와 서비스에 대해 얼마를 지출할 지가 다수에 의해 결정되어 버리는 것이다. 소수가 다수의 그러한 결정을 반대하거나 또는 돈의 사용에 있어서 다수와 다른 선호(또는 우선순위)를 가지고 있다 할지라도 소수는 다수의 결정을 회피할 수가 없다.

---

107) R. Harris and A. Seldon, *Overruled on Welfare*, Institute of Economic Affairs, 1979, p.204.

108) Seldon, *op. cit.*

109) *Ibid.*, p.18.

자유는 또한 서비스 공급에 있어서의 정부독점과 그로 인해 선택의 폭이 협소하게 됨에 의해서도 위협받게 된다. 또한 공적인 서비스공급은 욕구를 판단하는 관료들과 전문가들에게 막대한 권력을 가져다주게 되는 것이 불가피하다. 이는 왜냐하면 프리드만이 말한 바와 같이, 공적으로 공급되는 서비스는 "일부 사람들에게 다른 사람들에게 좋은 것이 무엇인지를 결정할 수 있는 위치를 차지하게 하여, 한 집단의 사람들에게는 마치 신과 같은 권력감을 부여하는 반면, 다른 집단의 사람들에게는 어린애와 같은 의존성을 심어주기 때문"이다.110)

반집합주의자들은 정부활동을 진정한 민주주의적인 방식으로 통제할 수 있는 가능성에 대해 무척 회의적인 생각을 갖고 있다. 하이에크는 "시민의 특정 욕구가 단일한 관료기구로부터 전적인 관심을 받게 되었을 경우에 그 관료기구를 민주적으로만 통제하면 시민의 자유는" 권력이 분산된 시장과 달리, "효과적으로 보호될 수 있다는 생각은 완전히 환상이다"라고 말한다.111)

정부가 최소수준 이상으로 나아가는 데 대한 반집합주의자들의 두번째 우려는 복지국가정책이 정부에 대해 미치는 영향에 관련된 것이다. 최저수준 이상의 복지급여에 노력하는 정부는 필연적으로 자신들의 불만과 부정을 해소해보려는 수많은 이익집단들의 표적이 된다. 민주주의 사회에서 정부는 정치적 지지에 의존하므로, 특정 이익집단들의 요구를 만족시키기 위해 노력할 수밖에 없다. 정부는 이제 단순히 일반적 규칙의 제정자나 자발적 질서의 심판관으로 머물 수가 없게 되는 것이다. 이러한 과정을 통해, 정부는 너무나도 쉽사리 힘 있는 이익집단이나 단체의 피조물이 되고 마는 것이다. 하이에크는 "일단 정치가들에게 특정 집단을 위해 시장에 개입할 수 있도록 면허를 주게 되면, 정치가들은 자신들을 지지하는 모든 집단들의 압력에 양보하지 않을 수 없게 된다"고 말한다.112) 정부는

---

110) Friedman and Fridman, *op. cit.*, p.249.
111) Hayek, *The Constitution of Liberty*, p.261.
112) *Guardian*, 26 April 1979.

점차 허약해지고, 일반규칙의 제정을 통해 자발적 질서를 유지해야 하는 자신의 근본적인 임무를 효과적으로 수행할 수가 없게 된다.

세번째의 광범위한 비판은 복지국가의 제반 정책들이 경제체계와 사회체계를 불안정하게 한다는 것이다. 우리는 공공지출에 대해 반집합주의자들이 우려하는 근거를 이미 살펴보았다(57쪽 참조). 복지국가가 사회체계를 불안정하게 하는 한 요인이라는 주장은 자원의 사용과 분배라는 문제를 정치화하는 것의 함의에 대한 일련의 개념들에 근거한 것이다. 복지국가정책은 자원사용과 분배의 과정은 쉽게 수정될 수 있고 변화될 수 있다는 사고방식을 낳게 된다. 정치적인 제반 압력들은 필연적으로 그러한 수정과 변화를 실현시키기 위해 노력하게 된다. 셀든은 "사회적 갈등은 복지국가에 의해 강화된다. 왜냐하면, 복지국가는 자원의 사용을 결정하는 데 있어서 정치적 과정을 이용하기 때문이다. 그 정치적 과정은 '대의제'이긴 하지만, 실제로 그것은 정치적으로 능력은 있지만 국민을 대표하는 사람이 아닌 자들에 의해 통제되고 있다"고 말하였다.[113]

네번째 비판은 국가의 복지국가급여에 대한 보다 구체적인 비판인데, 즉 그것은 국가의 복지급여는 급여 자체의 성격상 개인이나 집단의 욕구에 올바로 반응하지 못한다는 비판이다. 공적인 서비스는 관료들이나 전문가들 그리고 정치가들이 생각하기에 사람들이 원한다고 여겨지는 것을 공급한다. 소비자(수혜자)들이 결정을 내리는 것이 아니라, 소비자들을 위하여 소비자 외의 다른 사람들이 결정을 내리는 것이다. 반집합주의자들은 생산자들―생산자들은 소비자들이 원하는 생산물을 공급할 능력이 있는가 없는가에 따라 살아남기도 하고 도태되기도 하는 존재들이다―이 공급하는 일련의 재화와 서비스들 중에서 소비자들이 스스로 원하는 것을 선택할 수 있는 시장체계에서의 상황과, 그렇지 못한 공적 서비스에서의 상황을 대비시키고 있다. 만일 반집합주의자들처럼 소비자들이 최선의 것을 알고 있다고 믿는다면, "의료서비스를 포함한 재화와 서비스의 공급은

---

113) Seldon, *op. cit.*, p.40.

개인의 선호에 최대한도로 근거해야 할 것이다."[114] 이렇게 되면, 공적인 서비스 조직이 아니라 시장체계가 가능해질 수 있는 것이다.

반집합주의자들의 다섯번째 비판은 국가의 복지급여는 근본적으로 비효율적이라는 것이다. 관료제도를 통해 공급되는 서비스는 시장체계를 통해 공급되는 서비스보다 구체적인 특정한 욕구에 대해 더 잘 반응할 수가 없기 때문에, 결과적으로 그러한 특수한 욕구를 충족시키는 데 비효율적이게 된다는 것이다. 복지급여에 있어서도 경쟁이 결여되게 되면, 그것은 획일화를 야기하고 실험과 혁신의 부족을 초래할 것이다. 리스(Lees)는 국민건강서비스(National Health Services: NHS)의 가장 심각한 취약점으로 국민건강서비스에서의 경쟁의 부재를 들고 있다. 리스는 보건서비스의 진보에 있어서는 실험과 혁신이 매우 중요하기 때문에, 의료서비스는 "국가가 독점해야 하는 상품들 중 가장 마지막 상품이 되어야 한다"고 말한다.[115] 프리드만은 연금급여에 대하여 논하면서, "개인의 선택의 자유, 그리고 고객확보를 위한 기업의 경쟁은 개인의 욕구를 충족시키는 데에 관련된 계약의 질(質)을 향상시키고 다양성을 증가시킬 것이다"라고 주장하고 있다.[116]

프리드만은 복지지출의 본질 자체가 비효율을 조장한다고 주장하고 있다. 모든 복지지출은 두 가지의 범주로 나눌 수 있다. 첫째는 다른 사람의 돈을 자기 자신에게 지출하는 것으로서, 이 범주의 지출은 낭비를 조장하며 비용을 절감하려는 데 대한 관심을 감소시킨다. 둘째는 다른 사람의 돈을 제3자에 대해 지출하는 것으로서, 이 범주의 지출에서도 역시 경제성에 대한 관심은 부족하게 될 뿐만 아니라 이 범주의 지출은 그 제3자가 가장 가치 있게 생각하는 서비스를 받고 싶어하는 제3자 자신의 동기를 감소시키게 만든다. 프리드만에게 있어서 '이러한 특징들이야말로 복지지출이 갖는 결점의 가장 중요한 원인인 것'이다.[117] 공적인 서비스는 시장

114) D.S. Lees, *Health Through Choice*, Institute of Economic Affairs, 1961, p.14.

115) *Ibid.*, p.30.

116) Friedman, *op. cit.*, p.186.

의 가장 기본적인 두 가지 규율, 즉 비용에 대한 긴밀한 관심과 소비자의
선호에 대한 민감성을 결여하고 있다. 비효율성과 무능함은 따라서 불가
피한 것이다.

반집합주의자들이 비판하는 비효율성의 또 하나의 측면은 복지프로그램
이 그것이 원래 의도했던 사람들에게는 그 혜택을 제한적으로밖에 주지
못한다는 것이다. 이것은 복지혜택의 방향을 왜곡시키는 요인들이 강력하
기 때문이다. 이익집단들은 그들 자신의 특수한 이익을 보장할 수 있는
서비스와 입법을 위해 압력을 행사한다. 그리고 이러한 압력행사과정에서
성공을 거두는 집단이 가장 가난하고 가장 욕구가 많은 집단인 경우는 거
의 없다. 보편적인 무상의 서비스는 대개 중산층과 상류층 사람들에게 혜
택을 준다. 힘없고 가난한 사람들은 경제적 시장에서 불이익을 당하는 만
큼 정치적 시장에서도 불이익을 당하는 것이다. 그뿐만 아니라 복지프로
그램의 대부분은 복지프로그램의 간부들과 행정가들을 위한 것들이다.[118]

비효율성 비판에는 서로 다르지만 관련된 두 가지 점들이 있다. 첫번
째는 무상의 서비스가 자원의 과다한 소비를 초래하거나, 아니면 자신들
의 욕구가 더 중요하다는 수많은 여러 주장들의 타당성을 평가하기 위한
관료들의 시도, 그러나 만족스럽지 못하고 수긍하기 어려운 결과를 낳게
될 시도를 초래하게 한다는 것이다. 욕구충족을 위한 수많은 주장(요구)
들은 국가의 복지서비스에 있어서의 또 하나의 근본적인 어려움, 즉 복지
서비스에 필요한 조세 징수의 어려움을 더욱 가중시킨다. 문제는 간단하
다. 사람들은 욕구를 충족하기 위해 자신들의 돈을 쓸 수 있을 경우에도
그들 자신이 필요로 하지 않거나 필요로 하지 않을 수 있는 서비스를 위
해 세금을 납부하기는 싫어한다는 것이다. 반집합주의자들은 시장체계에
서 공급되는 서비스와 동등한 질의 서비스를 공급하기 위해 필요한 만큼
의 세입을 정부가 결코 충분히 징수할 수 없다는 점을 문제의 근본으로

---

117) Friedman and Friedman, *op. cit.*, pp.146-7.
118) Friedman, *op. cit.*, pp.147-8.

간주한다.119)

　반집합주의자들의 여섯번째 비판은 복지국가가 복지를 증진시킬 수 있는 다른 제도나 원천들을 무시하게 하였고, 그것들의 발전을 방해하거나 금지시켰다는 것이다. 반집합주의자들은 가족과 민간부문, 그리고 시장의 세 가지 제도와 원천들을 복지증진에 있어서 국가서비스보다 더 중요한 것으로 간주한다. 반집합주의자들은 이 세 가지 제도들은 복지국가에 의해 침해당해왔다고 주장하고 있다.

　프리드만은 과거에는 "자녀들이 그들의 부모를 사랑과 의무로 돌보았다. 오늘날 자녀들은 두려움과 강제에 의해 다른 사람들의 부모를 돕는 데 기여하고 있다. 과거의 이전(移轉)은 가족적 유대를 강화하는 것이었지만, 오늘날의 강제에 의한 이전(移轉)은 가족적 유대를 약화시키고 있다"고 주장한다.120) 비슷한 논지가 대처의 다음과 같은 주장, 즉 "만일 우리가 지역사회의 보호의 수준과 평균을 유지하려고 한다면-확대하는 것은 차치하고라도- 우리는 먼저 보호의 책임을 그것이 원래 속했던 곳, 즉 가족과 사람들 자신에게로 돌려주어야 한다"121)는 주장에서도 발견된다.

　셀든은 복지국가의 업적이라고 흔히 생각하는 것들을 평가함에 있어서, 우리는 복지국가가 복지서비스제도의 발달을 가로막고 있다는 사실을 잊어서는 안 된다고 강력히 주장하고 있다.122) 보다 구체적으로 그는 다음과 같이 주장하고 있다.

　　보다 자발적이고 유기적이며 각 지방수준에서 민간이 행하며 그리고 욕구에 보다 민감하게 반응할 수 있는 의료서비스가 소득의 증가에 따라 성장할 수 있었는데, 국민건강서비스(NHS)는 이러한 의료서비스의 발달을 막아왔기 때문에, 사람들의 건강에 대해 '반(反)기여(dis-service)'를 해왔다. 정치적으로 통제되는 국

119) A. Seldon, *Taxation and Welfare*, Institute of Economic Affairs, 1967, p.68.
120) Friedman and Friedman, *op. cit.*, p.135.
121) Thatcher, *op. cit.*, p.83.
122) Seldon, *Wither the Welfare State*, p.7.

민건강서비스가 없었더라면, 우리는 소비자의 선호와 소비자의 요구 및 환경을 보다 잘 반영한 새로운 의료조직과 의료재정방식의 출현을 이미 보았을 지도 모른다.123)

가족, 민간서비스, 그리고 시장—이 세 가지는 '자연적인' 복지자원으로 간주된다—의 우월성은 영국에서 신우파(New Right)를 옹호하는 논리에 지속적으로 등장해온 주제이다. 사회서비스장관 시절 패트릭 젠킨(Patrick Jenkin)은 "사회서비스부(the Social Service Department)는 다른 것들이 충족시킬 수 없거나 충족시키지 않는 욕구만 충족시키려 해야 한다. … 사회서비스부의 임무는 다른 보호장치가 없는 사람들에게 최종적인 보호장치로서, 그리고 안전망으로서 기능하는 것이다. 그것은 최초의 보호장치가 되어서는 안 된다"고 주장하였다.124) 왕립여성민간서비스(Women's Royal Voluntary Service) 전국회의에서 대처는 "민간의 운동은 우리들의 사회복지급여에 있어서 핵심적인 위치를 차지한다. 정부의 법정서비스는 필요한 경우 지원을 하고, 빈 공백이 있으면 그것을 메우고, 도움이 필요한 경우 도움을 주는 보조적인 것이다"라고 말하였다.125)

마지막 일곱번째로 우리가 고려해야 할 비판은 복지국가는 사람들에게 해로운 영향을 미쳤다는 비판이다. 우리는 복지국가가 가족과 가족의 책임을 손상시켰다는 비판은 이미 살펴보았다. 이러한 비판에 더하여, 공적급여는 의존성과 도덕적 타락 그리고 무책임성을 조장하고, 창의력과 자존심 그리고 여타 바람직한 빅토리아적 가치와 미덕을 약화시킨다는 좀더 구체적인 비판들도 있다. 프리드만은 복지프로그램 수혜자들의 독립성과 자기결정에의 능력이 "복지급여의 남용으로 점점 메말라간다"고 주장한다. 이 모든 비참한 사업의 결과는 "품위 있는 사회를 함께 결속시켜 주는 도덕적 연결구조를 부패시키는 것"이다.126)

---

123) Bosanquet, *op. cit.*, p.162.

124) *Guardian*, 21 January 1981.

125) *Guardian*, 19 January 1981.

이제 개인적 사회서비스에 대한 반집합주의자들의 태도에 대해 약간만
더 언급하기로 하자.

반집합주의자들은 빈곤을 구제할 책임이 국가에게 있다는 점에 동의한
다. 그러나 그들은 동시에 빈곤구제의 책임을 수행하는 것까지가 국가가
해야 할 일의 한계라고 생각한다. 따라서 반집합주의자들은 자산조사에
근거한 최소한의 급여를 선호한다. 질병과 노령, 또는 실업 등에 대하여
소득보장을 목표로 하는 공적인 계획은 빈곤구제라는 책임한계를 정당하
지 않게 벗어난 것이다. 욕구에 관계없이 모든 사람에게 주어지는 급여제
도와 평등주의적인 재분배를 목표로 한 급여제도도 마찬가지로 국가책임
의 지나친 확대이다.

반집합주의자들은 보험원리는 사기극이며, 뒷문으로 사회주의를 도입하
기 위해 사용되는 도구이고, 또 적절한 논의도 없이 높은 세율을 부과하
는 수단이라고 비난한다. 그들은 기여금은 사실상 고용에 대한 조세라고
주장한다. 기여금은 근로자를 고용하려는 고용주의 동기를 억압하며 따라
서 실업을 증가시킨다는 것이다. 정부의 사회보험제도는 경직되어 있고
비효율적인 사실상의 독점이다. 이는 곧 정부의 사회보험제도는 자유에
대한 공격임을 말해주는 것이다. 정부의 사회보험제도는 "소득의 많은 부
분을 통제할 수 있는 힘"127)을 사람들로부터 박탈해 가는 것이며 또한 사
람들로 하여금 자신들이 구매하고자 하는 혜택의 형태와 수준에 관련하여
어떠한 선택도 할 수 없도록 만드는 것이다.

공적인 사회보장급여를 축소함으로써 얻을 수 있는 축복에 대한 프리드
만의 요약은 매우 포괄적이다. 그가 보기에,

    그것(공적인 사회보장급여의 축소)은 고용에의 동기를 좌절시키고 있는 사회
보장급여의 현재적 효과를 제거함으로써 국민소득의 증가를 결과할 것이다. 그것
은 개인의 저축을 증가시킬 것이므로 자본형성률(투자율)을 증가시키고 소득의

---

126) Friedman and Friedman, *op. cit.*, p.149.
127) Friedman, *op. cit.*, p.189.

증가율도 향상시킬 것이다. 그것은 사적 연금제도의 발전과 확장을 가져올 것이고, 따라서 많은 근로자들에게 보장을 증진시킬 것이다.[128]

주택정책과 관련하여, 반집합주의자들은 주택시장에 대한 정부의 개입이 상황을 개선시키기는커녕 오히려 악화시켰다는 데 대해 널리 합의하고 있다. 집세보조정책(rent subsidy)과 집세통제정책(rent control)이 상황을 악화시킨 두 가지 주범이다. 파월은 "우리가 한 일이라고는 모든 것의 가격을 낮추어 수요와 공급상의 균형을 깨뜨려서 오늘날의 주택공급의 부족을 야기하고 앞으로의 주택건설을 억제한 것뿐이다"라고 말하고 있다[129] ―하이에크도 같은 말을 하고 있다. 하이에크와 프리드만은 공공주택정책이 개인적으로 그리고 사회적으로 해로운 영향을 미쳤다는 점을 강조하고 있다. 하이에크가 말한 바와 같이, 사람들은 "그들의 일상사에 있어서 정부의 자의적인 결정에 종속되었고, 그들의 생활의 중요한 결정에 있어서 허가와 지도를 구하는 것에 익숙하게 되었다"는 것이다.[130] 따라서 반집합주의자들의 정책은 집세통제와 집세보조정책을 폐지함으로써 사적인 주택시장을 재활성화시키고 공공부문을 축소시키는 데로 방향을 맞추게 될 것이다.

반집합주의자들은 국가가 최저한의 의무교육을 제공해야 한다는 주장을 받아들인다. 이는 왜냐하면, 모든 사람들이 교육받을 경우 그것은 모든 사람들에게 좋을 것이고, 또 최저한의 교육은 민주주의적인 정부를 위해서도 필수적인 전제조건이 되기 때문이다. 최저한의 교육제공 이상으로 국가의 역할이 확대되는 것에 대해, 반집합주의자들이 반대하는 근거는 최저한 이상의 교육에 있어서 그것의 주된 수혜자는 사회가 아니라 개인이라는 점에 있다. 그러므로 반집합주의자들이 보기에는 정부가 수혜자 개인의 가득능력을 증가시키는 직업교육에 대해 보조금을 지급해야 할 하등

---

128) *Ibid.*, p.155.
129) A. Lejeune(ed.), *Enoch Powell*, Stacey, 1970, p.32.
130) Hayek, *The Constitution of Liberty*, p.344.

의 이유가 없는 것이다.

교육서비스에 대한 논쟁에 있어서, 반집합주의자들이 한 가장 두드러진 기여는 교육증서(educational voucher)에 대한 그들의 옹호이다(부모들은 정부가 승인한 학교 중에서 한 학교를 선택하여 그 학교에서 교육증서를 현금화하게 된다). 그들이 증서를 주장하게 된 것은 교육에 있어서 시장적 조건, 즉 학교의 교육서비스 공급과 부모의 교육서비스 구매를 재창조함으로써 부모의 선택의 범위를 넓히고, 학교들 간의 경쟁을 통해 교육수준을 향상시키며, 그리고 불평등을 감소시킬 것이라는 믿음에 근거한 것이다.[131]

반집합주의자들은 무상의 공적인 의료서비스를 단호히 반대한다. 그들은 의료를 그 본질에 있어서 다른 재화나 서비스와 하등 다를 바 없는 하나의 상품으로 간주하고, 따라서 의료는 다른 메커니즘을 통해서보다 시장체계를 통해서 더 효율적으로 공급될 수 있다고 생각한다. 사람들은 공적인 서비스에 필요한 재정을 위해 조세를 납부하기를 꺼려하므로, 공적인 서비스급여는 열등하게 될 것이고, 경쟁에 의해 자극받는 것이 없으므로 비효율적이 될 것이며, 개인들에게 아주 적은 선택권을 주거나 아무런 선택권도 주지 않을 것이고, 관료주의에 의해 혼란스러워질 것이다. 공적인 서비스는 그것이 아무리 자원을 풍부하게 쓴다 할지라도, 그 자원은 '배급(rationing)'될 수밖에 없고 공적인 서비스에서의 '배급'은 가격에 의한 배급에 비해 공정치 못하게 될 것이다. 셀든은 영국의 국민건강서비스에서 배급은 "감화력과 불한당같은 힘에 의해" 이루어지고 있다고 말한다.[132]

개인적 서비스에 대한 반집합주의자들의 태도는 그들의 가치와 그들의 사회관과 국가관, 그리고 정부의 적절한 역할에 관한 그들의 견해로부터 대체로 예견될 수 있다. 자유에 대한 그들의 관심은 그들이 공적인 급여에 반대하게 한다. 또한 서비스의 질과 가격, 생산의 효율성, 욕구와 요구

---

131) Friedman, *op. cit.*, p.107.
132) Bosanquet, *op. cit.*, p.150.

에 대한 반응의 유연성 등의 점에서 시장적 급여가 우월하다는 데 대한 그들의 신념도 마찬가지로 그들에게 공적인 급여를 반대하게 만든다. 자유와 시장에 대한 그들의 전적인 옹호는 정부역할 범위의 어떠한 확대에도 그들이 우려를 표시하는 데 근거가 되고 있다.

충분히 이해할 수 있는 것이지만, 반집합주의자들은 국가의 복지급여가 이롭고 우월하다는 잘못된 생각이 그처럼 많은 나라에서 그렇게도 많은 지지를 발휘하고 있다는 것에 대해 매우 침울해 하고 있다. 그러나 그들은 역사는 그들의 편이라고 확신하고 있다. 셀든은 복지국가로부터 시장에 의한 복지급여로 변해가는 전환점에 이제 막 들어서고 있다고 확신한다. 시장의 힘은 정치적 권력보다 더 강한 것이다. 선이 궁극적으로는 악보다 강한 것처럼 말이다.

셀든이 그러한 희망을 가지게 되는 근거는 여러 가지이다. 그는 소득수준의 증가는 사람들이 국가가 공급할 수 있는 서비스보다 자신들의 욕구에 민감한 서비스를 더 많이 원하게 됨을 의미하는 것이라고 생각한다. 여성의 지위향상도 또한 시장을 통한 급여에 더 많은 지지를 낳을 것이다. 왜냐하면 여성들은 자신들이 시장에서 구매행위를 통해 경쟁이 이로운 효과를 낳는 점을 경험하였으므로, 경쟁의 우월성을 좀더 분명히 인식하고 있기 때문이다. 복지국가의 불공평함은 더욱 분명해질 것이다. 기술혁신은 국가 서비스를 대체할 수 있는 것을 개발할 만큼 진전될 것이다. 국가가 제공하는 표준화된 서비스를 소수집단이 점차 거부하게 될 것이다. 조세기피가 늘어남에 따라 기존의 서비스 수준에 필요한 재정을 충당하는 것이 점차 어렵게 될 것이다.[133] 이러한 여러 가지 근거들에 의지하여, 반집합주의자들은 복지국가의 벽이 허물어질 것을 확신에 차서 기다리고 있다.

---

133) Seldon, *Wither the Welfare State*, pp.12-14.

제3장
소극적 집합주의자

소극적 집합주의자들(reluctant collectivists)은 제대로 규정되어 있지는 않지만 명확한 집단을 형성하고 있다. 그들은 규제되지 않은 자유시장에 대한 신뢰가 아주 강하지는 않다는 점에서 반집합주의자들과 구별된다. 즉 그들은 반집합주의자들과는 달리, 정부에 의해 관리되는 경제가 필요하며 또 그것이 좋은 결과를 가져올 수 있다고 믿는 것이다. 한편, 소극적 집합주의자들은 사적(私的)인 기업활동을 열성적으로 옹호한다는 점과 정부의 행위를 마지못해 소극적으로(reluctantly) 인정한다는 점 그리고 적극적인 평등주의적 정책은 받아들이지 않는다는 점에서 페이비안주의자들과 구별된다. 소극적 집합주의자들이 급진적이라 할 때, 그것은 변화를 추구한다는 점에서 급진적인 것이 아니라 보호하고 보수(保守)한다는 점에서 급진적이라는 의미이다. 힐드(Heald)는 "케인즈 혁명의 건설자들은 정치적 혁명가나 사회혁명가는 아니었다"고 말하고 있다. "오히려 그들은 기존 사회질서에 속해 있으면서 긴 안목을 가진 성원들로서, 광범위한 빈곤과 실업이 사회의 나머지 많은 부분을 얼마나 위험에 처하게 하는가를 깨달았던 사람들인 것"이다.1)

---

1) D. Heald, *Public Expenditure*, Martin Robertson, 1983, p.4.

사회적 가치

많은 점에서, 소극적 집합주의자들의 가치는 반집합주의자들의 가치와 유사하다. 둘 다 자유와 개인주의 그리고 경쟁적인 사적 기업활동을 신뢰하고 있는 것이다. 하지만 소극적 집합주의자들은 보다 덜 절대적인 가치를 옹호한다. 그들의 가치는 절대적인 것이라기보다 조건적인 경향을 띠며, 자신들의 지적 실용주의에 의해 제한되는 경향이 있다.

소극적 집합주의자들의 실용주의(pragmatism)는 자본주의는 자기규제적이지 않다(not self-regulating)는 신념에서 비롯된 것이다. 그들은 자본주의가 가장 좋은 경제체제라고 믿는 것에는 변함이 없지만, 자본주의가 효율적이고 공정하게 기능하기 위해서는 사려 깊은 규제와 통제가 필요하다고 생각한다. 다시 말해서 그들은 자본주의의 결점은 심각한 것이긴 하지만 교정될 수 있다고 믿는 것이다. 소극적 집합주의자들의 실용주의는 그들 스스로가 인정하고 있는 것처럼 추상적인 이론에 근거하여 자본주의가 어떻게 운용되어야 하는가라든가 우리는 자본주의가 어떻게 운용되는 것을 더 선호하는가라는 점 등을 연구하는 데에서 출발하는 것이 아니라 자본주의 경제체제가 실제로 어떻게 작동되고 있는가를 연구하는 데에서 출발하는 것이다. 케인즈(John M. Keynes)는 "고전이론은 우리가 희망하는, 우리 경제의 행동 방식에 대해 말하는 것이라고 볼 수 있다"라고 하면서, "그러나 우리의 경제가 실제로 우리가 좋아할 만큼 행동하고 있다고 가정하는 것은 우리의 어려움을 회피하는 것이다"라고 쓰고 있다.[2] 길모어(Gilmour)가 말한 바와 같이 케인즈에게 있어서 '가장 중요한 사실'은 그의 실용주의적 접근이었다. "케인즈는 실업을 참을 수 없는 악이라고 간주하였다. 그는 실업은 불가피한 것이라거나 실업문제는 저절로 해결될 것이라는 생각을 거부하였고, 실업에 대한 치료책을 제시하였던 것이다.

---

2) I. Gilmour, *Britain Can Work*, Martin Robertson, 1983, p.156에서 재인용.

그가 자신의 이론을 완성하였던 것은 그 후의 일이다"라고 길모어는 쓰고 있다.3) 케인즈는 반집합주의적 접근의 기본적인 요소인 영국경제학의 전통적인 추상적 이론화를 비난하였다.

실용주의적인 견해에 따라 소극적 집합주의자들은 국가정책의 성격과 한계는 추상적인 원칙에 근거할 수 없고 구체적인 사안들의 성격에 따라 판단되어야 한다는 입장을 취하고 있다. 길모어는 "정부 개입의 방법이나 범위에 관한 불변의 규칙은 존재하지 않는다"고 주장한다. "정부 개입의 방법과 범위는 상황에 따라 결정되는 것"이다.4)

베버리지(William Beveridge)는 완전고용을 달성할 수 있는 유일한 방법은 존재하지 않는다고 항상 주장하였다. 그는 완전고용을 달성할 수 있는 가장 좋은 방법은 "여러 가지 방법들을 선택적으로 결합하는 것이다"라고 주장하였다. 즉 "우리는 여러 가지 형태의 일반적 통제를 필요로 한다. … 아마도 우리는 몇몇 분야에서는 공적인 독점소유를, 다른 분야에서는 사적인 기업활동에 대한 공적인 통제를, 또 다른 분야에서는 일반적인 통제를 받지 않는 사적 기업활동을 필요로 할 것"이라는 것이다.5)

이러한 베버리지의 접근법은 해리스(Harris)가 사회주의에 대한 베버리지의 태도를 정리한 것과 매우 일치한다. "베버리지는 사회주의는 원칙이라기보다는 기술이며, 목적의 문제라기보다는 방법의 문제라고 주장하였다. 즉 사회주의는 다른 방법이 불충분한 경우에 실용적인 근거에 의거하여 적용되어야 하며, 또한 그것이 성공한 경우에는 계속 추구되어야 하지만 그것이 실패한 경우에는 포기되어야 한다고 주장하였던 것이다"라고 해리스는 쓰고 있다.6)

갈브레이드(Galbraith)도 베버리지와 유사한 입장을 취하였다. 그는 "시

---

3) *Ibid.*, p.69.

4) *Ibid.*, p.170.

5) W.H. Beveridge, *The Pillars of Security*, New York: Macmillan, 1943, p.118.

6) J. Harris, *William Beveridge*, Clarendon, 1977, p.441.

장이나 계획의 어느 하나가 자연적으로 우월하다고는 결코 말할 수 없다. … 오류는 시장의 행동이나 계획의 행동 중 어느 하나를 일반화시키는 데에서 나타난다"라고 주장하였다.[7] 따라서 사적 기업과 공적 기업 간의 선택은 이데올로기적이라기보다는 실용적인 것이다. 즉 그 선택은 특정 상황에서 어떤 것이 가장 잘 기능할 것인가 하는 점에 근거하게 된다. 갈브레이드가 보기에 경제와 사회에 대한 국가의 역할이 보다 커지는 것─그는 이러한 현상을 '새로운 사회주의(the new socialism)'라고 불렀다 ─은 이데올로기적인 것이 아니라 상황에 의해 그렇게 된 것이다.[8]

소극적 집합주의자들의 이러한 실용주의는 강력한 인간주의(humanism)에 의해 뒷받침되고 있다. 서로 상이한 시기에 그리고 서로 매우 다른 근거를 가지고 활동하였던 케인즈, 베버리지, 맥밀란(H. Macmillan), 갈브레이드 등과 같은 사람들로 하여금 수많은 사람들에게 극히 해로운 것처럼 보이는 경제체계─자본주의의 본질을 연구하도록 이끌었던 것은 바로 자본주의가 인간에게 갖는 의미가 무엇인가에 대해 그들이 가졌던 관심이었다. 케인즈의 주요 저작에 영감을 주었던 것은 실업에 대한 관심이었다. 조안 로빈슨(Joan Robinson)은 "삶에 대한 케인즈의 기본적인 견해는 정치적인 것이라기보다는 심미적(審美的)인 것이었다. 그는 실업은 어리석은 현상이기 때문에 실업을 혐오하였고, 빈곤은 추악한 것이기 때문에 빈곤을 혐오하였다"라고 말한다.[9] 모그리지(Moggridge)는 "케인즈의 열정적인 관심은 세상과 세상의 악에 대한 것이었다"고 쓰고 있다.[10] 케

---

7) J.K. Galbraith, *The New Industrial State*, Deutsch, 1967, 2nd edn 1972, pp.363-4.

8) J.K. Galbraith, *Economics and the Public Purpose*, Deutsch, 1974, p.277.

9) Joan Robinson, "What has become of the Keynesian Revolution?," in M. Keynes(ed.), *Essays on John Maynard Keynes*, Cambridge University Press, 1975, p.128.

10) "The Influence of Keynes on the Economics of his Time," in M. Keynes(ed.), *op. cit.*, D.E. Moggridge, p.76.

인즈가 비록 전형적인 보수주의적 특징을 많이 가지고 있긴 했지만, 그는 사회악에 대해 관심이 있었고 고통에 대해 민감하였으므로 전통적인 경제 이론을 의문시하게 된 것이다. 베버리지의 철저한 인간주의는 완전고용에 대한 그의 정의에서 가장 명백히 드러난다. 베버리지는 완전고용이란 일 자리를 필요로 하는 사람보다 사람이 필요로 하는 일자리가 항상 더 많음을 의미하고, 노동시장이 구매자의 시장이 아니라 판매자의 시장이 되어야 함을 의미한다고 말하였다. 노동력을 구입하는 데 어려움을 겪는 구매자는 불편함과 다소간의 이윤감소로 고통을 받게 될 뿐이지만, 자신의 노동력을 판매할 시장을 발견치 못한 판매자는 '너는 이제 쓸모없다'는 말을 듣게 될 것이다. 베버리지는 "전자는 분노나 손실을 야기시키지만, 후자는 개인에게 있어 재앙과 같다"고 말한다.11) 베버리지가 보기에, 실업의 가장 큰 해악은 실업으로 인해 물질적인 부의 손실이 초래된다는 것에 있는 것이 아니라 "실업이 사람들을 쓸모 없는 존재인 것처럼 그리고 아무도 원하지 않은 존재인 것처럼, 국가의 성원이 아닌 것처럼 만든다"는 사실에 있는 것이다.12) 케인즈와 베버리지는 모두 "사회가 수행해야 할 가장 지고한 과업은 행복과 조화를 추구하는 방법과 고통, 긴장, 슬픔 그리고 수많은 무지의 원인들을 성공적으로 제거하는 방법에 대해 깊이 생각하는 것이다"13)라는 갈브레이드의 판단에 동의하였을 것이다.

자유(freedom)는 소극적 집합주의자들에게 있어서도 기본적인 가치이다. 하이에크의 『예종에의 길(*The Road to Serfdom*)』을 처음 읽고 난 후, 케인즈는 하이에크에게 편지를 보내어 "도덕적으로 그리고 철학적으로 나는 이 책의 거의 모든 것에 동의합니다. 나는 그것에 단순히 동의하는 것이 아니라 깊은 감동을 느끼며 동의합니다"라고 썼다.14) 그러나 케인즈는

---

11) W.H. Beveridge, *Full Employment in a Free Society*, Allen & Unwin, 1944, p.19.

12) *Ibid.*, p.248.

13) J.K. Galbraith, *The Affluent Society*, Penguin, 2nd edn, 1970, p.280.

14) R.F. Harrod, *The Life of John Maynard Keynes*, Macmillan, 1951,

계획(planning)에 대한 견해에 있어서는 하이에크에게 동의하지 않았다. 베버리지는 자신의 목적이 자유로운 사회에서의 완전고용임을 자주 강조하였다. 베버리지는 몇 가지 자유, 즉 종교와 언론, 출판, 연구와 교수의 자유, 정치적 목적이나 기타 목적을 위한 집회와 결사의 자유, 직업선택에 있어서의 자유, 그리고 개인의 소득을 자기 뜻대로 운용할 자유 등을 필수적인 자유로 간주하였다.15) "이러한 자유들은 완전고용보다 더 값진 것이다"라고 그는 말한다.16) 하지만 말년에 이르러 자유의 문제에 대한 베버리지의 접근은 본질적으로 실용주의적인 것으로 변화하였다. 즉 그는 어떤 자유는 다른 자유보다 더 중요하며, 자유에 대한 어떤 제한은 다른 목적을 추구하기 위해 보다 더 쉽게 받아들일 수 있다고 주장하였던 것이다. 베버리지는 또한 "자유는 정부의 자의적인 권력으로부터의 자유 이상의 것을 의미한다"는 사실을 반집합주의자들이 흔히 망각하거나 무시한다고 생각하였다. 베버리지에게 있어서 자유는 "결핍과 불결 그리고 기타 사회악들에 경제적으로 종속되는 것으로부터 자유로운 것을 의미하는 것"이었다.17) 해롤드 맥밀란이 말한 것처럼 "자유가 신장되는 것은 빈곤이 제거되는 한에서인 것"이다.18)

소극적 집합주의자들은 개인주의와 사적 기업(private enterprise), 그리고 자조(self-help)를 매우 강조한다. 이 세 가지에 대한 그들의 신념은 그들이 다른 형태의 경제구조보다 자본주의적 경제구조를 더 선호하는 데 있어서 근거가 되는 것이다. 케인즈는 "개인주의의 전통적인 우월성들"에 대해 말하면서 그 우월성들을 다음과 같이 묘사하고 있다.19)

---

p.436.

15) Beveridge, *Full Employment in a Free Society*, p.21.

16) *Ibid.*, p.36.

17) W.H. Beveridge, *Why I am a Liberal*, Jenkins, 1945, p.9.

18) H. Macmillan, *The Middle Way*, Macmillan, 2nd edn, 1966, p.372.

19) J.M. Keynes, *The General Theory of Employment, Interest and Money*(1936), Macmillan, 1946, p.380.

그 우월성은 부분적으로는 효율성으로부터 오는 우월성이다. 즉 분권화와 자기이익추구로부터 오는 우월성인 것이다. ⋯ 그러나 무엇보다도 개인주의는 그것의 결점과 남용만 막을 수 있다면, 개인의 선택범위를 다른 어떤 체계와 비교해도 가장 많이 넓힌다는 점에서 개인의 자유를 수호할 수 있는 가장 훌륭한 방패인 것이다. 또한 개인주의는 삶의 다양성을 수호할 수 있는 가장 훌륭한 방패이기도 하다. 삶의 다양성은 개인의 선택범위를 확대한 것으로부터 나타나는 것이며, 삶의 다양성을 상실하는 것은 획일적인 사회나 전체주의적인 사회에서의 모든 손실보다 더 큰 손실이 될 것이다.

케인즈가 개인주의와 사적 기업을 중요시하는 것은 두 가지 이유에서이다. 즉 개인주의와 사적 기업은 케인즈 자신이 "새로운 형식과 양식은 개인들의 건실한 정신에서부터 나온다"고 말한 바와 같이, 개인의 혁신과 창의성의 원천이기 때문이다.[20]

베버리지도 케인즈와 같은 견해를 가지고 있다. 베버리지는 "국가는 돈의 주인이 될 수 있고 또 돈의 주인이다. 그러나 자유사회에서 국가가 주인이 될 수 있는 것은 별로 없다. 훌륭한 사회를 만드는 것은 국가에 달려 있는 것이 아니라 개인적으로 또는 서로 자유롭게 연합하여 행위하는 개인들에 달려 있다"고 썼다.[21] 완전고용을 보장하고 유지하려는 베버리지의 계획은 자신이 말한 대로 "사적 기업을 주인으로서가 아니라 종복으로서 유지시키려는" 목적을 가진 것이었다.[22]

평등 및 불평등에 대한 태도에 있어서 소극적 집합주의자들은 페이비안 사회주의자들이나 맑스주의자들과 명백히 구분된다. 소극적 집합주의자들은 여러 가지 이유로 불평등을 충실히 옹호하는 입장을 취한다. 베버리지는 보수의 차별은 자유롭고 효율적인 노동시장에 있어서 필수적인 것이라고 간주한다. 베버리지는 "노력에 대한 경제적 보상과 노력하지 않은 것에 대한 경제적 처벌은 형사적 형벌에 대한 대안이다"라고 결론짓고 있다.[23]

---

20) S.E. Harris, *John Maynard Keynes*, Scribners, 1955, p.75.
21) W.H. Beveridge, *Voluntary Action*, Allen & Unwin, 1948, p.320.
22) Beveridge, *Why I am a Liberal*, p.27.

케인즈도 불평등을 옹호하는 사회적 또는 문화적 주장을 펴고 있다. 케인즈의 견해에 따르면 "국가의 이익분배에 대해 청구하게 된다면, 그 첫번째는 '열정적인 인정'을 받을 만한 소수의 사람들에게 '훌륭한 삶'을 통해 근대문명이 제공할 수 있는 가장 본질적인 것을 공급해 주라는 것이었다"라고 해로드(Harrod)는 쓰고 있다.24) 케인즈는 또한 "이윤동기와 부에 대한 사적 소유라는 조건이 충분히 기능할 수 있는 가치 있는 인간활동이 있다"는 것을 믿고 있다.25)

하지만 케인즈는 자신의 『일반이론(The General Theory)』에서, 역사적으로 이루어진 불평등의 정당화 중 어떤 것은 시대에 뒤떨어진 것이라고 결론짓고 있다. 그는 부의 성장은 "흔히 가정되는 것처럼 부자들의 절욕(abstinence)에 달려 있는 것이 아니라 그것에 의해 방해받고 있다. 따라서 부―상속된 것이든 성취한 것이든―의 불평등을 사회적으로 정당화하는 중요한 한 가지 주장이 제거되는 것이다"라고 썼던 것이다.26) 만일 성장이 저축이 아니라 지출에 달려 있는 것이라면, 불평등은 역기능적인 것이고 오히려 평등이 더 기능적인 것이 된다.

길모어는 평등주의에 대해 세 가지의 비판을 가하면서, 간접적으로 불평등을 옹호하고 있다. 그는 평등주의는 경제적으로 파괴적인 것이라고 간주하였는데, 이는 왜냐하면

> 만일, 어렵고 중요한 일을 하는 사람들과 그들의 돈으로 위험을 감수할 준비가 되어 있는 사람들, 그리고 그들의 전문직이나 직무를 수행하는 데 필요한 자격을 얻기 위하여 장기간의 훈련을 받아야 하는 사람들에게 적절한 보수를 주지 않는다면, 경쟁적인 경제체제가 제대로 작동하지 못할 것이기 때문이다.27)

---

23) Beveridge, *The Pillars of Security*, p.42.
24) Harrod, *The Life of John Maynard Keynes*, p.333.
25) Keynes, *The General Theory*, p.374.
26) *Ibid.*, p.373.
27) I. Gilmour, *Inside Right*, Quartet, 1978, p.179.

길모어는 평등주의가 또한 "사회의 응집력을 약화시키는 것이며, 평등주의를 실현하기 위해 필요한 정책들을 생각할 때 그것은 자유에 위협적인 존재로 간주되어야 한다"고 믿었다.[28]

한편, 평등과 불평등에 대한 소극적 집합주의자들의 입장은 반집합주의자들의 입장과도 매우 상이하다. 소극적 집합주의자들은 평등주의자는 아니지만, 불평등은 감소될 수 있고 감소되어야 한다고 생각한다. 길모어는 평등에 대한 보수주의적 입장(즉 소극적 집합주의자들의 입장)과 하이에크의 입장을 대비시키고 있다. 그에 의하면, 보수주의자들은 경제적 평등의 강요를 선호하지는 않지만, 그들은 용납될 수 없고 조정—예를 들면 누진적인 조세제도 등을 통한—이 필요한 소득분배상태를 쉽게 생각해 낼수 있는 반면, 반집합주의자들은 시장에 의한 분배유형을 수정하는 정부의 조치는 어떤 것이라도 용인될 수 없다고 생각한다는 것이다.[29]

베버리지도 평등을 위한 도덕적 주장과 경제적 주장을 전개하였다. 도덕적 주장은 그가 말한 바와 같이, 같은 양의 부(富)가 존재할 경우에는 부가 집중되는 경우보다 부가 널리 분포되는 경우가 더 많은 행복을 낳는다는 것이다. 경제적 주장은 경제침체의 배경에 근거하여 개진된 것인데, 부와 소득의 보다 평등한 분배는 전체적인 수요를 증가시킬 것이므로 완전고용의 목표에 도움을 줄 것이라는 것이다.

하지만 소극적 집합주의자들은 빈곤에 대한 관심은 평등의 추구와는 별개의 것이라고 간주하며, 빈곤에 대한 관심이 더 중요하다고 생각한다. 빈곤에 대한 관심이 그들의 일차적인 관심사인 것이다.

---

28) *Ibid.*, pp.181-2.
29) *Ibid.*, pp.114-5.

사회와 국가

소극적 집합주의자들의 사회에 대한 분석은 거의 전적으로 경제체계에 대한 분석에 집중되어 있다. 기본적으로 보수적이므로 그들은 사회질서와 정치질서를 주어진 것으로 보고 있다. 또한 그들은 계급에 대해서는 거의 언급하지 않는데, 단지 갈브레이드만이 권력의 문제에 대해 진지한 관심을 기울이고 있다.

사회구조에 관련하여, 소극적 집합주의자들은 사회는 갈등에 의해서라 기보다는 합의에 의해서 특징지어질 수 있는 것이라고 생각한다. 하지만 소극적 집합주의자들은 시장의 통일적 힘을 반집합주의자들만큼 크게 강조하지는 않는다. 베버리지와 길모어는 둘 다, 규제되지 않은 시장체계가 사회를 분열시킬 수 있고 또 사회에서 발생하는 많은 분쟁과 갈등의 원천이 될 수 있다는 사실에 대해 명백한 우려를 나타내고 있다. 하지만 그들은 계급 간의 차이나 집단 간의 차이를 화해될 수 없는 것으로 보지는 않는다. 오히려 그들은 경제발전과 사회발전이 사회적 갈등을 감소시키는데에 기여할 것이라고 생각한다.

갈브레이드는 미국의 경우 경제성장이 소득분배의 유형에 대한 관심을 감소시켜왔다고 주장하고 있다. 그는 경제성장은 '불평등과 한때 관련되었던 갈등의 용해제'로 기능하고 있다고 주장한다. 그 이유는 세 가지이다. 첫째 경제성장은 사회적 이동성(social mobility)을 증가시켜 불평등에 대한 관심을 감소시킨다. 둘째 경제성장은 눈에 띄는 최부유층 사람들의 과소비를 감소시킴으로써 최부유층의 지위나 최부유층으로 대표되는 불평등에 대한 관심을 감소시켜왔다. 셋째 경제성장은 사회적 다원성을 증가시켜왔다. 단순히 부자라는 것에서 오는 위세는 정치가, 전문기술자, 경영자, 대중매체의 우상 등에서 오는 위세에 의해 그 빛이 점차 바래지고 있다.[30]

---

30) D. Reisman, "Galbraith and Social Welfare," in N. Timms(ed.), *Social Welfare: Why and How*, Routledge & Kegan Paul, 1980, pp.189-90에서 재인용.

경제체계에 대한 소극적 집합주의자들의 견해에서, 핵심적인 요소는 규제되지 않은 자본주의에 대한 그들의 날카로운 비판이다. 하지만 자본주의에 대한 그들의 날카로운 비판은 자본주의에 대해 그들이 또 한편으로 가지고 있는 기본적인 신뢰감에 의해 제한되고 있음을 알아야 한다. 즉 소극적 집합주의자들이 보기에, 자본주의의 중심적인 메커니즘들 - 경쟁, 사적 기업, 이윤동기, 가격체계, 자유시장 등 - 은 그것들이 적절히 수정되고 규제되기만 한다면, 경제활동을 위한 가장 좋은 토대를 형성할 수 있는 것이다. 실제로, 데이비드 오웬(David Owen)과 같은 사람은 경제성장은 혼합경제의 틀 내에서만 가능하다고 주장하고 있다.[31] 순수 자본주의나 순수 사회주의는 희망이 없다는 것이다. 윌리엄 로저스(William Rodgers)도 이와 유사하게 "용인될 수 없는 '자유시장'의 여러 가지 특성들과 경제가 효율적으로 기능하기 위해서는 이윤이나 경쟁, 시장과 같은 시장의 기본요소들을 이용해야 할 필요성"의 둘 모두를 강조하고 있다.[32] 오웬이 보기에는 "경쟁적인 자유시장을 통해 보다 큰 효율성을 추구하는 것과 재분배적인 사회개혁정책을 통해 보다 큰 평등을 추구하는 것 사이에는 어떠한 모순도 존재하지 않는 것"이다.[33]

자본주의에 대한 소극적 집합주의자들의 비판은 네 가지로 나누어 살펴볼 수 있다. 첫째, 자본주의는 자기규제적이지 않다는 것이며, 둘째, 자본주의는 낭비적이고 비효율적이며 자원을 제대로 배분하지 못한다는 것이고, 셋째, 자본주의는 그 자체로는 불의와 빈곤을 없앨 수 없다는 것이며, 넷째, 자본주의는 정치적 안정을 위협할 수 있는 상황을 창출한다는 것이다.

자기규제적인 경제체계라는 주장은 매우 속편한 주장이었다. 그 주장은 두 가지의 핵심적인 내용을 포함하고 있는데, 하나는 국가에 의한 경제규제행위는 하등의 경제적 근거도 갖지 못한다는 것이고 다른 하나는 국가

---

31) D. Owen, *Face the Future*, Cape, 1981, p.112.

32) W. Rodgers, *The Politics of Change*, Secker & Warburg, 1982, pp.80-1.

33) *Guardian*, 6 January 1984.

에 의한 경제규제행위는 하등의 정치적 근거도 갖지 못한다는 것이다. 경제적 근거로 판단할 때 국가행위는 아무런 필요가 없는데, 왜냐하면 세이의 시장법칙(Say's Law of Markets)에 의거한다면 생산은 자동적으로 그 자체의 수요를 창출하기 때문이다. 갈브레이드는 "세이의 법칙을 받아들이는가 아닌가 하는 것이 1930년대까지 경제학자와 제정신이 아닌 사람을 구분하는 최상의 기준이었다"라고 말하고 있다.[34]

자기규제적인 자본주의는 또한 하등의 정치적인 문제도 일으키지 않는다. 소비자가 주권자인 것이다. 경쟁은 소비자로 하여금 궁극적인 권위를 가지게끔 보장한다. 소비자도 노동자도 결코 착취당하지 않는다. 왜냐하면 그들은 다른 곳에서 얼마든지 그들을 필요로 하는 사람들을 만날 수 있기 때문이다. 갈브레이드가 말한 바와 같이 "만일 대중들에 의한 선택이 권력의 원천이라면, 그러한 경제체계를 포함하는 조직은 권력을 가질 수 없다. 그것은 대중들의 선택에 궁극적으로 봉사하는 단순한 도구에 불과한 것이다"[35] 따라서 경제체계는 민주화된다. 경제뿐 아니라 정치에 있어서도 궁극적인 권력은 개인들에게 있게 된다. "대중이 이미 소비자로서 책임 있는 위치에 있으므로, 대중들은 정부를 통해서 개입할 수도 없고 개입해서도 안 되는 것"이다.[36]

케인즈는 자유방임을 격렬하게 비난하였다. 그는 "개인들이 그들의 경제적 활동에 있어서 공인된(prescriptive) '자연권적 자유'를 가지고 있다는 것은 사실이 아니다. 가진 자 혹은 얻은 자에게 영구적인 권리를 부여하는 계약 따위는 존재하지 않는다. 세상은 사적인 이익과 사회적 이익이 언제나 일치하도록 위로부터 다스려지는 그런 것이 아니다"라고 썼다.[37] 그러나 케인즈의 위대한 업적은 자기규제적인 경제체계라는 생각을 무너뜨리고, 새로운 경제학의 이론적 토대를 마련하였다는 점에 있다. 케인즈

---

34) Galbraith, *The Affluent Society*, p.21.

35) *Ibid.*, p.5.

36) *Ibid.*, p.98.

37) J.M. Keynes, *The End of Laissez-Faire*, Hogarth(1926), 1927, p.39.

는 1930년대의 공황이 사실상 세이의 법칙을 논파하였음을 증명하였으며, 또한 수요와 생산(공급)이 균형을 이루어야 한다는 주장은 아무런 기술적인 근거도 갖지 못한 것임을 보여주었다. 케인즈의 그러한 분석은 스튜어트(Stuart)의 말을 빌면, '극적인 것'이었고, '명령적인 것'인 것이었다. "극적인 것은 그 분석이 전통적인 경제이론을 머리에서부터 거꾸로 세운 것이었기 때문에 그렇고, 명령적인 것은 그 분석이 과거에는 생각지도 못하였던 규모의 정부행위의 필요성을 암시하는 것이었기 때문에 그러한 것"이다.[38]

케인즈는 시장경제의 가장 핵심적인 취약점은 수요의 부족이라고 보았다. 베버리지는 노동에 대한 시장 수요는 부적절할 뿐만 아니라 그 방향 또한 잘못된 것이라고 생각하였다. 따라서 베버리지는 다음 세 가지의 정부행위를 원하였다. 첫째는 총지출을 항상 유지하는 것이고, 둘째는 산업의 입지를 통제하여 노동에 대한 수요가 부적절한 곳에 산업이 위치하도록 지도하는 것이며, 셋째는 산업의 욕구를 충족시키기 위해 노동의 이동을 조직화하는 것이다.[39]

케인즈의 사상은 규제되지 않은 경제는 경기침체와 실업을 피할 수 있을 만큼 충분한 수요를 유지하지 못한다는 것에 관한 것이었다. 베버리지도 같은 생각을 가지고 있었다. 갈브레이드는 스스로를 규제하지 못하는 경제에 대한 이들의 논의를 받아들이면서, 이것을 케인즈 혁명의 핵심적인 산물이며 업적인 풍요한 자본주의(the affluent capitalism)에 적용시켰다. 갈브레이드는 케인즈적 경제관리기법이 적용되고 완전고용수준에 가까운 고용이 달성된다면, 이렇게 나타난 경제체계는 필연적으로 정부의 통제와 규제를 필요로 하게 된다고 보았다. 케인즈는 정부의 적절한 경제정책의 틀 내에서 경제체계가 다시 자기규제적으로 될 수 있기를 희망하였다. 갈브레이드는 케인즈의 그러한 희망이 아직 실현되지 않았다고 보

---

38) M. Stewart, *Keynes and After*, Penguin, 1967, p.88.
39) Beveridge, *Full Employment in a Free Society*, p.29.

았다. 오웬과 로저스는 정부가 최선의 세계를 창출하기 위해 시장의 힘을
이용할 수 있다고 믿었다.

갈브레이드가 그렇게도 강력하게 전개하였던 주요 주제는 기술의 진보
가 산업계에 대한 국가도움의 필요성을 증가시킨다라는 것이다. 산업계는
고도의 기술을 가진 인력을 필요로 하는데, 그러한 인력의 공급을 정부에
의존하게 된다. 산업계는 흥미롭지만 불확실한 사업을 위해 투자기금을 필
요로 한다. 새로운 생산품을 개발하기 위해서는 수많은 돈과 시간과 인력
의 투자가 선행되어야 한다. 산업계는 새로운 생산품에 대한 시장이 결국
에는 존재하게 될 것이라는 데 대해 확신할 수 있어야 한다. 이렇게 된 상
황에서 "총수요의 규제는… 산업체계의 유기적인 필수부분인 것이다."[40]

풍요로운 사회에서는 국가가 수요를 규제해야 할 필요성이 빈곤한 사회
에서보다 더 큰데, 왜냐하면 풍요로운 사회에서는 저축과 지출이 개인적
인 선택과 결정 그리고 기업 차원의 선택과 결정에 대해서 갖는 중요성이
더 커지기 때문이다. 갈브레이드는 "결과적으로, 높은 생활수준과 지출수
준 그리고 높은 수요수준을 가진 풍요로운 사회는 그렇지 않은 빈곤한 사
회보다 신뢰성이 떨어지게 된다. 풍요로운 사회는 엄청난 비용과 장기간
의 기술개발기간이 요구되는 현대적인 기술이 시장의 확실성을 필요로 하
게 될 때, 그 신뢰성을 상실하게 된다"고 주장한다.[41] 따라서 시장의 진정
한 적은 사회주의가 아니라 고도의 기술인 것이다.[42]

갈브레이드는 자신의 이러한 주장을 더욱 발전시켜, 정부의 개입이 없
는 상태에서 계획체계(the planning system: 여기서 말하는 계획체계는 거
대기업으로 구성된 경제체계를 가리킨다)는 단순경제에서와 같은 자기규
제적인 속성을 가진 존재가 되는 것이 결코 아니라 오히려 누적적으로될
수 있는 경제침체와 경기후퇴에 종속되고 또한 본질적으로 불안정한 존재
가 될 것이라고 주장하고 있다.[43] 단순한 경제에서는 경제활동의 하강이

---

40) Galbraith, *The New Industrial State*, p.225.
41) *Ibid.*, p.6.
42) *Ibid.*, p.33.

누적적인 것으로 되지 않게 하는 자연적인 메커니즘이 존재하였다. 그러나 계획체계에서는 그러한 메커니즘이 작동하지 않는다. 가격은 결코 하락하지 않는데 이는 기업이 가격을 통제하기 때문이다. 임금도 결코 하락하지 않는데 이는 노동조합의 힘 때문이다.

갈브레이드는 고도의 자본주의가 자기규제적이지 않다는 또 하나의 측면을 강조하였다. 즉 그것은 고도의 자본주의는 인플레이션을 통제할 수 없다는 측면이다. 케인즈는 이 문제를 이미 1944년에 예견한 바 있다. 그 당시 케인즈는 "나는 단체교섭과 완전고용을 결합시킬 때 심각한 문제가 발생되리라는 점을 의심치 않는다"라고 썼다. 케인즈가 보기에 그 문제는 경제적인 문제라기보다는 정치적인 문제였다.[44] 베버리지도 역시 30년 동안의 인플레이션 경험을 바탕으로 그 문제를 예견하였다. 갈브레이드는 이에 대한 분석을 정교하게 다듬었다. 인플레이션을 '오늘날의 산업체계에서 본질적인 특징'으로 만든 요인은 바로 가격이 시장에 의해 결정되는 것이 아니라, 기업에 의해 결정된다는 사실이다.[45] 이는 곧 개별 기업들은 임금요구에 대해 명목적인 저항 이상의 저항을 하지 않을 것이라는 것을 의미하게 된다. 왜냐하면 개별 기업들은 가격을 올림으로써 임금인상에 필요한 재정을 마련할 수 있기 때문이다. 정부 외에는 전반적인 제약조건을 부과할 어떠한 조직체도 없다. 정부행위 외에 대안이 없는 것이다.[46]

케인즈와 베버리지는 자본주의를 비판하는 데 있어서 갈브레이드와 약간 다른 것 같지만, 사실은 이 세 사람 모두가 자본주의는 자기규제적이지 않다는 점과 공적인 행위를 통하여 자본주의 체제를 파괴하지 않고도 그러한 약점을 보완할 수 있다는 점을 강조하는 데 관심을 두었다. 케인즈에 대해 해로드가 한 말은 베버리지나 갈브레이드에게도 적용될 수 있는 것이다. 해로드는 "그 기계(자본주의)가 무엇이 잘못되었는가를 파악하

---

43) Galbraith, *Economics and the Public Purpose*, p.179.
44) I. Gilmour, *Britain Can Work*, p.82에서 재인용.
45) Galbraith, *The New Industrial State*, p.251.
46) *Ibid.*, p.261.

려는 케인즈의 일생에 걸친 노력은 그가 그 기계의 계속적인 작동을 원했다는 것을 말해주는 것이며, 또한 그가 근본적으로는 개인주의자임을 말해주는 것이다"라고 썼다.[47]

규제되지 않은 자본주의에 대해 소극적 집합주의자들이 제기하는 두번째 비판은 그것은 낭비적이고 비효율적인 것이며 또한 자원을 만족스럽게 배분하지 못하는 것이라는 비판이다. 케인즈와 베버리지는 모두 전간(戰間)-1차대전과 2차대전 사이의 기간-동안의 경제침체기에 나타났던 낭비에 크게 놀랐다. 베버리지는 "생산력을 활용하지 못하는 것이 제반 사회악들을 계속 존속시키는 한 원인임"을 강조하였다.[48] 자신의 사회보험계획에서 주장하였듯이, 베버리지는 전간 동안의 결핍(want)은 정부의 의지만 있었더라면 제거될 수 있는 것이었다고 생각하였다.[49] 케인즈도 이와 유사한 견해를 표명하면서, "경제문제-사람들이 흔히 그렇게 부르는-, 결핍과 빈곤의 문제, 그리고 계급 간 및 국가 간의 경제적 갈등의 문제 등은 끔찍스럽지만 일시적이고 불필요한 혼란에 불과하다"고 말하였다.[50]

케인즈와 베버리지에게 있어서 문제는 경제가 생산능력을 완전고용수준까지 활용치 못한다는 점에 있는 것이었으며, 갈브레이드에게 있어서 문제는 경제체계가 생산능력을 활용하는 방식에 있는 것이었다. 갈브레이드는 사적 부문의 풍요로움과 공적 부문의 열악함이라는 두 부문이 극명하게 대비되는 상황이 '어디에나 매우 두드러지게 존재'한다는 점을 비판하였다. 이 두 부문이 그처럼 대비되는 상황을, 그는 선진 자본주의 경제에서는 본질적인 것이라고 보았다. 그러한 대비되는 상황은 매우 불쾌한 것일 뿐만 아니라 위험스럽기조차 한 것이다. "풍요롭지 못한 경제체계

47) R.F. Harrod, "Keynes the Economist" in S.E. Harris(ed.), *The New Economics:Keynes' Influence on Theory and Public Policy*, Knopf, 1947, p.72.

48) Beveridge, *Full Employment in a Free Society*, p.248.

49) Social Insurance and Allied Services, Cmd. 6404, HMSO, 1942, p.165.

50) J.M. Keynes, *Essays in Persuasion*, Harcourt, Brace(1931), 1932, p.vii.

(austere economy)는 유혹으로부터 자유롭다. 그러한 경제체계는 공적인 서비스도 풍요롭지 않을 수 있다. 그러나 풍요로운 경제체계에서는 그렇지 않다"[51] 만일 풍요로운 경제체계가 공적인 서비스를 풍요롭게 하지 못한다면, 범죄나 파괴주의, 폭력, 약물중독 등의 문제가 훨씬 더 증가하게 될 것이다.

후기의 저작에서, 갈브레이드는 이와 같은 사회적 불균형의 문제가 자본주의의 본질에 뿌리박고 있는 것이라고 주장하게 되었다. 그는 모든 공적인 서비스의 자원이 박탈되어 있는 것은 아니라는 점을 깨닫게 되었던 것이다. "자원의 박탈은 공공의 욕구와 관련되어 있는 서비스의 경우에 더 크고, 강력한 기업이 국가에 대해 공적 서비스가 필요하다는 압력을 행사할 경우에는 존재하지 않게 된다"는 것이다.[52] 국방, 조사연구와 기술개발, 고속도로, 항공 등은 강력한 목소리에 의해 요구되기 때문에 결코 무시되지 않는다. 그러나 병자나 노인, 장애인 등을 돌보는 것과 위락시설을 제공하는 것, 빈곤문제에 대한 대책 등을 요구하는 강력한 목소리는 존재하지 않는다. 따라서 그러한 것들은 무시되는 것이다.[53]

규제되지 않은 자본주의가 초래하는 낭비와 분배유형은 소극적 집합주의자들의 가치 기준에서는 용납될 수 없는 것들이다. 소극적 집합주의자들은 이러한 해악을 불가피한 것으로 보지 않는다. 그것들은 응분의 적절한 규제에 의해서 통제될 수 있고 제거될 수 있다고 간주된다.

소극적 집합주의자들이 자본주의에 대해 세번째 비판은 전체적인 번영의 자연스럽고 필연적인 결과인, 빈곤과 불의(不義)의 제거가 경제성장을 통해서는 이루어질 수 없다는 것이다. 베버리지는 이를 알았고 그 중요성을 강조하면서, 1900년에서 1939년에 이르는 기간 동안 전체적인 부가 증진되고 실질임금수준이 증가하였지만 문제는 여전히 상당 정도로 남아 있었다고 지적하고 있다. 베버리지는 "번영을 증진시키기 위한 새로운 조치

---

51) Galbraith, *The Affluent Society*, p.212.
52) Galbraith, *Economics and the Public Purpose*, p.x.
53) Galbraith, *The New Industrial State*, pp.347-8.

가 필요하다는 교훈을 얻을 수 있다"고 결론짓고 있다.[54]

갈브레이드도 같은 사실을 지적하고 있다. 그의 주장은 시간이 흐르면서 그리고 성장이 가속화되면서 보다 강력하게 입증되고 있다. 그는 총산출이 증가하더라도 "소득계층의 최하층에는 자기영속적인 빈곤이 여전히 남게 된다"고 강조하였다.[55] 갈브레이드는 품위 있고 안락한 생활을 위해 필요한 소득이 모든 사람들에 대해 '사회의 정상적인 기능'으로서 보장되어야 한다고 주장하였다.[56] 그는 경제성장이 빈곤을 제거하지 못하는 것이 선진자본주의 사회에 내재한 다양한 사회적 불균형의 한 형태라고 간주하고 있다. 선진 자본주의는 그 자체의 본질상 불평등과 빈곤을 생성시키고 지속시킨다는 것이다.

소극적 집합주의자들이 규제되지 않은 자본주의에 대해 가하는 네번째 비판은 규제되지 않은 자본주의에서는 분파적 이해관계가 공익과 동일시되어 정치적 안정을 위협할 상황에까지 이르게 된다는 비판이다. 미국사회를 지배하고 있는 분파적 이해관계는 계획체계(거대기업을 말함)의 이해관계이다. 선진자본주의 사회는 그 자체의 생존과 번영을 위하여 사람들로 하여금 선진자본주의 사회에서 생산된 생산물을 획득하고 소비하도록 조장하는 윤리를 개발해야만 한다. 따라서 생산이 신과 같은 존재가 되어버리는 것이다. 산업은 그것이 비록 천국문에 이르는 열쇠를 가진 것은 아니라 할지라도, 적어도 훌륭한 삶에 이르는 열쇠는 가지고 있는 것으로 간주되는 것이다. 산업은 정부의 도움이 필요하면 그 도움을 얻을 수 있다. 왜냐하면 생산과 산업에 복무하는 것이 곧 국가이익에 복무하는 것으로 여겨지기 때문이다. 계획체계에 있어서 권력의 소재지는 기술구조(technostructure)이다. 기술구조는 지역사회에 있어서 가장 위세 있고 부유하며 단호한 성원들로 구성된다. 따라서 기술구조를 구성하는 성원들의 공공정책에 대한 견해는 커다란 그리고 엄숙한 존중을 받게 되는 것이다.

---

54) Social Insurance and Allied Services, p.166.
55) Galbraith, *The Affluent Society*, p.105.
56) *Ibid.*, p.265.

기술구조에 복무하는 것들, 즉 기술구조의 자율적 결정의 보호, 경제성장의 촉진, 총수요의 안정화, 보다 많은 소득을 요구하는 것의 수용, 기술구조에 대한 질 좋은 인력의 공급, 기술구조가 필요로 하는 정부서비스와 투자의 실행, 기타 기술구조의 성공을 위해 필요한 것, 이러한 것들이 바로 공익이 되어 버리는 것이다.57)

계획체계가 지배하고 계획체계가 가진 이해관계가 공익과 동일시되는 이러한 사실은 자본주의의 비효율성과 불의 그리고 자본주의라는 종이에 뿌려진 다른 많은 얼룩들을 상당 부분 설명해준다. 갈브레이드는 계획체계에 정부가 종속되는 것이 정치적, 경제적 체계로서의 선진 자본주의의 주된 결함이라고 생각하며, 또한 자본주의가 개혁되기 위해서 극복되어야 하는 주된 방해물이라고 생각하고 있다.

길모어는 갈브레이드가 말한 바 계획체계의 위험에 관한 주장을 다음과 같이 요약하고 있다.

자유로운 정부는 사람들이 그 정부에 대해 충성심을 가지지 않는다면 결코 생존할 수 없다. 그리고 사람들은 정부의 보호로부터 이익을 얻지 못하거나 여타 편익을 얻지 못하면, 충성심을 느끼지 않을 것이다. 경쟁이 궁극적으로 은혜로운 것이다라든가 시장의 힘에 대한 개입은 위험한 것이다라는 따위의 강의는 고통받고 있는 사람들을 만족시켜줄 수 없다. 정부가 고통받는 이들에 대해 관심을 가지지 않는데, 그들이 무엇 때문에 정부에 대해 관심을 가지겠는가?

그러므로 하이에크에게는 매우 안된 말이지만, 보수주의적 입장에서 볼 때 경제적 자유주의는 그것이 매우 가혹하며 공동체의식을 만들어내지 못한다는 사실로 인해 정치적 자유를 보호하는 것이기는커녕 그것을 위협하는 것으로 보이는 것이다.58)

셜리 윌리암스(Shirley Williams)는 소극적 집합주의자들과는 다른 입장에서 유사한 주장을 전개하고 있다. 그녀는 "복지국가는 혼란스러운 전후 기간 동안에 있어서 서구세계의 정치적 안정을 유지시키는 데 결정적인

---

57) Galbraith, *Economics and the Public Purpose*, p.162.
58) Gilmour, *Britain Can Work*, pp.224-5.

요인이었다"라고 말하고 있다.[59]

이러한 여러 가지 비판들에도 불구하고, 소극적 집합주의자들은 자본주의를 대체하는 것이 필요한 것이 아니라 자본주의를 개혁하고 규제하는 것이 필요하다고 생각한다. 케인즈는 "혁명이 필수적인 도구가 될 어떤 경제발전단계가 있다"는 것을 결코 믿지 않았다.[60] 베버리지도 그러한 것을 믿지 않았다. 베버리지는 "완전고용을 보장하기 위하여, 생산수단과 분배 및 교환을 국유화한다는 의미에서의 사회주의가 필요하다는 것이 아직 증명된 바 없다"라고 썼다.[61] 그러나 완전고용을 달성하기 위해서 사적 기업을 폐지해야 한다는 것이 증명된다면, 그러한 경우에는 '그렇게 해야 하는 것'이다.[62]

케인즈는 그의 생애의 대부분을 자본주의체계의 운용을 비판하는 데에 바쳤지만, 자본주의의 근본적인 원리들은 강력하게 지지하였다. 케인즈는 자본주의에 대한 격렬한 비판서인 『자유방임의 종말(The End of Laissez-Faire)』에서, "자본주의는 비록 많은 점에서 지극히 혐오스러운 것이긴 하지만, 잘만 운영된다면 지금까지 나타난 어떠한 체계보다도 경제적 효율성을 가장 잘 달성할 수 있게 될 것이다"라는 말로 결론을 내리고 있다.[63] 세이무어 해리스(Seymour Harris)는 "케인즈의 사명은 자본주의를 구제하는 것이었지 자본주의를 파괴하는 것이 아니었다"고 말하고 있다.[64]

베버리지도 이와 유사하게 사회보험과 완전고용을 위한 자신의 제안이 비정치적인 성격을 가진 것임을 강조하였다. 그는 사회보험과 완전고용을 위한 제안은 사회주의적인 것도 아니고 자본주의적인 것도 아니라고 주장

---

59) S. Williams, *Politics is for People*, Penguin, 1981, p.37.
60) D.E. Moggridge, *Keynes*, Macmillan, 1980(2nd edn), p.46.
61) Beveridge, *Full Employment in a Free Society*, p.37.
62) *Ibid.*, p.23.
63) Keynes, *The End of Laissez-Faire*, pp.52-3.
64) Harris, *John Maynard Keynes*, p.ix.

하였다. 베버리지는 "경제체계를 최상위의 수준에서 의식적으로 통제하는 것은 모든 현대사회에서 필수적인 것이다"라고 주장하였다.[65]

케인즈와 베버리지가 대공황기의 자본주의에 관심을 가졌다면, 갈브레이드는 풍요로운 사회에서의 자본주의에 관심을 가졌다. 하지만 그들의 태도는 놀랄 만큼 유사하다. 초기의 저작에서 갈브레이드는 "자본주의의 의사결정 메커니즘을 대신할 만한 어떠한 대안"도 찾아내지 못하였다.[66] 공적 소유는 자본주의의 의사결정 메커니즘에 비해 어색하고 둔감할 것 같았으며 선진산업사회의 복잡한 경제체계에서 실행불가능할 것 같았다. 후기의 저작에서 갈브레이드는 자본주의의 많은 특징들에 대해 점차 비판적으로 되어 갔으며, 일부 과업수행에 있어서 자본주의는 만족스러운 것이 못된다고 생각하게 되었다. 예컨대 "자본주의는 도시가 가장 필요로 하는 재화와 서비스를 제공하는 데 있어서 심각한 결함을 가지고 있다. 현대 사회에 있어서 도시는 그 자체의 본질상 사회주의적 기업이다"라고 썼다.[67] 그러한 영역이나 서비스는 자본주의체계의 외부로 끌어내어 집합적으로 통제되어야 한다.

그러나 실용적이고 비이데올로기적인 새로운 사회주의(New Social -ism)가 필요하다는 점과는 별개로, 갈브레이드는 자본주의야말로 생산과 분배의 주요 체계라고 여전히 생각하고 있는 것 같다. 자본주의는 그것이 실패하는 경우를 제외하고는 정상적인 것으로 간주되어야 하고, 또 다소 유감스러운 면을 가진 것이긴 하지만 우리는 자본주의에 대해 낙관적이고 실제적인 견해를 가져야 하며, 사회주의를 자본주의 체제의 필수적이고도 전적으로 정상적인 특징으로 인정해야 한다.

자본주의의 결점과 약점 그리고 해악들의 분석 방법은 그에 뒤이을 정책적 제안에서 매우 중요한 역할을 한다. 소극적 집합주의자들은 자본주의의 결점과 약점, 해악에 대한 자신들의 분석을 토대로 모든 것은 정부

---

65) Beveridge, *Full Employment in a Free Society*, p.206.

66) J.K. Galbraith, *American Capitalism*, Penguin, 1963, p.185.

67) *Guardian*, 5 April 1974.

개입을 통해 개선될 수 있다는 입장을 취하고 있다. 갈브레이드는 자본주의를 분석하는 그의 입장에 의해 소극적 집합주의자들 가운데서는 가장 급진적인 정책제안을 하고 있다. 그러나 그가 비록 자본주의의 해악은 '체계적(그가 가장 선호하는 용어 중 하나이다)'인 것이라고 묘사하고 있을지라도 갈브레이드는 자본주의가 가진 '체계적'이고 '내재적'이며 '유기적'인 해악들은 자본주의의 기본적인 메커니즘을 파괴하거나 대체하지 않고도 완화될 수 있다는 신념을 여전히 고수하고 있다. 간단히 말하면 갈브레이를 비롯한 소극적 집합주의자들은 자본주의를 개혁하기를 원하기 때문에 자본주의를 그처럼 혹독하게 비판하는 것이다. 그들은 자본주의의 약점과 실패를 치료할 수 있도록 하기 위해 그것들을 찾아내려 하는 것이다. 그들의 비판은 개혁을 위한 비판이지 자본주의를 파괴하기 위한 비판은 아니다.

소극적 집합주의자들은 정치체계와 국가에 대해서는 어떻게 보고 있을까? 본질적으로 소극적 집합주의자들은 반집합주의자들의 생각과 페이비안주의자들의 생각의 중간쯤에 해당되는 생각을 가지고 있다. 즉 그들의 입장은 정부행위를 근본적으로 혐오하는 입장과 정부행위를 근본적으로 찬성하는 입장의 중간에 해당되는 것이다. 소극적 집합주의자들은 민주주의자들이긴 하지만, 그들은 정부가 이해집단들의 피조물로 전락하지 않을 수 있는 능력을 다수에 의한 정부가 가지고 있느냐 하는 점에 있어서는 약간의 우려를 가지고 있는 사람들과 상당한 정도의 우려를 가지고 있는 사람들로 나뉘어 있다. 소극적 집합주의자들은 또한 관료주의에 대한 관점에 있어서도 서로 간에 차이가 있다. 즉 공무원들이야말로 국가적 이익과 공익의 진정한 대변자라는 관점을 취하는 사람으로부터 관료들은 정치가들의 권력을 침해하여왔다는 불안감을 나타내는 사람에 이르기까지 다양한 것이다.68) 그러나 기본적으로는 소극적 집합주의자들이 정치체계에

---

68) D. Reisman, *Galbraith and Market Capitalism*, Macmillan, 1980, p.101.

대해 갖는 우려는 그리 크지 않으며, 또 그 우려는 정치체계의 본질적인
면에 관련된 것이라기보다는 기술적인 면에 관련된 것이다.

소극적 집합주의자들은 국가란 무엇인가라든가 국가가 어떻게 운영되는
가라는 점 등에 대해서는 별로 주의를 기울이지 않았다. 하지만 그들의
저작에는 국가는 중앙정부와 동일시될 수 있으며, 또 국가는 모든 사람의
이익을 위해 자율적이며 공평무사한 정책을 실행할 능력을 가지고 있다는
생각이 암시되어 있다. 스위지(Paul Sweezy)는 케인즈가 자본주의의 경기
규칙에 따라 행동하는 인간 행위자가 도저히 탈출구가 보이지 않는 딜레
마에 빠졌을 때에 항상 나타나서 그 행위자를 도와주는 존재로서 국가를
다루는 습관을 가지고 있다고 말하였다.[69] 케인즈와 베버리지는 국가를
상호 갈등하는 이해관계들의 표적으로는 결코 생각하지 않았다. 그들은
국가를 경제체계의 기능과 사적 기업의 성과 그리고 부의 분배에 대해 독
립적인 판단역할을 할 수 있는 존재로 간주하였다.

해리스는 베버리지가 "국가의 본질에 대해서 그리고 국가가 전체 사회
의 이익을 알 수 있다는 점에 대해서 매우 낙관적인 견해를 가지고 있었
다"고 쓰고 있다.[70] 길모어는 국가가 시장체계의 결점을 개선할 수 있으
며, 시민들에게 보호와 혜택을 제공할 수 있다는 점에 대해 추호의 의심
도 하지 않았다. 국가는 특수한 이해관계를 가진 집단들의 피조물이 아닌
것이다. 국가는 자율적으로 행동할 수 있는 존재이다. 물론 국가는 자유를
위협하는 존재가 될 수도 있다. "그러나 일정한 한계 내에 존재하는 국가
는 결코 위험한 존재가 아닌 것"이다.[71] 국가와 개인을 상호 적대적인 존
재로 파악한다면, 그것은 잘못된 인식이다. 국가와 개인은 상호 의존하며
상호 지지하는 존재들인 것이다.[72]

---

69) P.M. Sweezy, "Keynes the Economist," in S.E. Harris(ed.), *The New Economics: Keynes' Influence on Theory and Public Policy*, Knopf, 1947, p.108.

70) Harris, *William Beveridge*, p.106.

71) Gilmour, *Inside Right*, p.118, p.151.

갈브레이드는 이와 같은 낙관적인 견해를 모두 받아들이지는 않는다. 앞에서 말한 바와 같이, 갈브레이드는 국가는 사실상 그가 명명한 계획체계라는 지배적인 경제적 이해관계의 피조물이라는 데 대해 매우 명확한 입장을 취하고 있다. 계획체계는 자신의 이해관계가 곧 공익이라는 것을 인식시키는 데 성공하여왔지만, 국가의 행위는 사실상 전체적인 이익을 위한 것이라기보다는 계획체계의 매우 특수한 이익을 위한 것이다. 그러나 갈브레이드는 계획체계의 이익과 공익은 다르다는 점을 보임으로써 그리고 새롭고 비판적인 공공의 인식을 심어줌으로써 국가를 그러한 분파적 이해관계로부터 해방시켜 '공공의 목적을 위한' 존재로 다시 복귀시킬 수 있다고 생각한다.[73]

정부의 역할

소극적 집합주의자들은 정부는 사회의 모든 구성원들의 이익에 관심을 가지고 그것을 증진시키기 위하여 독립적인 실체로서 기능할 수 있다고 믿는다. 본질적으로 실용주의적인 관점에 입각한 그들은 이와 같은 입장에서 정부행위를 지지하고 있다. 1924년에 케인즈는 자유방임은 이제 포기되어야 한다고 판단하였는데, 이는 "자유방임이라는 그 훌륭한 이데올로기를 경멸하기 때문이 아니라 자유방임이 성공할 수 있는 조건이 싫든 좋든 사라졌기 때문"이라는 것이다.[74]

50여 년이 지난 후, 길모어는 케인즈와 거의 똑같은 주장을 하고 있다.[75] 또한 이들의 그와 같은 주장은 갈브레이드가 상황에 따른 사회주의 ― 경제적, 사회적 삶의 각 분야에서 "순수하게 기술적인 문제로서 공적인 관리 이

---

72) *Ibid.*, p.148.
73) Galbraith, *Economics and the Public Purpose*, p.221.
74) Gilmour, *Britain Can Work*, p.74.
75) *Ibid.*, p.168.

외에는 다른 대안이 없다"는 상황에 근거한—를 주장하는 근거가 되었다.76)

해리스도 베버리지의 견해에 대한 자신의 논의를 결론지으면서 같은 지적을 하고 있다. 그녀는 "베버리지가 계획에 의한 사회 운용을 궁극적으로 지지하였던 것이 계획사회에 대한 그의 본능적인 선호가 표현된 것이라고 생각하는 것은 잘못이다. 베버리지가 계획사회를 지지한 것은 복잡한 산업사회를 운용할 다른 방법들의 실패가 명백해졌다는 사실에 의해 계획사회의 필연성이 실제적으로 등장하게 되었다는 점을 마지못해 인정한 것으로 보아야 한다"고 쓰고 있다.77)

정부개입을 옹호하는 소극적 집합주의자들의 주장은 기본적으로 실용주의적인 것이다. 정부행위의 정도와 범위도 실용주의적인 근거에서 결정된다. 길모어가 지적한 바와 같이, "정부행위에 있어서 어떤 고정된 한계점이라는 것은 존재하지 않는 것"이다.78) 정부행위의 한계를 설정하는 것은 추상적인 이론이나 신념이 아니라 경제적, 사회적 목적과 욕구이며, 그러한 목적을 달성하기 위해 필요한 정부행위는 환경에 따라 시시때때로 변화할 수 있는 것이다. 인간과 사회의 목적 및 욕구가 추상적인 원칙들보다 더 중요한 것이다.

두번째로 중요한 점은 소극적 집합주의자들의 태도와 페이비안주의자들의 태도를 구분할 수 있게 하는 것으로서, 페이비안주의자들이 정부는 본질적으로 사회변화를 위한 도구라고 보는데 비해 소극적 집합주의자들은 기존의 경제적, 사회적 체계를 보존하는 정부의 역할에 훨씬 더 많은 관심을 가지고 있다는 점이다. 정부행위는 소극적 집합주의자들이 경제적 삶의 기본적인 메커니즘이라고 생각하는 것을 효과적으로 작동될 수 있도록 하는 것이다.

정부의 역할에 대한 소극적 집합주의자들의 태도에 관해 세번째로 지적할 것은 소극적 집합주의자들이 정부의 경제개입에 대해서 망설이는 면이

---

76) Reisman, *Galbraith and Market Capitalism*, p.5.
77) Harris, *William Beveridge*, p.475.
78) Gilmour, *Britain Can Work*, p.179.

있다는 점이다. 베버리지는 완전고용을 보장하기 위해 필요한 일이라면 정부는 무엇이든지 해야 한다는 매우 분명한 신념을 가지고 있었다. 그는 어떤 경우에는 생산수단에 대한 정부의 통제를 주장하기도 하였고 또 어떤 경우에는 정부는 수요를 통제하는 것만으로 충분하다고 주장하기도 하였다.79) 다른 소극적 집합주의자들은 정부에 대한 신념을 베버리지만큼 가지고 있지 않다. 길모어는 "어떤 토리주의자도 투자계획의 실현가능성에 대한 은행가나 여타 전문가들의 판단을 공무원이나 정치가들의 판단으로 대체하기를 원하지는 않는다"라고 쓰고 있다.80) 라저스도 같은 견해를 취하고 있다. 그는 "영국경제를 막다른 정체상태로 몰아갈 가능성이 가장 높은 단 하나의 조치가 있다면, 그것은 이사회에서 이루어지던 결정을 웨스트민스터나 화이트홀에서 이루어지도록 하는 조치일 것이다"라는 결론에 도달하고 있다.81) 소극적 집합주의자들은 정부가 단지 시장의 역기능에 의해 피해를 받는 영역에 대해 치료기능만 수행하기를 바라기 때문에 정부가 경제를 통제하는 것은 원하지 않는다.

따라서 소극적 집합주의자들은 비록 그들이 정부가 경제적 및 사회적 삶에 있어서 일정 정도의 긍정적인 역할을 한다고 믿기는 하지만, 정부활동의 한계를 강조하는 것을 결코 게을리 하지 않는다. 베버리지는 1945년에 말하기를, "급진주의자로서 나는 정부통제나 공적 소유가 없이는 치유 불가능한 해악들을 치유하는 데 있어서, 필요하다면 정부통제나 공적 소유를 두려워하지 않는다. 그러나 나의 입장은 정부통제나 공적 소유를 찬성하는 것이라기보다는 그것들을 반대하는 입장이다"라고 말하였다.82) 그는 『완전고용(*Full Employment*)』이라는 저서에서, "보고서(베버리지 보고서)의 기본적인 원칙은 정부에게 정부만이 할 수 있거나 정부가 다른 어떤 지방정부보다 또는 개인으로서의 시민 혹은 집합체로서의 시민들보다

---

79) Harris, *William Beveridge*, pp.433-5.
80) Gilmour, *Britain Can Work*, p.175.
81) Rodgers, *The Politics of Change*, p.58.
82) Beveridge, *Why I am a Liberal*, p.8.

더 잘 할 수 있는 일을 제시하고, 정부 외의 행위자들에 대해서는 그들이 하려고만 한다면 정부만큼 할 수 있거나 정부보다 더 잘 할 수 있는 일을 주려는 것이다"라고 썼다.[83]

사회민주당 지도자들의 저작에서 나타나 있는, 소극적 집합주의적인 사상에서의 새로운 경향은 권력의 분산화를 강조하는 것이다. 화이트홀이나 웨스트민스터에 권력이 집중되는 것에 대해 꺼려하는 경향이 나타난 것이다. 데이비드 오웬(David Owen)은 "진정한 민주주의는 권력을 웨스트민스터로부터 각 지방단위의 정부로, 지역사회로, 이웃으로, 그리고 환자와 임차인과 부모에게 이양시키는 것을 의미한다"고 쓰고 있다.[84] 이러한 생각은 정부의 손에 권력을 집중시키는 것에 대해 소극적 집합주의자들이 전통적으로 가졌던 불안감의 또 다른 차원을 드러내는 것이다.

소극적 집합주의자들의 견해는 정부에 대해 가지는 불안감과 정부한계에 대한 강조에도 불구하고, 정부활동의 확장에 대한 질적으로 새로운 생각을 내포하고 있는 것이었다. 『완전고용』을 살펴본 한 학자에 따르면,

> 30년대에, 우리들의 경제사상은 중앙정부에 대해 한편으로는 정부 자신의 일을 관장하도록 하고 다른 한편으로는 자본주의체계를 수선하도록 하는 이중의 기능을 너무나도 자주 부여하였다. 한편, 베버리지는 자신의 일을 관장하는 정부는 자신의 일이 자본주의체계에 대해 미치는 영향을 결코 무시해서는 안 되며, 또 기업과 함께 완전고용을 성취하도록 정부가 자신의 정책을 조정하여야 한다고 주장하였다. 환자에게 처방을 내리는 의사라는 개념은 동반자의 원리-무언가 잘못된 것이 있을 때에는 정부가 책임을 져야 한다는 제한이 있는 것이긴 하지만-로 대체되면서 폐기되었다.[85]

베버리지는 한편으로는 정부에 대한 의심과 혐오와, 다른 한편으로는 다섯 가지의 악을 제거해야 한다는 굳은 결심에 의해 다소 혼란에 빠져

---

83) Beveridge, *Full Employment in a Free Society*, p.36.
84) Owen, *Face the Future*, p.14.
85) A. Smithies, "Full Employment in a Free Society," *American Econo -mic Review*, vol.35, 1945, p.366.

있었다. 그의 자유주의적인 원칙은 그에게 정부행위에 대한 한계를 강조하도록 하였지만, 사회악에 대한 그의 열정적인 관심은 때때로 다소 덜 중요한 것이라고 간주될 수 있는 자유는 사회악의 제거라는 목적을 위해 희생되는 것이 합당하고도 정당하다는 생각을 가지게 하였다.

베버리지와 마찬가지로, 케인즈도 정부의 활동은 상호 조화롭지 못한 개인들의 노력에 의해서는 성취될 수 없는 결과를 성취하는 데에만 제한되어야 한다고 생각하였다.

> 국가활동의 가장 중요한 주제는 개인들이 이미 수행하고 있는 활동들에 관련된 것이 아니라 개인의 능력 외부에 존재하는 기능이나 국가가 하지 않으면 누구도 할 수 없는 결정에 관련된 것이다. 정부에 있어서 중요한 것은 개인이 이미 하고 있는 일을 조금 더 잘 또는 조금 더 못하게 수행하는 것이 아니라 현재 제대로 이루어지고 있지 않은 일을 수행하는 것이다.[86]

후에 가서 케인즈는 사회적, 경제적 삶에 대한 정부개입에 대해 보다 관대한 입장을 취하게 되었지만, 이것도 여전히 그의 기본적인 입장을 벗어난 것은 아니었다. 하지만 정부개입의 필연성과 불가피성을 강조하면서 이를 정부활동의 한계를 강조하는 것과 결합하기는 어려운 일이었다. 갈브레이드가 지적한 바와 같이, 케인즈는 비록 신중하기는 했지만 정부서비스와 활동을 크게 확장시킬 수 있는 길을 열어 놓았던 것이다.[87]

갈브레이드는 정부행위가 필요한 영역을 케인즈나 베버리지보다 훨씬 더 넓게 보고 있다. 갈브레이드가 보기에, 경제발전과 사회발전은 집합주의적 해결책을 필요로 하는 영역을 크게 확장시켰던 것이다. 그러나 갈브레이드가 말하는 집합주의도 사적 기업과 자유시장이라는 정상적인 해결책이 성공적이지 못하였던 문제들에 대해서만 적용되는 여전히 소극적이고 제한적인 집합주의에 머물고 있다. 그의 집합주의는 원칙상의 집합주

---

86) Keynes, *The End of Laissez-Faire*, pp.46-7.
87) Galbraith, *American Capitalism*, p.94.

의가 아니라 필요에 따른 집합주의인 것이다.

따라서 소극적 집합주의자들은 정부행위는 제한되어야 한다고 믿는다. 이는 그들이 자유시장은 일정한 틀이 주어지기만 하면 스스로를 규제할 능력이 있다고 믿기 때문이며, 창의성의 원천으로서 그리고 자유의 보루로서 사적 기업이 본질적으로 우수하다고 믿기 때문이고, 정부행위가 자유를 위해 필요하다고 생각하는 만큼 정부행위는 자유를 위협할 수도 있다고 의심하기 때문이다.

소극적 집합주의자들은 정부가 완전고용을 유지할 수 있는 총수요수준을 보장하기 위해 경제를 관리할 능력과 의무를 가지고 있다는 점에 대해서는 의견의 일치를 보고 있다. 케인즈는 정부의 그러한 활동이야말로 기존의 경제구조가 완전히 파괴되는 것을 방지할 수 있는 유일한 실질적인 방안임과 동시에 개인의 창의성이 성공적으로 기능할 수 있는 조건이 된다고 주장하면서 정부활동을 옹호하고 있다.[88] 베버리지도 이와 유사하게 정부는 적절한 수준의 총지출을 유지해야 할 책임을 가지고 있다고 주장하였으며, 정부의 그러한 책임은 "오늘날 외국의 침략이나 강도와 폭력 등에 대해 시민들을 보호하는 것이 정부의 기능으로 간주되는 것처럼" 정부의 중요한 기능으로 간주되어야 한다고 강조하였다.[89] 정부는 그러한 책임을 맡아야 하는데, 이는 왜냐하면 "정부 외의 다른 어떤 권위나 개인도 그러한 힘을 가지고 있기 못하기 때문"이다.[90] 2차대전은 베버리지로 하여금 계획과 민주주의 사이에는 어떠한 모순도 없다는 결론을 내리게 만들었다.

케인즈의 기본적인 관심사는 자연적인 힘(시장의 힘을 말함)이 작동할 수 있는 틀을 제공하기 위해 경제를 관리한다는 것이었다. 베버리지는 사회적 목적을 위한 경제계획에 훨씬 더 많은 관심을 두었다. 베버리지는 사회적으로 용납될 수 없는 접근을 거부하였다. 베버리지는 사적 부문에

---

88) Keynes, *The General Theory*, p.380.
89) Beveridge, *Full Employment in a Free Society*, p.29.
90) *Ibid.*, p.135.

서 이루어지는 투자의 변덕스러움을 보충하기 위해 공공투자를 사용하는 것을 거부하였는데, 왜냐하면 공공투자는 사적 지출의 약점을 메우는 데 사용하기에는 너무나 중요한 것이기 때문이었다.[91] 이와 유사한 근거로, 베버리지는 사적 지출의 단순한 확장을 모든 것에 대한 해결책으로 생각하는 접근도 거부하였다. 그러한 정책은 베버리지가 생각하기에 효과적일 것 같지 않았으며, 그런 정책은 개인이 스스로의 힘으로 얻을 수 없거나 개인이 얻을 수 있다 하더라도 집합적인 급여에 드는 비용보다 훨씬 더 많은 비용을 들여야 얻을 수 있는 필수적인 서비스들이 많이 있다는 문제에 대해서는 아무 것도 해줄 수 없기 때문이었다.[92]

케인즈의 저작은 공공지출에 대해 새로운 정당성을 제공하였다. 전통적인 신고전학파의 견해는 사적 기업의 기능에 직접적으로 필요한 범위 이상으로 공공지출이 확대되는 것은 위험하다는 것이었다. 왜냐하면 공공지출은 산업에서 이윤을 얻을 수 있도록 투자될 수 있는 자원을 흡수하기 때문이다. 그러나 만일 케인즈가 주장한 대로, 바람직한 저축수준이 바람직한 투자수준을 능가한다면 공공지출이 사적인 투자를 반드시 희생시키는 것만은 아닌 것이며, 따라서 공공지출이 꼭 나쁘거나 낭비적인 것만은 아닌 것이다.[93]

지금까지 논의한 것 외에도, 완전고용을 보장하기 위해 경제를 관리한다는 것은 정부행위의 역할에 대해 몇 가지 함의들을 더 가지고 있다. 베버리지는 "정부가 물가정책을 채택하는 것은 자연스러운 것이며, 또한 완전고용정책의 불가피한 결과인지도 모른다"고 주장하였다.[94] 갈브레이드는 이러한 주장을 더욱 발전시켜, 완전고용을 달성한 조합주의적 국가에서 필연적으로 나타나게 되는 물가상승경향에 대응하는 유일한 방안은 정부가 물가와 임금을 통제하는 것이라고 주장하였다.[95] 길모어도 소득정책

---

91) Keynes, *The General Theory*, p.373.
92) Beveridge, *Full Employment in a Free Society*, p.186.
93) Stewart, *Keynes and After*, pp.126-7.
94) Beveridge, *Full Employment in a Free Society*, p.201.

이 정부의 필수적인 책임이라는 점을 인정하였다.[96] 오웬은 "소득과 투자, 물가, 이윤, 그리고 생산성을 위한 정책들-정부활동의 영역을 더욱 더 확장시키는-은 반드시 발전되어야 하는 정책들이다"라고 주장하였다.[97] 물론 그러한 정책들은 기존의 분배유형을 보존할 것인지 아니면 변화시킬 것인지에 대한 목표를 가져야 한다.

소극적 집합주의자들은 사회복지적 목적을 위한 계획과 관련된 정부의 책임은 사회적으로 필요하지만, 정부행위를 통해서만 달성될 수 있는 사회적 과업들로부터 나온다고 생각한다. 베버리지는 "영국에는 건강과 행복의 수준을 증진시키기 위해 반드시 행해야만 하는 그리고 공동체적 행위에 의해서만 행해질 수 있는 지극히 중요한 일들이 많이 있다"고 말하였다.[98] 또한 베버리지는 "정부책임의 범위를 확장시키지 않고서는 사회적 악을 극복할 수 없다"고 주장하기도 하였다.[99] 베버리지가 매우 비판적으로 바라보았던 전간(戰間) 동안의 경제는 그에게 생산적 자원의 사장(死藏)과 극심한 사회적 악이라는 두 가지 해악으로 특징지어질 수 있는 것이었다. 베버리지에게 있어서 경제계획은 생산적 자원의 활용을 목적으로 하는 것이었으며, 사회계획은 사회적 악의 제거를 목적으로 하는 것이었다. 여기서 정부가 지도적인 역할을 수행해야 하는데, 왜냐하면 재건으로의 길을 막고 있는 해악들을 제거하기 위한 제반 조치들을 조정할 수 있는 유일한 주체는 정부이기 때문이다. 해악들은 반드시 극복되어야 한다. 해악들이 지배한다는 것은 곧 전제(tyranny)와 비참함을 의미하는 것이고, 전제와 비참함은 그 자체로도 나쁜 것일 뿐 아니라 "비참함은 증오를 낳기 때문에" 나쁜 것이다.

1970년대와 1980년대에 세계경제가 다시 침체되기 시작하면서, 자본주

95) Galbraith, *Economics and the Public Purpose*, p.213.
96) Gilmour, *Britain Can Work*, pp.171-9.
97) Owen, *Face the Future*, p.166.
98) Beveridge, *Full Employment in a Free Society*, p.186.
99) Beveridge, *Why I am a Liberal*, p.37.

의적 민주국가의 사회적, 정치적 안정에 대한 관심이 다시 나타나게 되었다. 길모어는 사회질서와 사회안정을 유지하는 한 가지 요인으로 국가에 대한 시민들의 충성을 강조하고 있다. 길모어의 주장은 만일 국가가 시민들에 대한 명시적 관심을 보이지 않는다면 시민들도 국가에 대해 많은 애정과 충성을 보이지 않을 것이라는 것이다. 그가 보기에, 시민들에 대한 관심은 정부가 수행해야 할 적절한 역할인 것이다. 길모어는 "권위와 충성에 대한 토리주의자들의 강조는 항상 야경국가를 배제해왔다"고 주장하고 있다.100) 『중도노선(The Middle Way)』이라는 저작에서 길모어가 전개하였던 주장, 즉 "만일 자본주의가 사적 기업의 이론이 원칙인 것처럼 행동하였다면" 그리고 정부의 모든 개입이 반대되었다면, "우리는 벌써 오래 전에 내란에 휩싸였을 것이다"라는 주장을, 해롤드 맥밀란은 길모어가 하기 훨씬 전에 이미 지지하고 있었다.101)

복지국가

소극적 집합주의자들은 복지국가를 인정하고 있다. 하지만 그들은 복지국가를 사회와 경제의 변화를 위한 수단이나 훌륭한 삶을 증진시키기 위한 수단으로 보기보다는 피할 수 있는 해악들(avoidable ills)을 통제(제거)하기 위하여 시장의 실패를 보충하는 수단으로 본다. 소극적 집합주의자들은 시장이 기본적인 욕구를 충족시키는 데 실패하고 있다는 점과 과거에 가족이 충족시켰던 욕구를 오늘날의 가족이 충족시키지 못하고 있다는 점, 그리고 경제성장이 그 자체로 빈곤을 제거시키지는 못한다는 점을 인정한다. 소극적 집합주의자들은 자신들이 가진 가치와 사회질서에 대한 실용주의적 관심으로 인해 국가복지(state welfare)를 인정하고 지지하는

---

100) Gilmour, *Inside Right*, p.151.
101) *Ibid.*, p.168에서 재인용.

입장을 취하고 있다. 소극적 집합주의의 전통에 대해 말하면서 길모어가
언급한 바와 같이, "복지국가 자체를 근본적으로 잘못된 것이라고 보는
사람은 보수주의자(소극적 집합주의자를 말함)가 아니라 자유방임적 이데
올로기를 신봉하는 사람들뿐이다. 국가가 복지를 제공하는 것은 보수주의
자들의 원칙과 하등 모순될 것이 없는 것"이다.102)

케인즈는 복지서비스의 확대에 대해서는 매우 공감하고 있었지만, 우리
가 지금 복지국가라고 생각하는 것에 대해 직접적인 언급은 거의 하지 않
았다.103) 해로드는 베버리지 보고서에서 전반적으로 흐르는 철학은 케인
즈의 견해와 조화되는 것이었으며, 비록 초기에는 케인즈가 베버리지로
하여금 국고의 부담을 지나치게 많이 하지 않도록 권고하기도 하였지만
"그는 전반적으로 베버리지의 제안을 지지하였다"고 말하고 있다.104) 베
버리지의 제안은 피할 수 있는 사회악을 제거하는 데에 관심을 가진 인본
주의자로서의 케인즈를 기쁘게 하였고, 가장 지출을 많이 할 것 같은 사
람에게 구매력을 재분배해야 한다는 케인즈의 요구에 합당한 것이었다.

베버리지와 갈브레이드는 둘 다 궁극적으로 개인의 복지에 관심을 두었
다. 베버리지는 본질적인 자유는 보존되어야 한다는 것을 전제조건으로
내세우면서 "다섯 가지 악을 제거하기 위해 필요하다면 어떠한 제한도 없
이, 정부의 힘을 기꺼이 사용해야 한다"고 주장하였다.105) 베버리지는 우
리는 다섯 가지 악, 즉 결핍과 질병, 무지, 불결, 나태를 각 개인의 개별적
인 해결에 맡길 것이 아니라 우리들 모두의 공통의 적으로 간주해야 한다
고 강조하였다. "다섯 가지 악을 공통의 적으로 간주하는 것이야말로 바
로 사회적 양심이 의미하는 바이다. 사회적 양심은 사회악에 대해 사람들
각자가 개인적인 해결책을 추구하도록 내버려 두지 않는 것이다."106) 미

---

102) *Ibid.,* p.152.
103) Harrod, *The Life of John Maynard Keynes,* p.399.
104) *Ibid.,* p.535.
105) Beveridge, *The Pillars of Security,* p.101.
106) Beveridge, *Full Employment in a Free Society,* p.254.

국 자본주의에 대한 갈브레이드의 전체적인 비판은 미국의 자본주의는 개인의 복지나 공익에 봉사하지 않는다는 생각에 기초하고 있다. 갈브레이드가 목표하는 바는 복지와 공익 그리고 훌륭한 삶에 관심을 두는 국가, 즉 복지국가인 것이다.

베버리지와 갈브레이드는 복지에 있어서의 국가역할에 대한 실용주의적 접근을 취하고 있다. 실용주의적 접근은 피할 수 있는 악을 제거한다는 것이며, 진보적인 것이라기보다는 반응적인 것이고, 문제중심적인 것이다. 베버리지와 갈브레이드는 사적 기업에 의해 적절하게 공급되지 못하는 것을 공급하는 것에, 또한 저소득이나 소득의 상실에 의해 발생하는 결핍을 제거하는 것에 관심을 두었으며, 그리고 갈브레이드의 경우에는 공적인 서비스-풍요로움에 의해 그것에 대한 욕구가 생겨났고 그것이 충족되지 않으면 실제적으로 빈곤을 야기시키는-를 제공하는 것에 관심을 두었다.

베버리지는 국민적 최저한(national minimum)을 달성하는 데에 강조점을 두었다. 그의 정치적 선배인 윈스턴 처칠(Winston Churchil)의 다음과 같은 생각, 즉 "우리는 사람들이 그 아래에서는 살아가거나 노동하지 않으며 그 위에서는 인간적인 모든 힘을 다해 경쟁하게 되는, 그런 선을 그을 필요가 있다. 우리는 그 선 위에서의 자유로운 경쟁을 원하며 그 선 아래에서는 자유로운 경쟁을 허용하지 않는다"라는 생각을107) 베버리지도 지지하였을 것이다. 베버리지의 사회보험계획의 목적은 "어떠한 상황에서 발생한 결핍일지라도 그러한 결핍을 불필요한 것으로 만드는 것"이었다.108) "완전고용을 보장하기 위한 총지출에 있어서, 시민들에게 주택과 보건, 교육, 영양의 최저수준, 그리고 후세대의 생활수준을 향상시키기 위한 최소한의 투자가 우선적으로 이루어져야 한다"는 것이다.109) 최저수준 이상을 제공하는 것은 결코 정부의 책임이 아니다. 베버리지가 보기에, 최저수준

107) W.S. Churchill, *Liberalism and the Social Problem*, Hodder & Stoughton, 1909, p.82.
108) Social Insurance and Allied Services, p.9.
109) Beveridge, *Full Employment in a Free Society*, p.187.

이상을 제공하기 위해 강제로 세금을 부과하는 것은 자신의 소득을 자신의 뜻대로 지출할 수 있어야 한다는 개인의 자유를 침해하는 것이다.[110] 국민최저한은 결핍을 제거할 것이며, 최저수준 이상의 것을 자신과 가족에게 제공할 것인지 아닌지를 자유롭게 결정할 수 있는 개인의 자유도 보호할 것이다.

갈브레이드는 베버리지보다 한걸음 더 나아가 일자리가 없는 사람들에게 최저소득을 보장해 줌으로써 기업가들로 하여금 임금을 그 최저소득의 수준만큼 인상시키도록 할 것을 주장하였다.[111] 물론 베버리지는 생계수준의 최저한에 관심을 가졌고 갈브레이드는 생계수준보다는 상대적 빈곤에 더 많은 관심을 가졌지만, 낮은 임금을 인상시키게 할 만큼의 강력한 정책을 기꺼이 취해야 한다는 갈브레이드의 주장이 정부는 본질적인 자유를 보존해야 한다는 것에만 유의하면서 결핍을 제거하기 위한 모든 이용가능한 힘을 사용해야 한다는 베버리지의 견해와 모순되는 것은 아니다.

국민최저한을 보장하기 위한 주요 정책으로 베버리지가 제안했던 것은 보험(사회보험)이었다. 베버리지에게 있어서 보험방식은 여러 가지 면에서 매력적인 것이었다. 보험은 최저소득의 보장을 허용할 수 있을 뿐 아니라 개인의 저축과 선택의 자유의 여지를 남겨 줄 수 있을 것으로 보였다. 또한 보험방식은 베버리지가 이상적으로 생각했던 정부와 개인 그리고 민간단체들 간의 유기적인 관계를 집약적으로 함축하고 있는 것으로 생각되었다. 게다가 사회보험은 정당들 간에 나타날 수 있는 어떠한 정치적 쟁점도 낳지 않았고, 이는 베버리지의 계획이 실현될 가능성을 상당히 높이는 것 같았다.

하지만 베버리지가 기여방식의 보험제도를 옹호하는 데 있어, 가장 중요한 근거가 되었던 것은 기여방식에 의한 보험제도야 말로 자산조사에 의하지 않고 권리로서 급여를 제공할 수 있는 유일한 방법이라는 점이었다.[112]

---

110) Social Insurance and Allied Services, pp.95-6.
111) Galbraith, *Economics and the Public Purpose*, pp.252-3.
112) Social Insurance and Allied Services, pp.11-12, p.108.

자산조사를 회피하는 것은 매우 중요한 것이었는데, 왜냐하면 자산조사는 민간의 보험이나 저축을 감퇴시키기 때문이다. 절약은 그 자체로서도 바람 직한 것이고, 또 만일 공동체 전체의 총저축액 중, 소수의 거액저축의 금액 보다 다수의 소액저축의 금액이 더 크게 된다면 절약은 경제적으로도 중요 한 것이다. 절약을 격려하기 위해서는 기본적인 급여가 자산조사 없이 보 장되어야 한다.113) 또한 기여방식에 의한 제도는 정부란 사람들에게 '선물' —선물에 대해서는 아무도 비용을 지불할 필요가 없다—을 제공하는 존재 라는 생각, 즉 정부는 무한정하게 나올 수 있는 박애사업 기금이라는 생각 을 회피하는 데에도 중요한 역할을 할 수 있는 것이다.

베버리지는 민간의 자발적 보험이 가진 한계를 매우 잘 인식하고 있었 지만, 자신의 계획에서는 민간의 자발적 보험을 매우 중요한 위치에 두었 다. 베버리지의 견해로는 국가계획이 "각 개인으로 하여금 그 자신과 그 의 가족을 위하여 최저수준 이상의 것을 제공하기 위해 자발적으로 행위 할 수 있는 여지를 남겨 두어야 하며 그러한 자발적인 행위를 격려하여야 한다"는 것이 필수적인 것이었다.114) 생계수준 이상의 급여를 제공하는 것은 개인의 책임이며, "개인의 자발적인 보험의 여지를 남기고 그것을 격려하는 정책을 실시하는 것"은 정부의 책임인 것이다.115) 사실상 베버 리지의 주장은 민간의 자발적인 요소가 가장 중요하다는 전제로부터 출발 하여 민간의 자발적인 요소를 정부계획이 지원하여야 한다는 것이었다.

베버리지는 정부가 사회복지에 대해 종합적인 접근을 취할 것을 주장하 였다. 정부의 종합적인 접근은 그가 국민건강서비스, 가족수당계획, 그리 고 완전고용정책이라는 세 가지 전제에 입각하여 제시하였던 사회보험계 획의 기반이 되는 것이었다. 환자와 의료서비스 간의 경제적 장벽을 제거 하는 것은 '피할 수 있는 질병을 제거하기 위한 필수적인 단계'이다. 그러 나 경제적 장벽을 제거하는 것은 소극적인 단계로서, 이에는 예방과 치료

113) Beveridge, *The Pillars of Security*, p.134.
114) Social Insurance and Allied Services, pp.6-7.
115) *Ibid.*, p.120.

를 위한 각종 보건서비스를 확대하고 개발하는 적극적인 단계가 반드시 뒤따라야 한다고 베버리지는 주장하였다.116) 그는 또한 의료서비스에 대한 접근을 개방시키는 것은 질병기간 중에 급여를 제공하기 위한 국가계획의 당연한 논리적 귀결이라는 점을 명백히 주장하였다. 의료서비스를 제대로 받지 못하여 질병이 지속됨으로써 발생하는 비용은 어떠한 정부도 감당할 수 없는 비용이라는 것이다. 가족수당제도는 국민최저한을 보장하려는 모든 정책에서 필수적인 요소인데, 왜냐하면 임금체계만 가지고는 빈곤을 결코 제거할 수 없기 때문이다. 또한 보험을 통하여 또는 일자리가 없는 사람들에 대한 부조를 통하여 단순히 생계수준의 소득만을 제공하는 것은 인간행복을 증진시키기 위한 조치로서는 전적으로 부적절한 것이기 때문에, 완전고용을 위한 정책이 요구되는 것이다. 정부는 실업한 사람에게 실업기간 동안의 소득을 제공하면 그것으로써 실업을 최저수준으로 유지해야 할 정부의 중요한 책임을 완수했다고 생각해서는 안 된다.117) 구제는 단순히 고통을 경감시키기 위한 조치뿐만 아니라 질병을 고치기 위한 치료조치도 함께 가지고 있어야 하는 것이다.

국가가 복지에 대해 더 많은 관심을 가져야 한다는 베버리지의 주장은 단순히 인본주의적인 성격을 가진 것만은 아니다. 인본주의적인 주장에 더하여, 베버리지는 일부 복지지출, 예컨대 교육에 대한 지출 같은 것은 좋은 결과를 가져올 가능성이 높은 공동체 전체의 투자로 간주되어야 한다는 주장도 하였던 것이다.118) 가족수당에 대해서도, 베버리지는 가족수당은 공동체 전체의 투자라는 주장을 하였다. 실업급여에 관해서도, 그는 가능한 한 가장 관대한 수준의 실업급여는 경기침체기에 구매력을 유지시켜줄 것이고 따라서 경기침체의 영향을 완화시킬 것이라고 주장하였다.119)

복지에 있어서의 국가역할에 대한 갈브레이드의 태도도 이데올로기적인

---

116) Beveridge, *Full Employment in a Free Society*, p.256.
117) Social Insurance and Allied Services, p.12.
118) Beveridge, *Full Employment in a Free Society*, p.163.
119) Social Insurance and Allied Services, p.164.

것이라기보다는 실용주의적인 것이다. 갈브레이드는 국가책임의 필요성을 원칙의 문제로서가 아니라, 다른 대안들이 모두 실패하였다는 필연성의 문제로서 주장하고 있다. 다른 대안이 모두 실패하였다는 부담이 바로 새로운 사회주의를 제기한 갈브레이드의 주장의 근거가 되는 것이다. 그는 풍요로운 사회는 그 자체의 성격상 복지에 대한 개입의 필요성—예를 들면, 완전고용을 유지하기 위해 기업이 생산한 상품이 구매될 수 있도록 여성들을 일자리로 내보낼 경우 그들의 자녀를 돌봐야 할 필요성, 또는 풍요로움에 의해 나타나게 되는 무질서나 지나친 자유분방함 등을 통제할 필요성,120) 또는 비만이나 경변증(cirrhosis), 알코올 소비의 증가에 기인하는 각종 사고, 폐암, 심장병, 신경증 등과 같은 풍요로움에 의해 발생하는 건강상의 위험에 대해 의료서비스를 제공해야 할 필요성 등121)—을 증가시킨다고 생각하였다.

공적인 개입과 급여가 발달하는 것은 현대사회의 변화 자체가 다양한 범위의 복지서비스의 필요성을 증가시키기 때문이며 동시에 그러한 복지서비스가 사적인 급여를 비효율적인 것으로 만들기 때문이다. 성장산업, 즉 계획체계는 국가의 관심을 끌게 되어 공적 지출 증가의 일차적인 수혜자가 된다. 계획체계가 필요로 하는 기술을 생산하기 위한 고등교육을 통해서, 계획체계에 대한 직간접의 보조금을 통해서, 또는 보건이나 주택서비스의 효과적인 운용을 보장하는 것보다는 보건이나 주택에 대한 공적인 투자와 시장의 확보 등을 통해서, 공공정책은 계획체계의 이익을 위해 봉사하도록 짜이게 된다. 따라서 그 결과는 욕구는 있지만 힘이 없는 사람들에 대해서는 열악한 공적 서비스가 주어지지만, 욕구도 있고 힘도 있는 사람들에 대해서는 풍요로운 서비스가 주어지는 대조적인 상황이 나타나게 되는 것이다.

갈브레이드의 주요 관심은 불평등이 아니라 빈곤이었다. 그는 단순히

---

120) Galbraith, *The Affluent Society*, pp.211-12.
121) Galbraith, *Economics and the Public Purpose*, p.279.

경제성장을 통해서 빈곤이 제거될 전망이 있다고는 보지 않았다. 대신에 그는 사회복지서비스를 빈곤에 대한 강력한 무기로 생각하였다. 갈브레이드의 견해로는 보다 우수한 학교, 학교급식, 욕구가 있는 아동을 부양하기 위한 보조금제도, 무료의 의료서비스, 그리고 재훈련을 위한 보조금제도 등 이 모든 것들은 나름의 역할을 가지고 있는 것이다. 또한 재분배적 목적을 가진 물가정책과 소득정책, 인종차별을 철폐하기 위한 조치들, 그리고 최저임금입법 등도 마찬가지로 나름의 역할을 가지고 있는 것이다. 그의 제안은 때로 매우 대담한데, 예를 들면, 긍정적 차별이 당연한 것으로 받아들여지기 훨씬 전에 그는 『풍요로운 사회(The Affluent Society)』라는 자신의 저서에서 "빈곤을 효율적으로 제거하기 위해서는 빈곤한 사람들의 자녀들에게 누진적으로 더 많이 투자해야 한다"는 제안을 했던 것이다.122) 그가 재분배보다는 사회적 균형을 달성하는 데 더 강조점을 둔 것은 복지정책을 정치적인 영향으로부터 벗어나게 하려는 시도였으며, 또한 복지정책의 관심영역을, 제 정신을 가진 사람들이 당연히 인식하고 개탄할 만한 사회악을 제거하는 데에 한정시키려는 시도였다.

소극적 집합주의자들의 사상에서의 사회민주주의적 경향은 소극적 집합주의의 전통적인 관점과 새로운 관점을 모두 반영하고 있다. 이들에게서 나타나는 사회민주주의적 경향은 복지의 혼합경제, 즉 사적인 복지와 공적인 복지의 혼합을 인정하고 있다. 예를 들면, 사적인 의료에 대한 혐오는 원칙적인 것이 아니라 실용주의적인 것이다. 잘못된 것은 사적인 의료 자체가 존재한다는 것에 있는 것이 아니라, 사적인 의료산업의 성장으로 인해 의료기술인력과 전문시설의 합리적인 분배가 왜곡될 수 있다는 데에 있는 것이다.123) 사적인 의료산업이 성장하는 데 대한 대응은 공적인 의료급여의 질과 양을 증가시키는 것이다.

사회민주주의적 경향에 의해 부활된, 소극적 집합주의의 전통적인 또

---

122) Galbraith, *The Affluent Society*, p.265.
123) Owen, *Face the Future*, p.401.

하나의 관점은 복지국가의 중심적인 기능을 일차적으로 빈곤제거에 두는 관점이다. 오웬은 어떤 사회가 정의로운 사회인가 아닌가를 검증할 수 있는 방법은 불평등의 정도를 보는 것이 아니라 그 사회의 빈민들이 어떻게 살아가고 있는가를 보는 것이라고 주장하였다. 그러므로 정의로운 사회는 지극히 불평등할 수도 있는 것이다. 복지국가정책을 판단할 수 있는 기준도 그 정책이 가난한 사람들의 이익을 증진시키는가 아닌가를 검증하는 것으로 한정되는 것이다. 보편주의적인 정책은 대개 그러한 검증에 합격되지 못한다.124)

사회민주주의적 경향에 의해 나타난 새로운 관점은 공적인 복지에 대한 통제와 계획을 분권화하고 민주화시켜야 할 필요성과, 복지급여에 있어서 중앙정부의 역할을 감소시켜야 할 필요성을 강조하는 관점이다. 공동체로 하여금 보건 및 사회서비스에 대해 보다 많은 책임을 가지도록 격려하려면, 책임이 분산되어야 한다는 것이다. 오웬은 선출에 의해 성립되지 않은 중앙집중화된 권위는 지방의 문제를 제대로 직시할 수 없으며, 우선순위의 문제를 해결할 수 없다고 주장하고 있다.125)

소극적 집합주의자들은 복지급여에 있어서 국가 외의 다른 대안이 모두 실패하였으며 사회와 개인이 모두 국가개입에 대한 욕구를 가지고 있다는 것을 근거로, 국가개입이 바람직하고 필요하다는 것을 인정한다. 그들은 여전히 복지의 정부독점에 대해 우려를 가지고 있으며, 공적인 복지급여와 사적인 그리고 자발적인 복지급여가 함께 존재하는 복지의 혼합경제를 더 선호하고 있다. 그들은 또한 정부급여의 효과성과 비용에 대해서도 페이비안주의자들보다 더 비판적이다.126)

소극적 집합주의자들의 전체적인 목적은 자본주의의 비효율성과 불의를 제거함으로써 자본주의의 생존을 보장하려는 것이다. 그들은 자본주의가 가장 효율적인 경제조직형태라는 신념을 결코 버리지 않고 있지만, 그들

---

124) *Guardian*, 25 January 1984.

125) Owen, *Face the Future*, p.388, p.393.

126) Gilmour, *Britain Can Work*, p.152ff.

은 자본주의는 개혁되고 규제되지 않으면 그 미래가 어둡다고 생각하고 있다. 그들은 자본주의와 계획은 양립가능하다는 것과 자본주의를 도덕적으로 용인가능한 것이 되게 하기 위해서는 정부의 개입이 필요하다는 것, 그리고 그러한 정부의 개입은 실용주의적인 전제에 의한 것이라는 신념을 가지고 있는 것이다. 자본주의의 좋은 점—가장 분명한 장점은 부를 창조할 수 있는 능력이다—은 보존될 수 있으며, 그것의 나쁜 점은 제거될 수 있다는 것이다.

1970년대 초반까지 소극적 집합주의자들과 페이비안주의자들은 함께 자본주의를 개혁하고 자본주의를 구제하였던 것 같다. 혼합경제체제는 케인즈와 베버리지로 하여금 그 토대를 재검토하게 할 만큼 충격을 주었던 이전의 자본주의와는 매우 다른 체제인 것으로 보였다. 혼합경제는 확실히 더 성공적이었고 더 안정된 것으로 보였다. 그러나 10년 후인 1980년대에 이르러 소극적 집합주의자들과 페이비안주의자들은 극심한 비판에 직면하고 있고, 그들의 업적은 기억 뒤로 사라져 가며, 그들의 사상은 존경을 잃게 되었다—적어도 현재로서는.

제4장
페이비안 사회주의자

사회주의는 매우 다양한 모습을 띠고 있다. 예를 들면 크릭(B. Crick)과 같은 학자는 사회주의를 다섯 가지의 서로 다른 학파로 구분하였으며,[1] 또한 버키(R.N. Berki)와 같은 학자는 사회주의는 그 기본적인 명제에 있어서 네 가지의 다양한 분파로 구분된다고 하였다.[2] 이러한 다양성에도 불구하고 혹은 이러한 다양성 때문에 사회주의는 지구상의 거의 모든 지역에서 그 경제발전의 수준이 어떠하든지 간에 많은 나라의 많은 사람들에게 매우 매력적인 것으로 받아들여지고 있다. 이 장과 다음 장에서 우리는 사회주의에 대한 그리고 사회복지에 대한 가장 중요한 두 가지 접근―즉 페이비안주의(Fabianism)와 맑스주의(Marxism)―에 대해 살펴볼 것이다.

페이비안 사회주의는 소극적 집합주의와 맑스주의 사이의 다소 모호한 중간영역에 위치한다. 페이비안 사회주의와 다른 이데올로기를 구분할 수 있는 경계는 때로 분명치 않으며, 그 경계가 무너지는 경우도 흔히 있다. 페이비안 사회주의는 사회주의에 대한 일련의 정치적, 이론적 가정들을 가지고 있다. 페이비안 사회주의의 이 가정들이 어떤 사람들에게는 고도로 발전된 사회민주주의로 보일 수도 있고, 또 다른 어떤 사람들에게는 맑스주의적 사회주의로부터 단지 몇 발자국만 벗어난 것으로 보일 수도

---

1) B. Crick, "The Many Faces of Socialism," *New Socialist*, no.5, May-June 1982.
2) R.N. Berki, *Socialism*, Dent, 1975.

있다. 이처럼 사람에 따라 다르게 보이는 모습에도 불구하고 페이비안주의를 하나로 보이게 할 수 있는 연결고리가 두 가지 있는데, 그 두 가지는 첫째는 민주주의적 과정에 대한 전적인 옹호(total commitment)이고, 둘째는 사회복지서비스에 대한 분명한 지지이다.

사회적 가치

페이비안주의자들은 역사에 있어서 이념과 이상이 매우 중요하다고 보기 때문에, 그들은 자신들이 보기에 사회주의에 필수적인 것이라고 생각되는 사회적 가치에 대해서 그리고 이 가치들이 자본주의적 가치와 어떻게 다른지에 대해서 많은 주장을 하였다. 그들은 세 가지의 핵심적인 가치 즉 평등, 자유, 우애를 가장 강조하였으며, 이러한 세 가지 핵심적인 가치들로부터 파생된 두 가지 가치, 즉 평등과 자유로부터 파생된 것으로서 민주적 참여라는 가치와, 그리고 평등과 우애로부터 파생된 것으로서 인본주의라는 가치를 강조하였다. 이 다섯 가지가 페이비안주의자들이 주장하는 사회적 가치의 전부는 결코 아니며, 또 페이비안주의자들이 반드시 우리가 쓴 것과 같은 용어로 자신들의 사회적 가치를 말하는 것은 아니다. 또한 때로는 이들 가치 중 어느 하나가 보다 강조되기도 한다. 그렇지만 이 다섯 가지 가치가 영국 사회민주주의(페이비안주의)의 가장 기본적인 가치라고 할 수 있다.

평등(equality)을 강조하는 것은 페이비안주의의 모든 분파－사회민주주의적인 것이든, 도덕적인 것이든, 맑스주의에 보다 가까운 것이든－에서 공통적이다. 크로스랜드(Crosland)는 평등이라는 가치는 "거의 모든 사회주의적 교리에 있어서 가장 강력한 영감을 주는 윤리이며, 오늘날의 사회주의 사상에서도 가장 특징적인 것으로 존재하고 있다"고 말하였다.[3] 토니

---

3) C.A.R. Crosland, *The Future of Socialism*, Cape, 1956, p.113.

(Tawney)도 평등을 매우 근본적인 것으로 보았다. 토니는 평등이란 "기독교적 인간개념의… 필연적인 논리적 결과"라고 말하였다.4) 미취(Meacher)는 자본주의 사회에서의 총체적인 불평등은 일련의 '잘못된 생각들'로 인해 합리화되고 있다고 하면서, 이 잘못된 생각들은 사회주의 이데올로기의 필수적인 구성요소인 평등을 받아들이도록 하기 위해 그 본질이 반드시 밝혀져야 한다고 주장하고 있다.5)

평등을 옹호하는 페이비안주의자들의 주장은 네 가지의 상호관련된 근거들에 기초하고 있다. 그 네 가지 근거들이란 사회통합, 경제적 효율성, 자연적 정의, 그리고 개인의 자기실현을 말한다. 이 네 가지 근거는 실용주의적인 면과 윤리적인 면이 적당히 혼합되어 있는 주장에 의해 지지되며, 이 네 가지 근거는 토니와 피터 타운젠드(Peter Townsend)의 저작이 출판되기까지 거의 70년 동안 별로 변하지 않고 있었다.

토니와 티트머스, 크로스랜드, 그리고 여타의 페이비안주의자들은 불평등의 감소를 사회통합(social integration)과 사회조화(social harmony)의 필요조건—충분조건은 아닐지라도—으로 간주하였다. 보다 혼란한 시기에 활동하였던 토니는 사회통합의 문제에 깊은 관심을 가졌다. 토니는 1913년에 자신은 평등을 "인간으로 하여금 질서와 권위 그리고 정의에 복종하게 할 수 있는 한 가지 토대"라고 믿는다고 말한 바 있다.6) 불평등의 감소는 사회적 소속감을 증진시킬 것이며, 이 증진된 사회적 소속감은 사회질서의 급격한 붕괴를 막아준다는 것이다. 영국사회가 가장 질서정연하였던 2차대전 후의 기간 동안에 있어서도, 크로스랜드와 같은 페이비안주의자는 "정치와 경제에 있어서 그처럼 많은 성마르고 까다롭고 분노한, 그

---

4) R.H. Tawney, *The Attack and Other Papers*, Allen & Unwin, 1953, p.182.
5) M. Meacher, *Socialism With a Human Face*, Allen & Unwin, 1982, p.239.
6) J.M. Winter and D.M. Josiln, *R.H. Tawney's Commonplace Books*, Cambridge University Press, 1972, p.54.

리고 좌절한 시민들"이 아직도 계속 존재하고 있음을, "계급 간의 적대감
(class antagonism)으로 특징지어질 수 있는 사회적 불평등에 대한 분노
감(resentment)의 존재"에 의해 설명하려 하였다.7) 크로스랜드는 사회적
불평등에 대한 분노감을, 사회적 열망이 좌절된 새로운 경제집단을 통합
시키지 못하는 사회의 실패라는 측면에서 설명하였다. 그 분노는 단순히
개인적인 좌절의 문제가 아니라 노동자계급의 사람들이 집단적으로 느
끼는 분노이며, 그러한 분노는 "다른 지극히 중요한 가치들, 즉 민주주의
와 사회적·경제적 평화, 관용, 그리고 심지어는 개인적 자유까지도" 위협
할 수 있기 때문에 훨씬 심각한 것이다.8) 티트머스도 크로스랜드의 견
해에 동의하였다. 티트머스는 "역사는 우리들에게, 인간의 본성이라는 것
은 그리 강한 것이 아니어서 소득과 부의 불평등이 심각한 경우에는 스
스로의 힘으로 진정한 공동체를 유지할 수 없다는 것을 말해주고 있다"
고 말하였다.9)

불평등이 전반적인 경제적 비효율(economic inefficiency)을 초래한다는
주장은 다음의 두 가지 근거에 기초하고 있다. 첫째는 사적 시장(private
market)이라는 것은 욕구(need)보다는 요구(demand: 또는 수요)에 반응하
므로, 심각한 불평등은 생산을 위해 투입되어야 할 노력(생산적 노력:
productive effort)을 잘못 유도하게 된다는 것이다. 욕구와 요구는 때로는
같은 경우도 있지만, 또한 매우 다를 수도 있다. 따라서 자유시장체계에
서 존재하는 심각한 불평등 때문에, 생산적 노력이 모든 사람들을 위한
빵을 생산하는 데보다 일부 사람들을 위한 케이크를 생산하는 데로 잘못
이끌어질 수도 있고, 또 주택을 생산하는 데보다 요트나 롤스 로이스를
생산하는 데로 잘못 이끌어질 수도 있다는 것이다. 둘째는 총체적인 불평

7) Crosland, *The Future of Socialism*, p.196.
8) *Ibid.*, p.207.
9) R.M. Titmuss, "Social Welfare and The Art of Giving," in E.
Fromm(ed.), *Socialist Humanism*, Allen Lane, 1967., pp.358-9에서 재인
용.

등은 능력과 재능을 낭비하는 결과를 초래하기 때문에 비효율을 창출한다는 것이다. 크로스랜드는 이 두번째 근거의 한 측면을 다음과 같이 표현하고 있다.

> 신분사회에서 그러한 것처럼, 사회이동의 정도가 낮은 경우에 그리고 사람들이 하층이나 중층으로부터 상층으로 상승하는 것이 어려운 경우에, 지배집단은 세속적이며 영구적인 것이 될 것이다. 상속으로부터 혹은 가족배경으로부터 얻을 수 있는 유리함에 어떤 것이든지 압도된다면, 이는 필연적으로 재능의 낭비를 초래하게 될 것이다.10)

한 나라의 경제적 번영은 지배집단의 성격에만 의존하는 것이 아니라 경영과 노동의 질(質)에도 의존하는 것이다. 사회의 어떤 영역에서든 능력의 낭비가 있다면, 그것은 경제적 이유에서 지탄받아야 한다.

총체적인 불평등은 자연적 정의(natural justice)라는 이념과도 상충된다. 왜냐하면 교육기회가 능력에 따라 주어지지 않고 출생이나 부모의 소득에 따라 주어지는 경우에서처럼, 불평등은 인간의 천부적인 권리(자연권)를 부정하는 것이기 때문이다. 또한 불평등은 소수의 특정 집단에게 과다한 권력을 주며 그것도 공동선에 대한 그들의 기여에 따라서가 아니라 출생이나 상속에 따라서 과다한 권력을 주기 때문에 자연적 정의의 이념과 상충된다. 확실히 자연적 정의에 근거하여 불평등을 반대하는 이러한 주장의 기저에는 모든 인간은 사회에 의해 존중되어야 할 천부적인 권리를 가지고 있다는 가정이 깔려 있는 것이다.

평등을 옹호하는 마지막 근거는 자연권에 대한 주장이 약간 변형된 것이지만, 토니가 그의 저작에서 이것을 특별히 강조하였기 때문에 여기서는 따로 분리하여 다루었다. 토니는 개인이 자신의 잠재력을 충분히 실현할 수 있는 기회를 가질 수 있는 것은 보다 평등한 사회에서만 가능하다고 주장하였다. 그는 사회를 구성하는 개인들의 존엄과 세련됨을 위하여

---

10) Crosland, *The Future of Socialism*, p.215.

물질적 자원을 사용할 수 있는 사회만이 문명화된 사회라고 주장하였다. "부와 권력이 극단적으로 편재되고 그러한 상황을 존속시키고 심화시키는 제도가 완고하게 지속된다면 사회의 문명화라는 목적은 결코 달성될 수 없고 오히려 위협받을 뿐"이라는 것이다.[11] 따라서 불평등은 사람들의 기본적인 인간성을 잠식하는 존재이다.

페이비안주의자들은 경제적, 사회적으로 보다 많은 평등을 이루어야 한다는 주장의 근거에 관련해서는 상당한 합의를 하고 있지만, 평등의 의미에 관해서는 그들 간에도 많은 불일치와 혼란이 존재하고 있다. 토니와 같은 페이비안주의자는 부와 소득의 불평등을 감소시켜야 한다고 주장하긴 하지만, 불평등을 어느 정도까지 감소시켜야 하는지(혹은 어느 정도까지 평등을 이루어야 하는지)를 구체적으로 밝히지는 않고 있다. 또한 토니는 소득을 평등하게 하는 데 대해서는 반대하고 있는 것이 확실한데, 그가 소득의 평등화를 반대하는 것은 다음의 두 가지 이유에서이다. 첫째로, 토니는 "모든 사람에 대해서 합리적인 규정이 마련되어 있다고 가정할 때, 일상적이 아닌 매우 예외적인 특별한 책임을 수행한 경우에 대해 그 책임을 수행하는 데 들인 노력을 인정한다는 의미에서 그리고 그러한 특별한 책임을 수행하도록 유도한다는 의미에서 예외적인 보수로 보상을 해주는 것을 불공평하다고 생각하는 사람은 아무도 없을 것이다"라고 생각하기 때문이다.[12] 둘째로, 토니는 소득의 평등을 성취하고 또 그것을 유지하기 위해서는 정부의 상당한 규제가 필요한데 그 규제는 자유롭고 민주적인 사회에서는 도저히 받아들일 수 없을 정도로 과다할 것이라고 생각하기 때문이다.

크로스랜드의 접근도 소득의 불평등을 지나치게 강조하는 데에는 반대하며 어느 정도의 평등이 바람직한 것인가에 대해서는 침묵을 지키고 있다는 점에서 토니의 입장과 비슷하다. 하지만 다음의 두 가지 점에서 크

---

11) R.H. Tawney, *Equality*, Allen & Unwin, 1931, p.81.
12) *Ibid.*, p.113.

로스랜드는 토니와 차이를 보인다. 첫번째로, 크로스랜드는 '바람직한 평등의 수준에는 명확한 한계가 존재한다'고 생각하는데, 그 명확한 한계 내에서 평등주의적 조치가 근로동기에 미치는 영향에 대해 토니보다 더 많은 관심을 가지고 있다.13) 다음은 첫번째 생각의 결과일 수도 있는데, 크로스랜드는 소득의 불평등 그 자체에보다는 소득의 불평등이 어떻게 발생하는가에 더 관심이 많다. 크로스랜드가 보기에, 현재의 소득분배유형에서 근본적으로 부당한 것은 최고의 보수를 획득할 수 있는 기회가 평등하게 주어져 있지 않다는 데 있다. 그는 다음과 같이 말한다. 즉 '가장 본질적인 것은,'

> 모든 시민이 평등한 기회를 가져야 한다는 것이다. 평등한 기회는 모든 시민의 가장 기본적인 민주적 권리이다. 만일 출발점이 공평하지 못하다면, 개인의 자기 발전을 위한 최대한의 기회는 주어지지 않는 것이다. 최고의 지위 또는 최상의 계층에 오를 수 있는 기회가 진정으로 평등하게 주어져 있다면, 매우 견고한 위계 (예를 들면 소득이나 소비유형에 있어서의 위계 등)나 심지어 집단적 계층화(예를 들면 차별적인 교육제도 등)에 있어서도 부당한 것이라고는 전혀 없다고 볼 수 있다.14)

그의 주장의 치명적인 약점은 놀랍게도 크로스랜드가 불평등한 사회에서는 교육에서건 직업에서건 진정한 기회의 평등이라는 것이 실현될 수 없다는 점을 전혀 인식하지 못하고 있다는 사실이다. 이 사실은 부(富)에 대한 그의 입장과 관련하여 특히 중요한 것이다. 크로스랜드는 기존의 부의 분배는 "지독할 정도로 정의롭지 못하다"는 것을 인정하고 있기는 하지만,15) 부의 불평등을 원칙적으로는 반대하지 않는다. 부의 불평등을 받아들일 수 있느냐 없느냐 하는 것은 부의 불평등이 발생한 기원에 달려 있다는 것이다. 크로스랜드는 부의 불평등을 불공평하다고 볼 수 있는 근

---

13) Crosland, *The Future of Socialism*, p.295.

14) *Ibid.*, p.218.

15) *Ibid.*, p.295.

거로 다음의 세 가지를 제시하였다. 첫째로 부의 불평등이 근로로부터가 아니라 재산의 상속으로부터 발생한 것이라면 그것은 불공평하다. 둘째로 부의 불평등이 능력의 차이에서가 아니라 기회의 차이에서 발생하였다면 그것은 불공평하다. 셋째로 부의 불평등이 조세제도에 있어서 불공평한 특혜조치로부터 발생하였다면 그것은 부당하다.[16]

좌파적 입장에서 저술활동을 한 미취도 사회주의 사회에서나 있음직한 소득불평등의 수준을 선험적으로 결정하려는 것은 사회주의 사회가 현재의 영국보다 소득불평등이 완화될 것이라고 말하는 것과는 달리 실천적인 정치적 전략이 못된다고 생각하고 있다. 사회주의 사회에서도 어떤 형태의 그리고 어느 정도의 불평등은 용인되어야 할 것이다. 보다 중요한 것은 "개인의 기본적인 자유가 부당하게 침해되지 않는다는 전제 하에서 사회의 각 제도는 소득의 불평등을 감소시키기 위해 작용해야 한다는 점"이다.[17] 하지만 타운젠드나 알랜 워커(Alan Walker)는 용인될 수 있는 소득불평등의 수준을 구체화하는 데에 훨씬 더 적극적이다. 그들은 둘 다 최저임금과 최고임금을 결정할 것을 주장하고 있으며, 또한 타운젠드는 개인이 벌 수 있는 최고의 총수입은 평균적인 남자근로자의 임금보다 4배 이상이 되어서는 안 된다고 주장하고 있다.[18]

앞에서 말한 바와 같이, 페이비안 사회주의자들은 어떤 가치에 그들이 우선순위를 부여하는가 하는 점에서 차이를 보인다. 크로스랜드는 평등을 "거의 모든 사회주의적 교리 중 가장 강력한 영감을 주는 윤리"로 간주하고 있다.[19] 로이 젠킨스(Roy Jenkins)도 이 견해에 동의하고 있다.[20] 하

---

16) *Ibid.*, p.296.

17) Meacher, *Socialism With a Human Face*, p.106.

18) A. Walker, "Why We Need a Social Strategy," *Marxism Today*, September 1982; P. Townsend, "Poverty in the '80s," *New Socialist*, no.1, September-October 1981.

19) Crosland, *The Future of Socialism*, p.113.

20) R.H.S. Crossman(ed.), *New Fabian Essays*, Turnstile Press, 1952., R. Jenkins, "Equality," p.69에서 재인용.

지만 이들보다 좀더 후에, 프랭크 필드(Frank Field)는 자유야말로 사회주의자들의 가장 중심적인 가치이며, 평등은 이 자유라는 목적을 실현하는 수단-매우 중요한 수단이긴 하지만-에 불과하다고 주장하였다.[21]

자유(freedom)에 대한 페이비안주의자들의 견해가 반집합주의자들과 차이가 나는 것은 특히 다음의 세 가지 점에서이다.

첫째 자유에 대한 신뢰는 필연적으로 평등에 대한 관심으로 이어지게 된다. 자유는 불평등의 감소를 필요로 하는데, 왜냐하면 만일 사회에 자원이나 경제력에 있어서 커다란 불평등이 존재한다면 일부 사람들은 다른 사람들에게 속박될 수 있기 때문이다. 자유란 근본적으로 사람들이 자신의 삶을 스스로 통제할 수 있는 상태를 의미하고, 이는 곧 경제적 평등을 의미하는 것이라고 토니는 말하고 있다.[22]

둘째 자유라는 개념은 그것이 정치적 영역에 관련된 만큼이나 근로상황에도 관련된 것이다. 크로스랜드는 경제적 자유란 다음의 것들, 즉 근로자들이 그들의 작업조건과 관련하여 발언권을 가질 수 있고, 근로자들이 작업조건과 관련하여 일정한 권리를 가진 존재로 인정되며, 고용주들은 근로자들에 대한 규제나 해고와 관련하여 자의적인 힘을 행사할 수 없도록 되어야 한다는 것을 의미한다고 주장한다.[23] 일부 페이비안주의자들은 이보다 한걸음 더 나아가 산업에 대한 근로자들의 참여뿐만 아니라 산업에 대한 근로자들의 통제까지도 옹호하고 있다. 이에 대해서는 이 장의 뒷부분에서 살펴보기로 하자.

셋째 자유는 정부의 비(非)활동(inaction)의 산물이라기보다는 정부의 활동(action)의 산물이다. 이는 왜냐하면, 자유는 소극적인 자유(freedom from)뿐만 아니라 적극적인 자유(freedom for)까지도 포함하는 것으로 규정되기 때문이다. 불평등을 감소시키고 빈곤을 제거할 조치를 논하는 과정

---

21) F. Field, *Inequality in Britain*, Fontana, 1981, p.14.
22) J.M. Winter and D.M. Joslin, *R.H. Tawney's Commonplace Book*, p.22.
23) C.A.R. Crosland, *Socialism Now*, Cape, 1974, p.50.

에서, 필드는 "자생적 사회주의(homemade socialism)는 소수가 아닌 다수의 자유를 확장하는 것과 필연적으로 관련된다"라고 쓰고 있다.[24] 필드를 비롯한 모든 페이비안주의자들은 1949년에 토니가 내린 다음과 같은 평가, 즉 "지난 두 세대 동안 보통사람들의 자유는 많이 신장되어왔다. 이는 정부의 활동에도 불구하고 그렇게 된 것이 아니라 정부의 활동 때문에 그렇게 된 것이다. … 자유의 어머니는 사실상 법률이었던 것이다"라는 평가[25]에 동의할 것이다.

페이비안 사회주의자들은 사회적 가치체계에 비록 평등과 자유가 포함되긴 하지만 "우애라는 개념을 사회주의의 윤리적 메시지의 중심부에 두는 것도 극히 자연스러운 것이다"라는 비어(Beer)의 결론[26]에 상당 정도로 동의하고 있다. 사회주의자들이 말하는 우애(fellowship) 또는 형제애(fraternity)란 경쟁보다는 협동, 권리보다는 의무에 대한 강조, 개인의 소망보다는 공동체의 이익, 이기적인 것보다는 이타주의적인 것을 의미하는 것이다. 모든 페이비안 분파들에서 우애는 매우 중심적인 가치로 등장하고 있다.

토니가 '탐욕스런 사회(the acquisitive society)'를 비판하는 근거는 다음과 같은 것이다. 즉 탐욕스런 사회는 사람들로 하여금 그들에게 부여된 힘과 재능을 동료인간들의 이익을 위해서라기보다는 자기 자신의 이익을 위해서만 사용하도록 유도하고 부추긴다는 것이다. 사람들이 자신의 이익만을 위해서 힘과 재능을 사용케 되는 것은 개인적 경향성의 문제만이 아니라 자본주의 체제 자체의 문제인 것이다. 자본주의 체제는 사람들을 "인간적 인격체나 목적으로서가 아니라 수단으로" 간주하여 그러한 이기적인 태도와 행동을 창출하고 강화시킨다는 것이다.[27] 새로운 사회질서, 즉 사회주의 사회에서는 시민들 간의 권리관계가 새로운 체계로 형성될

---

24) Field, *Inequality in Britain*, p.227.
25) R.H. Tawney, *The Radical Tradition*, Penguin, 1964, p.169.
26) S.H. Beer, *Modern English Politics*, Faber, 1969, p.128.
27) Winter and Joslin, *op. cit.*, pp.12-13.

수 있는 제도적 틀이 제공될 것이다. 이러한 사회에서 사람들은 그들 자신을 권리의 소유자로서뿐만 아니라 사회적 기능을 수행하는 존재로 그리고 사회적 목적의 달성을 위한 수단을 위임받은 존재로 간주하게 될 것이다.[28] 사람들은 사회의 모든 사람들의 이익을 위해 그들이 수행해야 하는 의무에 비추어 그들의 권리를 바라보게 될 것이다.

티트머스는 다른 사람에게 무언가를 베푼다는 것(giving to strangers)과 이타주의(altruism)는 진정한 사회서비스와 사회주의 사회에 있어서 가장 본질적인 것이라고 강조하였다. 토니가 제도적인 조정을 강조하였다면, 티트머스는 개인의 자발성, 즉 보편적인 사회서비스를 지지함으로써 다른 사람에게 기꺼이 이타적으로 행동하려는 개인의 자발성을 강조하였다. 개인의 자발성은 매우 중요한데 왜냐하면 개인의 그러한 자발성이 없을 경우 사회는 이기심과 갈등으로 가득 차게 될 것이기 때문이다. 티트머스는 "상호성을 표현하는 데 있어서는 영원한 것이 있을 수 없다. 만일 공동체적인 베풂의 끈이 끊어진다면, 가치부재상태가 야기될 것이다. 이 가치부재라는 진공상태는 적대감과 사회갈등으로 채워질 가능성이 농후하다"라고 쓰고 있다.[29]

티트머스보다 후에 미취는 우애-하지만 그는 우애라는 단어를 사용하지는 않았다-를 사회적 가치의 위계에서 가장 상위에 속하는 것으로 놓았다. 미취는 주장하기를, 자본주의 사회는 엘리트주의와 물질주의 그리고 경쟁이라는 가치에 근거하여 움직이지만 사회주의 사회는 나눔과 이타주의와 협동의 가치에 의존하여야 한다고 주장하였다.[30] 하지만 그는 자본주의적 정신을 사회주의적 정신으로 전환시키는 데 관련된 어려움이 엄청나다는 것을 인식하였다. 이에 대해 그는 그러한 전환을 가져올 수 있는 교육과 기타 조치들을 실시할 것을 주장하였다.

앞에서 말한 바와 같이, 페이비안주의자들은 정치적 자유가 실질적인

28) R.H. Tawney, *The Acquisitive Society*, Bell & Sons, 1921, p.48.
29) R.M. Titmuss, *Commitment to Welfare*, Allen & Unwin, 1968, p.199.
30) Meacher, *Socialism With a Human Face*, p.232.

의미를 가지기 위해서는 그것이 경제적 자유에 의해 보완되어야 한다고 주장한다. 페이비안주의자들이 민주주의적 참여를 중시하는 것은 정치적 민주주의는 진정한 민주주의 사회의 한 가지 요소에 불과하다는 그들의 신념을 확장시킨 것이다. 따라서 삶의 모든 측면에서-정치뿐 아니라 작업장에서까지도-의 민주적 참여는 더빈(Durbin)의 말대로, "사회주의의 본질적인 일부분"이 되는 것은 당연한 것이다.31) 이 장의 뒷부분에서 우리는 민주적 참여라는 개념이 사회서비스에 어떻게 적용되는지를 살펴볼 것이다.

마지막으로, 페이비안 사회주의자들은 인본주의(humanitarianism)적 가치를 강조하였다. 인본주의적 가치란 사람들은 최소한의 생활수준을 누릴 수 있어야 하고 사회의 곤궁은 제거되어야 한다는 데 대해 깊은 관심을 갖는다는 것을 의미한다. 따라서 페이비안주의자들은 전통적인 사회복지의 목적과 그리고 그러한 목적을 위해 국가의 부를 많이 투입하는 것에 대해 특별히 높은 중요성을 부여한다. 크로스랜드는 이를 독단적인 것이 결코 아닌 실용적인 것이라고 간주하고, 그것을 "초기의 노동당으로부터 물려받은 가장 강력한 영감"이라고 생각한다.32) 크로스랜드는 복지국가를 창조하기 위한 노동운동의 노력을 뒷받침한 중요한 추진력은 평등주의가 아니라 바로 인본주의였다고 강조하고 있다. 티트머스는 인본주의는 박탈당한 소수의 복지에 우선순위를 부여함을 의미한다고 강조하여 인본주의에 또 하나의 차원을 덧붙였다. 따라서 인본주의는 정상적으로 교육받은 사람에게보다는 교육을 박탈당한 사람에게 더 많은 경비를 지출해야 하고, 잘 사는 사람들의 집을 짓는 것보다 가난한 사람들을 위해 집을 지어주는 것을 더 시급히 하도록 압력을 가해야 하고, 일상적인 질병을 가진 사람에게보다는 만성적인 질병을 가진 사람에게 더 많은 의료서비스를 투여하

---

31) E.F.M. Durbin, *The Politics of Democratic Socialism*, The Labour Book Service, 1940, p.235.

32) Crosland, *The Future of Socialism*, pp.94-5.

도록 해야 하는 것 등을 의미하는 것이다.[33]

사회와 국가

이따금씩 나타나는 예외를 제외하면, 페이비안 사회주의자들은 사회를 서로 간의 이해관계가 갈등을 일으키는 계급과 집단들로 구성된 것이라고 간주한다. 페이비안주의자들은 맑스주의자들처럼 계급갈등이 가장 근본적인 것이고 다른 형태의 갈등은 계급갈등으로부터 파생된 부차적인 것이라고는 생각지 않는다는 점에서 맑스주의자들과 다르다. 페이비안주의자들은 어떤 상황에서 가장 근본적인 갈등이 무엇인가 하는 것은 그 상황을 구체적으로 분석할 경우에만 알 수 있는 것이라고 주장한다. 그렇지만 계급갈등과 자본가계급의 힘, 그리고 국가의 본질에 대해 어떤 중요성을 부여하는가 하는 점에서는 페이비안주의자들 내에서도 상당한 차이가 있다. 여기서 우리는 토니와 크로스랜드, 그리고 미쳐의 견해만 살펴볼 것인데, 이들 세 사람은 페이비안주의의 각기 다른 입장, 즉 도덕적 사회주의의 입장, 사회민주주의적 입장, 그리고 맑스주의에 보다 가까운 사회주의의 입장을 각각 대표하는 사람들이기 때문이다. 페이비안주의자들 중 어떤 사람을 논의대상에 포함시킬 것인가 하는 것은 또한 페이비안 사회주의자들의 비이론적(非理論的) 경향에 대한 고려에 의해서도 영향을 받았다. 티트머스의 비이론적 경향에 대한 킨케이드(Kincaid)의 언급, 즉 "독자들은 티트머스로부터 전체적으로 일관성이 있는 이론적 또는 정치적 입장을 기대할 수 없다"는 언급[34]은 우리들의 논의대상을 선택함에 있어서 다른 많은 페이비안주의자들에게도 적용될 수 있는 것이었다.

토니는 생산 및 분배수단의 사적소유는 사회구조에 대해서 두 가지의 필연적인 영향을 미치게 된다고 주장하였다. 첫째로 그것은 "산업에 의존하는

---

33) Titmuss, *Commitment to Welfare*, p.114.

34) J. Kincaid, "Titmuss, The Committed Analyst," *New Society*, 24 February 1983.

연금생활자계급을 창출"하게 된다. "이 계급에 속하는 사람들은 산업생산물에 대하여 그 사용료를 부과하지만 생산물의 증가에는 아무 기여도 하지 않는 사람들이다. 또한 그들은 사회로부터 인정받을 뿐만 아니라 찬양받고 존경받으며 성실한 조치들에 의해 보호받기까지 하고 있는 사람들이다. 마치 사회의 번영의 열쇠가 그들에게 있는 것처럼 말이다." 둘째로 사적 소유는 노동하는 사람들 그러나 그 노동으로 인해서 많은 보수를 받을 수 없는 인류의 절대다수를 차지하는 사람들의 퇴락을 결과하게 된다.[35] 이처럼 사회가 두 계급으로 분리하게 되면서 필연적으로 계급갈등-비록 그 갈등의 형태는 상당히 다양하지만-이 발생하게 된다. 토니는 계급갈등을 논의하면서 두 가지 중요한 특징을 밝히고 있다. 첫째로 계급갈등은 그것이 항상 밖으로 드러나 있는 것은 아니지만, 표면 아래에서 활동하면서 영원히 존재할 것이다.[36] 둘째로 계급갈등은 자연스러운 것이고, 또한 계급갈등은 이해관계의 본질을 잘못 파악함으로써 발생하는 것이 아니라 이해관계의 다양성을 보다 잘 이해함으로써 발생하는 것이다.[37] 계급갈등이 존재하는 사회에서는 정부가 '국가적 이익(natinal interest)' 따위를 이야기한다든가 노동자들에게 국가의 이익을 위해 희생할 것을 요구한다든가 하는 것은 아무 소용없는 일이다. 토니는 다음의 서술이 우리가 보는 사실이라고 주장한다.

> 하나의 사회란 존재하지 않는다. 마치 바다에 노인과 신바드가 함께 있는 것처럼 불편한 상태로 공존하고 있는, 그리고 그 영혼에서나 이상에서나 경제적 이해관계에서나 서로 별개의 세계를 가진 두 가지 사회가 존재하는 것이다. 그들의 직업이 무엇이든 노동에 의해 살아가는 사람들의 사회가 있고, 그 노동하는 사람들에 의존하여 살아가는 사람들의 사회가 있는 것이다.[38]

토니는 지배집단들이 서로 연결되어 있고 자본가계급이 강력한 위치를

---

35) Tawney, *The Acquisitive Society*, p.36.
36) Tawney, *Equality*, p.27.
37) Tawney, *The Acquisitive Society*, p.40.
38) *Ibid.*, p.135.

차지하고 있다는 사실을 인정하긴 했지만,[39] 국가는 자본가계급의 일을 처리하기 위한 행정위원회에 불과하다는 맑스주의적 국가개념에는 반대하였다. 토니는 "국가는 중요한 수단이다. 그래서 국가를 장악하기 위한 투쟁이 일어나는 것이다. 그러나 국가는 수단일 뿐이다. 그 이상은 아니다. 어리석은 자들도 가능하다면 수단을 사용하겠지만, 어리석은 목적에 그 수단을 사용할 것이다. 범죄자는 범죄목적을 위해 수단을 사용할 것이다. 지각있고 품위 있는 사람들은 지각 있고 품위 있는 목적을 위해 수단을 사용할 것이다"라고 쓰고 있다.[40] 여기서 국가의 본질에 대한 토니의 견해는 맑스주의자들과 현격한 차이를 보인다. 맑스주의자들의 국가관에 대해서는 제5장에서 다룰 것이다. 하지만 이러한 견해 차이는 부분적으로는 국가에 대한 개념규정이 다르기 때문이다. 토니는 국가를 행정부, 공무, 사법 등과 거의 같은 의미로 사용하고 있는데 비해, 맑스주의자들은 국가를 이보다 훨씬 더 포괄적인 개념으로 파악한다. 국가에 대한 견해가 포괄적일수록, 즉 국가를 포괄적인 것으로 간주할수록, 정부(government)가 국가(the state)를 통제하기는 더 어려워질 것이다.

국가를 보다 좁은 의미로 파악하는 토니의 입장에서는, 노동당 정부가 사회의 근본적인 변화를 위해 국가기구를 사용할 수 있다는 것은 당연한 것이다. 자본가계급은 필연적으로 그러한 변화를 저지하려고 하겠지만 단호한 정부라면 자신의 목적을 안전하게 지킬 수 있을 것이다. 정부가 자신의 목적을 관철하는 것이 쉽거나 온건한 과정은 결코 아니겠지만, 급진적인 프로그램을 뒷받침할 수 있는 여론이 있다면 정부는 자신의 의지를 자본가계급에게 강제할 수 있을 것이다.

토니는 민주주의에 대해 깊은 종교적 믿음과 강한 애착을 가지고 있었기 때문에, 정치적인 목적은 그것이 아무리 바람직한 목적이라 할지라도 그것을 성취하기 위해 폭력을 사용하는 것에는 반대하였다. 토니는 영국

---

39) Tawney, *Equality*, pp.74-7.
40) Tawney, *The Radical Tradition*, p.173.

대중들은 폭력의 사용을 지지하지 않을 것이라고 굳게 믿었을 뿐만 아니라 폭력의 사용은 사회주의를 오염시킬 것이라고—목적과 수단은 분리될 수 없으므로— 확고히 생각하였다. 정부가 폭력을 사용하는 것이 정당화될 수 있는 유일한 경우는, 정부를 전복시키려는 시도를 진압할 경우뿐이다. 그 외의 다른 모든 상황에서는 민주적인 수단이 사회주의를 달성하기 위해 사용할 수 있는 유일한 방법이다. 그리고 사회주의가 도래하면, 민주주의는 자본주의에서보다 더 건전하게 번영할 것이다. 테릴(Terrill)은 다음과 같이 쓰면서, 토니에게 있어서 가장 중요했던 것은 민주주의적인 길을 통해 사회주의로 이르러야 한다는 것이었다는 점을 간명하게 표현하고 있다. 즉 테릴에 의하면, 토니는 "민주주의 이외의 다른 어떤 길도 사회주의로 이르지 못한다"고 생각했을 뿐 아니라 이른바 사회주의로 가는 길이라는 것도 사실은 사회주의라는 목적지에 이르는 여러 길들 중 일부라고 생각하였다는 것이다.41)

1950년대의 자본주의 체제를 분석한 크로스랜드의 분석은 1920년대의 자본주의를 분석한 토니의 분석과는 매우 다르다. 자본주의는 붕괴해 가고 있다고 생각한 토니와 달리, 크로스랜드는 자본주의는 안정된 경제적, 정치적 체제로 변형되어왔다고 생각하고, 그러한 자본주의에 국가주의(statism)라는 새로운 이름까지 붙였다. 크로스랜드는 "1951년까지 영국은 그 모든 본질적인 면에 있어서 자본주의적 국가이기를 멈추게 되었다"고 썼으며, 또한 "국가주의는 중요한 사회적 혁명을 의미하는 것이다. … 국가주의의 도래와 함께 자본주의의 가장 전형적인 특징들은 모두 사라지게 되었다"고 썼다.42)

그렇긴 하지만 영국사회에서 계급은 여전히 존재하고 있었고, 크로스랜드는 계급적 이해관계의 다양성과 계급 간의 갈등—그 갈등이 현실적인 것이든 잠재적인 것이든—을 필연적인 것으로 인정하였다. 그러나 크로스랜

---

41) R. Terill, *R.H. Tawney and His Times*, Deutsch, 1973, p.152.
42) C.A.R. Crosland, "The Transition from Capitalism," in R.H.S. Crossman(ed.), *New Fabian Essays*, Turnstile Press, 1952, p.42, p.46.

드가 그린 계급갈등의 모습은 토니가 그린 계급갈등의 모습보다 덜 명확하다. 크로스랜드는 "정치와 산업에서 보이는 당황스러울 정도로 많은 사회적 적대감과 계급 간의 반감"이라는 정도로 계급갈등을 묘사하고 있다.[43) 그러나 그도 1970년대에 들어와서는 계급갈등의 영역과 강도가 자신이 최초에 생각했던 것보다 훨씬 더 넓고 깊다는 것을 기꺼이 인정하게 되었다. 1974년에 크로스랜드는 "산업에 있어서의 계급관계는 때때로 공공연한 전쟁상태로까지 나아갈 만큼 큰 상호불신감에 의해 특징지어진다"고 썼다.[44)

영국사회의 계급구조에 대한 크로스랜드의 분석은 그에게 맑스주의적 국가관을 자연스럽게 거부하게 만들었다. 크로스랜드는 자본가계급은 이제 더 이상 1930년대에 하였던 것처럼 정부에게 정책을 강요할 수 없고, 1950년대의 상황은 오히려 1930년대와는 반대가 되었다고 하였다. 영국의 정치에서 힘의 균형이 이처럼 변화한 데에는 세 가지 이유가 있다고 그는 주장하였다. 첫째로 1945년으로부터 1951년에 이르기까지 노동당 정부가 실시한 국유화를 비롯한 제반 조치들은 사적 부문으로부터 정부 쪽으로 보다 많은 경제권이 이동하도록 하였다. 둘째로 완전고용이라는 상황에 기인하여 노동조합의 힘이 크게 성장하였다. 셋째로 소유주로부터 경영자로 권력을 이동시킨 이른바 경영혁명(managerial revolution)의 결과로 자본가계급들 사이에 태도의 변화가 발생하였다. 사적 산업은 보다 문명화되고 인간화되어왔던 것이다.[45) 크로스랜드는 이러한 정치적 힘의 변화를 영구적인 것이며 불가역적(不可逆的: irreversible)인 것이라고 간주하였다. 크로스랜드는 노동당 정부가 1960년대에 사적 기업의 반대에 부딪혀 일부 정책을 전환 또는 포기하였던 사실이 있었음에도 불구하고, 정부가 소극적인 자본가계급에 대해 정부의 정책을 강제할 수 있을 것이라는 믿음을 결코 버리지 않았다. 크로스랜드는 1960년대에 있었던 노동당 정부의 정책 전환과 포기는 노동당 정부에 반대하는 세력의 힘이 강해서라기보다는 노동당

---

43) Crosland, *The Future of Socialism*, p.116.
44) Crosland, *Socialism Now*, p.24.
45) Crosland, *The Future of Socialism*, p.7.

정부의 의지가 박약했던 점에서 기인한 것이었다고 주장하였다.[46] 그는 의회를 통해 사회주의로 향해가는 것은 토니가 생각했던 것보다 훨씬 더 적은 방해를 받을 수 있는, 보다 현실적인 방법이라는 생각을 계속 고수하였다. 토니와 마찬가지로, 크로스랜드도 민주주의와 사회주의는 양립가능한 것일 뿐 아니라 분리될 수 없는 것이며 서로가 서로를 풍부하게 하는 것이라고 간주하였음은 물론이다.

토니와 크로스랜드의 사상이 서로 차이가 나는 것은 부분적으로는 두 사람이 살고 활동하였던 시대가 달랐다는 사실에서 기인하는 것이다. 토니가 활동하였던 시대는 대량실업과 저임금, 그리고 대중적 빈곤의 시대였으며, 크로스랜드가 활동하였던 시대는 1950년대와 1960년대의 완전고용의 시대였다. 하지만 1970년대에 들어와 사회주의의 미래에 관한 크로스랜드의 저작에서 낙관주의적인 색채가 그 전에 비해 많이 감소하였다는 것은 주목할 만한 것이다. 1970년대 말에 이르면서, 영구적인 완전고용, 강력한 노동조합주의, 빈곤의 제거 등과 같은 크로스랜드의 많은 주장들은 비록 완전히 틀린 것은 아니었지만, 반쪽만의 진리였음이 드러나게 되었다.

크로스랜드는 전후 기간 동안 자본가계급의 힘은 계속 약화되어 갔다고 주장하지만, 미쉬는 그와 달리 자본가계급의 힘은 계속 강화되어왔다고 주장하고 있다. 거의 독점에 가까운 기업들의 성장과 다국적 기업들의 성장은 경제력이 보다 집중되어왔고 따라서 자본가계급이 정부를 다룸에 있어 보다 큰 영향력을 발휘할 수 있게 되었음을 의미한다는 것이다. 이러한 사실은 곧 정부가 강력하고 거대한 기업의 이해관계를 고려할 수밖에 없다는 것을 말하는 것이라고 미쉬는 주장한다. 거대한 국가적 산업의 붕괴는 고용과 임금, 조세수입 등에 커다란 영향을 미치게 된다. 이러한 식으로 하여, "'국가적 이익'은 자동적으로… 지배적인 기업의 건강성 및 번영과 일치하게 된다."[47] 금융산업부문의 자본가계급도 정부정책에 대해

---

46) Crosland, *Socialism Now*, p.44.

다른 산업부문과 같은 영향을 미칠 수 있는 힘을 가지게 될 정도로 성장
한다. 예를 들면 런던 금융계(the City of London)는 정부로 하여금 그간
계속 등장하여왔던 경제위기에 대해 "초기에는 점진적으로 그러나 후에는
강력하고 노골적으로, 런던 금융계가 가장 필요로 하는 일이 우선적이 되
도록" 대처하게끔 점차 강도를 높혀가며 지속적인 압력을 행사하여왔
다.48) 고위 국가관료들의 구성과 그들 간의 내적 움직임도, 또한 기존의
사회경제체계를 유지하는 데 기여한다. 국가의 고위관료들은 각료들과 정
부의 정책에 상당한 영향력을 발휘한다. "이들의 힘은 대개 음모적이거나
반개혁적인 것은 아니지만, 비록 그 힘의 사용이 개선된다 하더라도 이데
올로기적으로는 기존의 사회경제체계를 유지하는 쪽으로 기울게 마련인
것"이다.49)

　독점기업가, 금융기업가, 그리고 고위 관료라는 영국권력구조의 이 세
가지 축들은 서로 분리된 사회집단이 아니라고 미춰는 말한다. 그들은 가
족배경과 교육으로 서로 결합되어 있으며, 서로 소속감으로 연결되어 있
고, 공통적인 경제적 이해관계를 가지고 있는 것이다. 따라서 그들은 세
개의 각기 분리된 지배집단이 아니라 거대한 경제적, 정치적 힘을 가진
하나의 지배계급인 것이다. 이러한 상황에서, 국가는 경쟁적인 이해관계들
을 중재하는 공평한 중재자가 될 수가 없다. 국가는 "일차적이고 필연적
으로, 그것을 지배하고 있는 경제적 이해관계의 수호자와 보호자가 될 수
밖에 없다. 국가의 실제적인 기능은 지배적인 경제적 이해관계를 전복시
키는 것이 아니라 그것의 계속적인 지배를 보장하는 것"이다.50) 미춰의
입장은 어떤 면―즉 자본가계급은 거대한 경제적, 정치적 힘을 갖고서 존
재하고 있다고 보는 것―에서는 토니의 입장과 유사하지만, 또 다른 면―
즉 미춰는 자본가계급은 힘이 너무나 강하여 정부가 내키든 내키지 않든

---

47) Meacher, *Socialism With a Human Face*, p.19.
48) *Ibid.*, p.29.
49) *Ibid.*, p.21.
50) *Ibid.*, p.32.

자본가계급을 보호하는 역할을 하게 된다고 보는 것−에서는 토니와 차이가 있다. 국가에 대한 미쳐의 이러한 견해는 다음 장(章)에서 논의하게 될 맑스주의자들의 '상대적 자율성(relative autonomy)'명제와 유사하다. 그렇지만 미쳐는 사회주의로의 길은 그 모든 문제점과 어려움에도 불구하고 평화롭고 민주적인 것이어야 한다고 생각하고 있다. 간단히 말하면, 민주주의를 사회주의로 가는 유일한 길로 간주하고 민주주의를 사회주의의 핵심으로 간주하는 신념은 어떠한 정치적 색채를 가진 페이비안주의자들이라도 그들의 사상 깊은 곳에서 공유되고 있는 것이다.

자본주의에 대한 상이한 분석에도 불구하고, 페이비안 사회주의자들은 자유시장체계를 비판하는 데 있어서는 상당히 높은 정도의 의견일치를 나타내고 있다. 자유시장체계에 대한 페이비안주의자들의 비판은 다섯 가지로 요약할 수 있다. 첫번째는 자유시장체계는 비윤리적이라는 비판이다. 이 첫번째 비판은 '탐욕스런 사회(acquisitive society)'에 대한 토니의 공격에서 핵심을 이루고 있다.

> 시장체계에서, 공공제도와 정책 그리고 정치사상에 색깔과 특징을 부여하는 동기는 대중에게 봉사하기 위한 과업의 성취를 보장하려는 것이 아니라 자신에게 이롭다고 생각되는 대상을 획득하기 위한 개인의 기회를 증가시키려는 것이다.51)

자유시장체계는 집합적 목적에 대한 고려를 배제시키는데, 왜냐하면 자유시장체계에서 받아들여질 수 있는 유일한 집합적 목적은 개인들은 자신의 이익을 추구하는 데 있어서 자유로워야 한다는 것밖에 없기 때문이다. 이러한 것의 결과는 최선의 경우로는 불평등한 공적 서비스이며, 최악의 경우로는 악과 불결−악과 불결은 실제로는 피할 수 있는 것들이다−이다.

두번째 비판은 시장체계는 근본적으로 정의롭지 못하다(unjust)는 것이다. 시장체계는 어떤 명확한 원칙에 근거하여 대가를 분배하지 않는데, 이

---

51) Tawney, *The Acquisitive Society*, pp.31-2.

것은 동료시민들로부터 빼앗은 것을 처분할 수 있는 도덕적이고 합법적인 권리가 각 개인에게 부여되어 있는 사회에서는 불가피한 현상이라는 것이다.[52] 따라서 그러한 사회에서 거대한 불의(injustice)가 항상 존재하고 또 그것이 일반적으로 받아들여지는 것은 당연한 것이다. 세번째 비판은 시장체계는 비민주적이라는 것이다. 시장체계에서는 많은 사람들에게 중요한 영향을 미치는 결정들이 대중들은 접근조차 할 수 없는 권력의 심장부에서 은밀히 이루어지거나 아니면, 그러한 결정들이 시장의 변덕스러운 힘에 송두리째 맡겨져 버리는 것이다. 티트머스는 전자의 측면에 근거하여 사적 보험회사를 비판하였는데, 그것은

> 왜냐하면, 사적인 보험회사는 우리 사회에 있어서 경제력의 주요한 이동을 대표하는 것이기 때문이다. 그들의 경제력은 우리들의 경제생활과 사회적 가치의 많은 중요한 측면들에게 영향을 미치고 있다. … 그 경제력은 거대한 관료제의 정점에서 활동하고, 전문가집단에 의해 기술적으로 지원받으며, 그리고 실질적으로 거의 아무에게도 책임지지 않아도 되는 소수의 손에 집중된 권력인 것이다.[53]

네번째 비판은 시장체계는 정부에 의해 규제되지 않는 한, 비효율적이라는 것이다. 사적 기업은 그대로 내버려 두면 생태계를 파괴할 것이고, 많은 지방과 도시지역을 사회적으로 황폐화시키고, 주기적인 경기침체를 불러오며, 거의 아무 데도 쓸모없는 생산물은 과다하게 생산하고 사회적으로 반드시 필요한 재화와 서비스는 불충분하게 생산하거나 공급하게 될 것이다. 이 모든 것들은 경제발전에 대해서뿐만 아니라 삶의 질(quality of life)에 대해서도 해로운 영향을 미치게 된다. 자유시장체계에 대한, 다섯번째 비판은 자유시장체계로부터 도출되는 생산물의 분배유형은 티트머스가 말한 바와 같이 "아동기, 과부, 질병 그리고 노령 등의 의존상태로부터 발생하고 현재 사회적으로 요구되는 분배유형과 전혀 조화롭지 못하다"는 것이다.[54]

---

52) *Ibid.*, p.38.
53) R.M. Titmuss, *Essays on the Welfare State*, Allen & Unwin, 1958, p.31.

정부의 역할

자본주의 사회에 대한 페이비안주의자들의 비판과 그들이 가진 사회적 가치를 생각할 때, 그들은 자신들의 이상적인 사회가 어떻게 실현될 수 있다고 생각할 것인가? 그들은 자신들의 이상적인 사회는 정부의 합목적적인 행위를 통해서 가능하다고 생각한다. 정부가 해야할 일은 사적 시장 체계의 불의를 수정하는 일이다. 페이비안주의자들은 그들이 복지와 평등에 대해 가진 관심으로 인해 집합적 책임에 관하여 독특한 견해를 견지하게 되었다. 크로스랜드의 말처럼 이는 "사회주의자와 보수주의자를 구별짓는 첫번째의 중요한 점인 것"이다.55) 사회서비스에 관련된 것은 다음 절에서 논하기로 하고, 여기서는 경제정책에 대해 살펴보기로 한다. 페이비안주의자들은 정부의 계획(government planning)은 반집합주의자들이 주장하는 것과 달리, 개인의 자유를 위협하지 않으면서 자본주의를 사회주의로 변형시킬 수 있다고 믿는다. 계획은 예종으로의 길이라는 생각에 반대하면서, 페이비안주의자들은 "전제주의를 위한 계획이 가능하듯이 자유를 위한 계획도 가능하다"고 생각한다.56) 맑스주의자들과 마찬가지로, 페이비안주의자들도 자유를 보존하기 위해서는 최소한의 정부개입만 필요하다는 생각을 거부한다. 페이비안주의자들은 권력의 시장집중을 수정하고, 권력을 보다 많은 대중들에게로 확산시키기 위해서는 정부의 행위가 필요하다고 생각한다. 토니는 다음과 같이 말하고 있다. 즉 만일,

비록 가상적이긴 하지만, 자유라는 것이 스스로 결정할 수 있는 진정한 힘—부분적인 힘이긴 하지만—이 개인에게 있음을 의미한다면, 자유는 물질적, 정신적 활력의 보다 일반적인 향유에 도움이 되는 조치들에 의해 축소되는 것이 아니라 그러한 조치들의 결과로 그 내용과 실제가 풍부하게 되는 것이다.57)

---

54) *Ibid.*, p.238.
55) Crosland, *The Future of Socialism*, p.113.
56) Tawney, *The Attack and Other Papers*, p.97.

중요한 것은 민주적인 의회과정이 계획을 통제함으로써 정부와 관료들의 권력이 항상 대중들에게 책임성을 실현할 수 있도록 한다는 것이다.

그러면 자본주의 사회를 변형시키는 데 필요한 정부의 경제조치는 어떤 것이 있을까? 자본주의의 변형을 위한 페이비안주의자들의 프로그램에서 생산수단과 분배수단의 국유화는 언제나 핵심적인 강령의 자리를 차지하여왔다. 1930년대의 페이비안주의자들은 비록 국유화(nationalization)의 형태에 대해서는 견해의 차이가 있었고, 국유화는 사적 기업을 '사회화'시킬 수 있는 몇 가지 방책 중 한 가지에 불과한 것이라고 보긴 했지만, 국유화를 없어서는 안될 필수적인 조치로 간주하였다는 점에서는 모두 일치하였다. 토니는 '사적 소유라는 죽은 손'을 제거할 수 있는 여섯 가지 방법을 제시하면서,58) 국유화 한 가지에만 과다한 관심을 기울이는 현실을 개탄하였다.

토니는 사적 기업에 대한 정부의 규제와 통제, 사적 기업을 정부가 소유하는 것, 노동자들의 협동조합이나 소비자들의 연합단체 등과 같은 것들을 국유화에 대한 대안으로 제시하였다. 토니가 지적하고자 하는 바는 기본적으로 모든 형태의 '사회화' 조치는 목적을 위한 수단이 될 수 있다는 것이다. 그 목적이란, "진정으로 건설적인 노동을 하는 사람들을 금전적 이득만을 유일한 이익으로 삼는 사람들의 통제로부터 벗어나게 하여, 노동하는 사람들에게 이익배당금을 제공하는 것이 아니라 봉사를 제공한다는, 산업의 진정한 목표에 자신들의 에너지를 자유롭게 투입할 수 있도록 해준다는" 목적이다.59) 여러 가지 상이한 사회화 조치들 중 어느 조치를 이용할 것인가 하는 점은 각 산업의 상황에 따라 실용적인 근거에 의해 결정되어야 한다.

국유화문제를 둘러싼 논쟁은 오랫동안 지속되어 오늘날의 페이비안주의자들은 '수정주의자'와 '근본주의자'로 분리되어 있다. 근본주의자들은 사회

---

57) Tawney, *Equality*, p.233.
58) Tawney, *The Acquisitive Society*, pp.97-8.
59) *Ibid.*, p.121.

주의를 이룩하기 위해서는 공적 소유를 광범위하게 확장시킬 필요가 있다고 생각하는 반면에, 수정주의자들은 공적 소유를 제한적으로만 실시해도 복지자본주의는 사회주의적 목적을 위해 길들여지고 통제될 수 있다고 생각한다. 크로스랜드는 광범위한 국유화를 반대하였는데, 그는 국유화는 그것이 필요한 경우에조차도 선별적으로 이루어져야 한다고 생각하여, 한 기업을 정부가 인수하였으면 다른 기업은 사적 시장에 그대로 남겨 두든지 또는 기존의 사적 기업과 경쟁할 수 있도록 정부소유의 기업을 설립한다든지 하는 등의 방안을 사용해야 한다고 말하였다.[60] 수정주의자들에게 있어서, 혼합경제는 사회주의로 가는 길 도중에 잠시 쉬어가는 곳이라기보다는 그 길의 종착점인 것이다. 수정주의자들의 이러한 생각은 자본주의의 본질에 대한 토니의 명석한 비판에 나타나 있는 생각이나, 수출과 수입, 생산목표, 계획위원회 등을 다룬 미쳐의 경제계획[이 계획은 흔히 대안적 경제전략(the alternative economic strategy)으로 알려져 있다]에 배어 있는 생각[61]과는 판이하게 다르다.

공적 소유의 확대에 대한 논쟁은 정책결정에 대한 대중들의 참여를 확대시키는 문제를 둘러싼 논쟁과 항상 병행되어왔다. 1930년대에는, 대중들의 참여를 적극적으로 추구하면 그것은 경제적으로나 사회적으로 그리고 정치적으로 이익이 될 것이라고 여겨졌다. 대중의 참여는 책임감을 확산시키고 권력의 집중을 감소시키며 생산성을 증가시킬 것이라고 여겨졌다. 사적 산업의 조건 속에서는 대중참여가 제한적으로 이루어질 뿐이지만, '사회화된' 산업에서는 그것이 최대한도로 이루어질 것이라고 여겨졌던 것이다. 그러나 1930년대 페이비안주의자들이 가졌던, 대중참여에 대한 이러한 열망은 1945~51년 동안 집권한 노동당 정부가 창출한 국유화된 산업에서는 이루어지지 못하였다. 결국 크로스랜드는 "국유화는 바람직하지 못한 노사관계를 치유하기 위한 만병통치약이 아니다"라고 지적하였으

60) Crosland, *The Future of Socialism*, p.324.
61) Meacher, *Socialism With a Human Face*, chs.8.

며,[62] 근로자들의 참여라는 가치가 지나치게 강조되어왔다고 주장하였다. 1970년대 후반 동안 국유화가 경제력의 집중을 감소시키는 것이 아니라는 데 대해 전반적인 인식이 이루어졌지만, 그럼에도 불구하고 대중참여에 관해서는 그것이 사회주의의 핵심적인 요소라고 다시금 간주되게 되었다. 사실상 진정한 참여는 그것이 각 지방의 가장 기초적인 단위(grass root)에서 실천될 경우에만 실현될 수 있다고 믿는 페이비안주의들이 소수 있다. 루어드(Luard)는 이러한 소수의견을 주장하는 한 사람이다. 그는 다음과 같이 쓰고 있다. 즉 사회주의의 새로운 출발을 위한 '가장 첫번째 필요조건'은

> 가장 기초적인 단위에서의 사회주의 개념을 발전시키는 것이다. 즉 각 지방 단위에서, 다시 말하면 국가보다는 도시단위, 국가경제보다는 기업이나 작업장, 전체 사회보다는 학교나 주택조합, 지역사회기관 등에서 소규모로 이루어지는 사회적 소유와 사회주의적 조직의 개념을 발전시키는 것이다.[63]

간단히 말하면, 참여라는 문제는 매우 혼란스럽고 모호하지만 사회주의를 위한 페이비안주의자들의 경제전략에서 여전히 중심적인 위치를 차지하고 있는 것이다. 이는 다음 장에서 보게 되겠지만, 맑스주의자들에게 있어서도 마찬가지이다.

이 장의 처음에서 지적한 대로, 페이비안주의자들은 그들이 어떤 정치적 색채를 가졌든 간에, 소득과 부의 전체적인 불평등에 대해서는 모두가 비난하여왔다. 그러므로 오랫동안, 모든 페이비안주의자들이 전체적인 불평등을 감소시키고 거대한 재산의 상속을 불가능하게 만드는 조세정책을 주장하였던 것은 놀랄 일이 아니다. 페이비안주의자들의 의견이 분열되는 곳은 부와 이윤에 대해서 어느 정도로 조세를 부과해야 하는가라는 데이다. 여기서 다시 '수정주의자'들과 '근본주의자'들 간의 분리가 나타난다.

---

62) Crosland, *The Future of Socialism*, p.253.
63) E. Luard, *Socialism Without the State*, Macmillan, 1979, pp.151-2.

크로스랜드는 다음과 같이 말하고 있다.

> 영국의 사회주의자들이 당면한 문제는 따라서… 사적 자산가들에게 분배하기
> 위해서가 아니라 재투자를 위해서 사적 부문의 이윤이 일차적으로 사용될 수 있
> 도록 제반 민주제도를 활용하는 것이다. … 물론 자산가들은 투자에 따르는 위험
> 만큼의 소득은 분배받을 자격이 있다.[64]

크로스랜드는 재산, 특히 상속된 것이 아닌 재산에 대한 조세부과에 있
어서, 온건한 정책을 실시할 것을 주장한다. 이는 타운젠드의 입장과는 상
이한 것이다. 타운젠드는 "부자들의 부는 상당 정도로 감소되어야 하며…
최저한의 부와 관련하여, 허용될 수 있는 최대한의 부에 관한 국가적 정
의에 대한 합의를 도출해 내야 한다"고 주장한다. 타운젠드는 최대한의
봉급이나 임금에 관해서도 유사한 주장을 하고 있다.[65] 지난 40년간의 경
험을 통해 볼 때, 지금까지 채택되어왔던 국유화조치나 조세정책은 최부
유층으로부터 최빈곤층으로 약간의 재분배를 이룬 것을 제외하고는 그 어
느 조치도 부의 불평등에 대해서 많은 효과를 발휘하지는 못하였다.

페이비안 사회주의자들은 영국 국민의 복지에 대한 그들의 두드러진 기
여는 사회서비스를 자신들이 주도해 온 데에 있었다고 주장할 것이다. 사
회정책에 대한 페이비안주의자들의 입장을 살펴보기 전에, 페이비안주의자
들 사이에는 경제정책과 사회정책은 서로 직접·간접의 영향을 미쳐왔다는
것에 대한 인식이 점차 확산되고 있다는 점을 지적해야 할 것이다. 타운젠
드의 말을 빌리면 "경제를 운용하는 것은 그것이 미칠 사회적 영향과 분리
될 수 없다. 사회정책이 아닌… 경제정책은 불가능하다"는 것이다.[66] 대안
적 경제정책과 함께 할 대안적 사회정책을 형성해야 한다고 일부 페이비안
주의자들이 주장해 온 것은 바로 이러한 인식으로부터이다. 대안적 경제정

---

64) Crosland, *The Future of Socialism*, p.303.

65) P. Townsend, *Poverty in the United Kingdom*, Penguin, 1979, p.926.

66) P. Townsend, "Poverty in the '80s," *New Socialist*, no.1, September–
    October, 1981.

책과 대안적 사회정책은 모두 시장중심적인 경제정책과 반집합주의자들의
잔여적인 사회정책을 반대하는 것이다.

복지국가

복지국가의 발달을 페이비안 사회주의자들은 어떻게 설명하는가? 그들
은 사회서비스의 본질과 기능을 어떻게 보는가? 오늘날 우리가 보는 사회
서비스와 페이비안주의자들이 말하는 사회주의적 사회서비스는 어떻게 다
른가? 이 세 가지 질문은 이 절에서 다룰 중심된 질문들이다.

지금까지, 페이비안 사회주의자들은 복지국가의 발달을 적절하게 개념화
하지 못하였다. 페이비안주의자들의 저작에서 발견할 수 있는, 복지국가발
달에 관한 언급은 때때로 서로 모순되고 어떤 이론적인 입장으로까지는 나
아가지 못하는 잠깐잠깐의 언급들뿐이다. 복지국가발달에 관한 토니의 설
명은 매우 간결하고 명쾌하다. 토니의 설명은 대체로 다음과 같다. 농업사
회에서는 부(富)도 없었고 사회서비스의 필요성에 대한 집합적인 인식도
없었다. 사회서비스의 등장에 적절한 조건을 창출한 것은 산업사회에 이르
러서였다. 한편으로 산업사회는 급속하고 무계획적인 도시화를 통해서, 범
죄나 문맹, 빈곤, 질병 등과 같은 각종 사회문제들을 집중시키고 증가시키
고 크게 부각시켰다. 다른 한편으로 산업사회는 그러한 사회문제들에 대한
대책을 마련하는 데 필요한 부를 창조하였고, 정치적 인식과 사회과학적
지식이 진보함에 따라 정부행위에 대한 압력이 증가하였다. 토니는 이를
다음과 같이 요약한다. 즉 "이러한 변화의 원인은 분명하다. 그것은 산업문
명과 정치적 민주주의가 동시에 발달한 것의 자연스러운 결과이다."[67] 우
리는 이러한 설명에서 우리가 원하는 바에 따라 많은 것을 읽을 수도 있고
그렇지 못할 수도 있다. 그러나 분명한 것은 토니는 자신이 언급한 여러
가지 요인들 간의 정확한 관계에 대해서 많은 생각을 하지 않았다는 점이

---

67) Tawney, *Equality*, p.125.

다. 다른 문장에서 토니는 사회서비스를 "초보적인 공산주의(rudimentary communism)"에 비유하고, 초보적인 공산주의는 전적으로 우연히 나타난 것이라고 결론지었다. "현실의 커다란 악을 다룰 방법으로서의 초보적인 공산주의는 계획 없이, 그리고 거의 무의식 가운데에 나타난 것이었다."[68]

공민권과 정치권이 산업사회에서 새롭게 등장하는 시민권(citizenship)의 한 측면인 사회권에 선행하고 사회권의 발달을 위한 적절한 조건을 창출했다는 마샬(T. H. Marshall)의 논지는 복지국가발달에 대한 페이비안주의학파의 또 하나의 접근이다. 마샬의 설명은 어떤 점-세세한 증거에 지나치게 많은 관심을 두지 않고 사회정책발달을 장기적인 관점에서 조망한다는 점-에서는 토니의 설명과 유사하다. 그러나 서로 다른 점도 있다. 마샬은 사회서비스의 발달을 사회주의를 향한 압력에 대한 대응 또는 사회주의로 가는 길에서의 한 단계로 인식하지 않고, 민주주의로부터 성장해 온 것으로 본다.[69] 크로스랜드도 의무교육으로의 변화를 논의하는 가운데 마샬의 시민권 견해를 지지하고 있다. 크로스랜드는 "지난 30년 동안, 이 권리들(시민권의 세 가지 권리)은 처음에는 개인의 자유에 그 다음에는 정치적 민주주의에 그리고 마지막에는 사회복지에 주어졌다. 이제 그것은 교육적 평등에도 주어져야 한다"고 썼던 것이다.[70] 하지만 시민권적 설명에는 사회서비스로의 변화를 가져온 구체적인 요인들에 대한 논의가 결여되어 있다.

이러한 공백을 메우기 위해 티트머스에게 의존할 수 있다. 그러나 우리가 티트머스에게서 발견하는 것은 정책발달의 여러 가지 구체적인 사례들에 대한 이론적 공백상태에서 진행되는 간략한 논의들뿐이다. 이론적 공백으로 말미암아, 티트머스는 각각의 사례마다 서로 다른 추론을 끌어내는 결과를 낳고 있다. 티트머스는 사회정책의 발달을 설명함에 있어서, 대개 사회에 관한 사회계급적 갈등모형이나 압력집단적 갈등모형을 채택하

---

68) *Ibid.*, p.133.

69) T.H. Marshall, *Sociology at the Crossroads*, Heinemann, 1963, p.302.

70) Crosland, *Socialism Now*, p.194.

고 있다. 하지만 그렇지 않은 경우도 있다. 예를 들면 다음과 같은 설명에
서 그러하다.

> 집합적으로 제공되는 모든 서비스는, 사회적으로 인정된 '욕구'를 충족시키기
> 위해 의도적으로 계획된 것이다. 그 서비스는 첫째 유기적 전체로서 생존하기 위
> 한 사회의 의지를 표현한 것이고, 둘째 사람들의 생존을 돕기 위한 모든 사람들의
> 바람이 표현된 것이다.[71]

토니와 같이, 티트머스도 사회서비스의 성장을 산업화과정에 관련된 여러
요인들에 대한 반응으로 간주한다. 하지만 그 또한 토니와 마찬가지로 산업
화와 관련된 요인들의 정확한 성격이 무엇인지, 그러한 요인들이 사회서비
스의 발달에 어떻게 영향을 미쳤는지를 설명하지 않는다. 각 나라들이 산업
화되고 난 이후에 사회서비스가 발달하였다는 사실은 논쟁의 여지가 없는
사실인 것이다. 비교연구로부터 얻어진 증거가 이에 도움이 된다. 산업화가
사회서비스의 성장에 기여한 원인과 정확하고 구체적인 경로가 문제가 되
는 것이다. 티트머스는 이에 대해 그의 저작 여러 곳에서 세 가지의 대답—
이 세 가지 대답은 대체로 서로 모순된다—을 제시하고 있다. 첫째 티트머
스는 사회서비스는 자본가계급이 노동자계급에 대해 그들의 사회적, 정치적
순응에 대한 대가로 기꺼이 제공할 준비가 되어 있는 뇌물이라고 본다.

> 평시 때에나 전시 때에나, 사회정책의 목적과 내용은 대중들의 협력이 성공적
> 인 전쟁의 수행에 얼마나 긴요한가 하는 것에 의해 결정—적어도 상당정도는—된
> 다. 대중들의 협력이 긴요하다고 판단되면, 불평등은 감소되어야 하고 사회계층의
> 피라미드는 낮추어져야 한다.[72]

여기서 티트머스는 비스마르크와 같은 우익정치가들과 제휴하고 있으
며, 급격한 저항을 완화시키기 위해 자본주의 국가가 기꺼이 내놓는 몸값

---

71) Titmuss, *Essays on the Welfare State*, p.39.
72) *Ibid.*, p.86.

(ransom)으로서 사회정책을 보는 맑스주의자들과도 제휴하고 있다.

둘째 이번에는 티트머스는 사회정책의 발달을 첫번째와는 전혀 반대방향에서 바라본다. 즉 사회정책은 보다 훌륭하고 보다 통합된 사회를 창조하기 위해 곤궁을 경감시키려는 사회전체의 문명화된 노력의 일부인 것이다. 이러한 관점은 앞에서 이미 인용하였던바 유기적 전체로서 삶을 유지하려는 사회의 의지의 산물로 사회정책을 보는 그의 견해와, 2차대전 이후의 사회서비스의 발달에 있어서 "가장 근본적이고 지배적인 역사적 과정이… 하나의 사회를 만들려는 요구와 관련되어 있었다"고 보는 그의 견해에서 도출된 것이다.73)

셋째 티트머스는 사회정책의 발달은 상호작용하고 상호연결된 여러 가지 요인들이 복잡하게 얽힌 것의 결과라고 간주한다. 따라서 그는 의료서비스의 발달을 다음과 같이 설명한다.

> 사회정의를 위한 요구가 가장 중요한 요인들 중의 하나였지만… 다른 요인들도 똑같이 중요한—때로는 더 중요한— 역할을 하였다. 그 중 하나는… 과학적 지식의 진보이고, 다른 하나는 건강과 질병을 바라보는 대중들의 태도가 숙명적인 것에서 인식될 수 있다는 것으로 바뀌게 된 점이다. 또 다른 하나는 특정 사회집단에 대한 어쩔 수 없는 의존으로부터 개인들(이 경우 그 개인들이 의사이든 환자이든 간에)을 구제하려는 자유주의적 사상의 끊임없는 분발이다.74)

이와 유사하게, 사회보장의 발달도 몇 가지 요인에 의한 것으로 설명된다. 이 경우 그 요인들은 과학적이거나 인구학적인 것이 아니라 정치적인 것이긴 하지만 말이다.

> 사회혁명에 대한 두려움, 법을 준수하는 노동력의 필요성, 권력을 얻기 위한 정당들 간의 그리고 압력집단들 간의 경쟁, 변화에 드는 사회적 비용—예를 들면 산업재해 등—의 일부를 노동자들의 부담으로부터 제거해야 한다는 요구, 그리고

---

73) Titmuss, *Commitment to Welfare*, p.191.
74) *Ibid.*, pp.241-2.

부자들의 사회적 양심 등, 이 모든 것들이 일정한 역할을 하였다.[75]

티트머스를 적응력이 뛰어난 사람으로 생각할 수도 있겠지만, 티트머스 자신은 사회정책의 발달을 특정 상황에 등장한 여러 요인들의 복합적인 상호작용에 대한 대응으로 간주하는 견해를 만족스럽게 생각하였다. 그러한 견해에 따라, 그는 복지국가의 발달이란 현실의 제반 문제들에 대한 논리적 대응이고, 산업화와 도시화, 기술의 변화 그리고 민주주의의 영향에 의한 산물이며, 집단 간의 갈등적인 이해관계뿐 아니라 사회전체의 이해관계의 산물이라고 간주하는 페이비안주의자들의 전체적인 견해를 대표하고 있는 것이다. 이러한 역사적 실용주의는 티트머스의 장점이기도 하고 티트머스의 약점이기도 하다.

사회서비스의 기능과 본질에 대한 페이비안 사회주의자들의 견해는 어떠한가? 대체로 말해서 페이비안주의자들은 사회정책의 발달보다는 사회정책의 기능에 더 많은 관심을 기울였다. 그러나 페이비안주의자들이 사회정책의 목적과 사회정책의 결과를 항상 구분하였던 것은 아니었다. 또한 사회정책의 목적과 결과에 대한 그들의 언급이 실제로 존재하는 목적과 결과에 대한 언급인지 아니면 이상적인 사회주의적 목적과 결과에 대한 언급인지가 언제나 분명한 것도 아니다.

토니는 사회서비스의 다섯 가지 목적에 대해 언급하였지만, 그것들은 서로 중복되므로 여기서는 세 가지로 제시하는 것이 더 좋을 것이다. 첫째는 모든 사람들에게 기본적인 필수품을 공급하는 것이고, 둘째는 욕구에 따른 서비스를 통해 사람들의 근로소득을 보충하는 것이며, 셋째는 인적자본의 향상과 사적 시장에 있어서의 수요의 안정을 통해 경제성장을 촉진시키는 것이다.[76] 크로스랜드는 사회지출의 네 가지 유사한 기능들을 주장하고 있는데, 첫째는 사회적 곤궁과 고통을 경감시키고 사회적 결핍을 수정하는 것이며, 둘째는 "사회사업적 개입을 통해 개인의 역기능을 수정

---

75) R.M. Titmuss, "Social Welfare and the Art of Giving," p.359.
76) Tawney, *Equality*, p.133.

하는 것이고, 셋째는 효율성을 증가시키고 낭비를 감소시키는 것이며, 넷째는, 사회적 결합을 향상시키고 사회적 이동을 촉진하는 것이다.[77] 마샬도 비슷한 주장을 하고 있다. 사회정책이 가지는 세 가지 유형의 목적들 — 즉 빈곤의 제거, 복지의 극대화, 그리고 평등의 추구 — 중에서 마샬이 보기에, "복지국가의 철학을 표현하는" 것은 두번째이다.[78]

티트머스는 사회정책의 여러 가지 기능들을 보다 자세히 언급하고 있는데, 윌딩(Paul Wilding)은 이를 여섯 가지로 분류하였다.[79] 첫째, 사회정책은 여러 가지 방법으로 집단들 간에 자원을 분배하고 재분배한다. 소득의 재분배에는 여러 가지 사회경제집단들 간에 세대에 걸쳐 이루어지는 수평적(horizontal) 재분배와 여러 가지 지위집단들 간에 이루어지는 수직적(vertical) 재분배가 있다. 재분배는 사회정책의 필연적이고도 적절한 기능이다. 둘째, 사회서비스는 사회통합을 위한 긍정적인 요인으로서 그리고 사회통제를 위한 부정적인 요인으로서 기능한다. 이상주의자로서의 티트머스는 사회정책을 보다 훌륭하고 보다 조화로운 사회의 창조를 촉진시키는 것으로 간주한다. 보다 훌륭하고 보다 조화로운 사회는 사회주의 사회에 보다 근접한 사회이다. 그러나 또 한편 그는 앞에서 우리가 지적한 바와 같이, 사회정책은 일종의 사회 안정제라는 사실도 인정한다. 셋째, 사회정책은 자본주의 사회에서의 경제변동으로 인해 개인들이 겪는 '비복지(diswelfare)' — 사회적 재해(social injuries) — 와 관련하여 개인들에 대해 보상해주려는 목표를 가진다. 티트머스는 또한 비복지의 개념을 산업체계의 책임도 아니지만 그렇다고 개인 자신의 책임도 아닌 재해, 예를 들면 정신적, 신체적 장애에까지 확대하고 있다. 넷째, 사회정책은 그것의 광범위한 사회적 결과에 관계없이 개인의 복지를 증진시키는 기능을 한다. 사회서비스가 없으면 사회적 곤궁은 훨씬 더 많이 파급되었을 것이다. 다섯

---

77) Crosland, *The Future of Socialism*, pp.89-100.

78) T.H. Marshall, *Social Policy*, Hutchinson, 1965, p.173.

79) P. Wilding, "Richard Titmuss and Social Welfare," *Social and Economic Administration*, vol.10, no.3, Autumn 1976.

째, 사회서비스는 개인이나 국가 모두에게 있어서 일종의 경제적 투자이다. 여섯째, 사회서비스는 개인들의 사회적, 생물학적 욕구가 동료 시민들에게 도움을 줄 수 있는 것으로 바뀔 수 있는 통로를 제공한다. 티트머스는 인간을 본질적으로 이기적인 존재로 보지 않고 사회환경에 의해 형성되는 존재로 본다. 그는 "만일 인간이 다른 사람을 도울 사회적, 생물학적 욕구를 가진 존재라는 것이 인정된다면, 인간에게 그 욕구를 표현할 기회를 주지 않는 것은 그로 하여금 선물관계(gift relationship)에 들어갈 자유를 주지 않는 것과 같다"고 말한다.80) 사회서비스는 간단히 말하면, 이타주의의 증진을 돕는 것이다.

사회서비스의 기능에 관한 페이비안주의자들의 이러한 논의에는 목적과 결과에 대한 구분이 되어 있지 않을 뿐 아니라, 제시된 주장을 뒷받침할 만한 증거도 별로 없다. 게다가 이처럼 여러 가지의 목적 또는 기능들 사이에 일어날 수 있는 갈등에 대해서는 언급조차 없다. 사실상 위에 제시된 주장들 중 일부는 입증도 반증도 할 수 없는 것들이고, 다른 일부는 증거가 거의 없으며 서로 모순되고 결론을 내릴 수 없는 것들이다.81)

사회서비스의 본질에 대한 페이비안주의자들의 견해를 살펴보기 위해서는 보편주의와 선별주의 논쟁(the universality-selectivity debate)에 있어서 그들의 입장을 살펴보는 것이 도움이 될 것이다. 보편주의와 선별주의의 논쟁은 복지에 있어서의 국가역할의 본질에 대한 근본적인 질문을 제기하는 것이다. 반집합주의자들이 선별주의에 편들어왔다면, 페이비안주의자들은 보편적인 사회서비스급여를 찬성하여왔다. 이 논쟁에 있어서 페이비안주의자들의 입장을 쉽게 알기 위해서, 자산조사(資産調査; means test)에 근거한 선별주의를 페이비안주의자들이 싫어하는 이유를 제시해 보기로 하자. 첫째로, 자산조사는 사람들로 하여금 서비스 신청을 꺼리도록 만든다는 것이다. 왜냐하면 자산조사가 있으면 서비스 신청은 불

---

80) R.M. Titmuss, *The Gift Relationship*, Penguin, 1973, pp.273-4.
81) V. George and P. Wilding, *The Impact of Social Policy*, Routledge & Kegan Paul, 1984, ch.1.

가피하게 그 절차가 복잡해지기 때문이고, 자산조사에 수반되는 낙인효과 (stigmatizing effect)에 대한 사람들의 감정 때문이다. 만일 자산조사의 목 적이 가장 욕구가 많은 사람에게 자원이 분배되도록 하기 위한 것이라면 자산조사는 그 목적을 달성하지 못하는 것이다. 둘째로, 자산조사는 욕구 (need)를 충족하기 위해서라기보다는 요구(demand)를 억제하기 위해 사용 될 수 있고 또 그렇게 사용되고 있다는 것이다. 이러한 면에서 자산조사 는 사회서비스의 본질과 완전히 모순되는 정책이다. 셋째로, 자산조사는 사회서비스의 수혜자들을 사회에 대한 짐으로 인식하는 여론분위기를 조 성하게 되고 이는 사회서비스를 경시하는 결과를 낳게 된다는 것이다. 가 난한 사람들만을 위해 따로 분리된 사회서비스는 "가난한 수준의 제도로 떨어지게 되는 경향이 있다"고 티트머스는 주장한다.[82] 자산조사에 관련 된 역사적 사실은 이러한 비판에 대해 풍부한 증거를 제시해주고 있다.

2차대전 직후 노동당 정부에 의한 보편주의적인 사회서비스의 도입은 페이비안주의자들의 전적인 지지를 받았다. 티트머스는 보편적인 사회서 비스는 사회통합을 증진시키고, "일등시민과 이등시민 간의 구분과 차별 적인 조사를 폐지시키며," 모든 사람에게 평등한 접근(access) 기회를 제 공하기 위해 필요한 발전단계라고 주장하였다. 티트머스는 평등한 접근과 평등한 결과는 다른 것이고, "인종과 종교와 계급에 관계없이 평등한 결 과를 성취하기 위해서는 보편주의와는 다른 사회정책적 조치가 추가적으 로 필요하다"는 점을 인식하고 있었다.[83] 그러나 그는 욕구가 많은 사람 에게 보다 많은 자원이 분배되도록 하기 위해 개인에 대해 자산조사를 실 시하는 것에 대해서는, 위에서 든 이유를 근거로 하여 반대하였다. 티트머 스는 지역적 기준 또는 고객집단 기준에 근거하고 보편적인 사회서비스의 틀 내에서 운용되는 선별적 서비스를 주장하였다.

---

82) Titmuss, *Commitment to Welfare*, p.143.
83) R.M. Titmuss, "Goals of Today's State," in P. Anderson and R. Blackaburn(eds.), *Towards Socialism*, Fontana, 1965, p.357.

우리들이 직면한 도전은 보편주의적 서비스와 선별주의적 서비스 사이에서 선택하는 것이 아니다. 진정한 도전은 다음과 같은 질문 속에 있다. 자산조사에 의한 것이 아니라, 사회권의 경우에서처럼 특정 범주나 집단, 지역의 욕구라는 기준에 의거하여 허용가능한, 선별적 서비스가 발전될 수 있는 가치와 기회기반의 틀을 제공하기 위해서, 보편적인 서비스에 있어 구체적으로 어떤 하부구조가 필요한가?[84]

크로스랜드의 입장은 비록 현실에 있어서는 티트머스의 입장과 유사하게 되었지만, 원칙의 면에서는 자산조사에 대해 보다 수용적인 입장을 가지고 있다. 크로스랜드는 서비스의 보편주의적인 접근을 강력하게 옹호하고 있다. 그러나 그는 반드시 서비스의 보편주의적인 무상(free) 접근을 찬성하는 것은 아니다. 크로스랜드는 서비스를 사용할 권리가 있는가를 결정하는 자산조사와 단순히 급여의 문제를 결정하기 위한 자산조사를 구분할 것을 강조한다. 그가 보기에, 서비스에 대한 접근이 무상이어야 하는가 아니어야 하는가를 결정하기 위한 소득조사는 두 가지 조건만 충족된다면 충분히 받아들일 만한 것이다. "첫째로, 급여나 서비스가 수혜자의 자산에 비해 너무 긴요하거나 너무 액수가 많은 것이 아니어서 수혜자가 급여나 서비스에 대해 사회적 권리를 가진다고 생각하는 것이 적절할 수 있어야 한다. 이러한 경우, 그 수혜자의 실질소득과 자존심은 그 어느 것도 자산조사에 의해 심각한 영향을 받지 않을 것이다." 이 첫번째 조건을 만족시키려면, 사회보장급여를 위한 소득조사와 대부분의 교육서비스 또는 보건서비스를 위한 소득조사는 틀림없이 배제될 것이다. "둘째로, 무상의 서비스가 최빈곤층에 국한되어 모든 낙인효과가 최빈곤층에만 따르는 일이 발생하지 않도록, 무상서비스의 조건이 되는 소득기준을 충분히 높게 잡아야 한다."[85] 이 두 가지 조건이 가져올 결과로서 무상의 보편적인 사회서비스는 사회적 급여에 있어서 지배적인 형태를 여전히 유지하면서, 관대한 소득조사에 근거한 서비스에 의해 보완되는 형식을 가지게 될 것

---

84) Titmuss, *Commitment to Welfare*, p.122.
85) Crosland, *The Future of Socialism*, p.87.

이다. 크로스랜드의 제안은 물론 티트머스가 해결하려고 노력하였던, 가장 심하게 박탈당한 집단들과 지역들이 가진 특수한 문제들에 대해서는 고려하지 않고 있는 것이다.

보편주의와 선별주의의 논쟁과 관련된 것으로는 사회서비스에 있어서 공적인 급여와 사적인 급여 간의 적절한 균형을 어떻게 취할 것인가에 관련된 쟁점이 있다. 페이비안 사회주의자들은 교육과 보건 그리고 사회보장에 있어서 사적인 급여가 바람직하지 못한 영향을 미치게 될 것이라는 데에 동의하고 있다. 그러한 부문에서 사적인 급여가 이루어진다면, 그것은 불평등을 증가시킬 것이고, 이타주의와 사회연대를 잠식할 것이며, 공적인 서비스를 약화시키고, 사적 제도에 권력을 집중시키고, 또한 직접·간접적으로 공적인 재정에 기생하게 될 것이다. 페이비안주의자들은 사적인 급여의 영역이 감소되어야 한다는 데 대해서는 동의하지만, 사적인 급여 영역을 어떻게 감소시키는 것이 가장 좋은 방법인지에 대해서는 의견이 일치하지 않고 있다. 교육과 보건부문—사회보장은 아닐지라도—에서는 법에 의해 사적 급여를 폐지하거나 금지하자는 사람도 있고,[86] 다른 한편에서는 사적 급여를 제한하는 입법을 하기보다는 정부의 서비스를 개선하여 사적 급여가 매력적이지 않도록 해야 한다는 사람도 있다.[87] 또한 사적 급여를 제한하는 입법을 해서는 안 되고 대신에 재정적으로나 행정적으로 사적인 사회서비스가 살아남기 매우 힘들도록 여건을 조성해야 한다는 사람도 있다.[88] 각 입장들은 모두 비용을 지불할 능력이 있는 소수 개인들의 자유를 보호해야 한다는 것과 비용지불의 능력이 없는 다수 개인들의 이익을 보호해야 한다는 것 사이의 괴로운 선택을 포함하고 있다. 사적인 교육이나 보건서비스를 법적으로 제한하자는 데에 반대하는 사람

---

86) Meacher, "Socialism With a Human Face," *New Socialist*, no.4, March-April 1982.

87) Crosland, *The Future of Socialism*, p.262.

88) R.M. Titmuss, "Introduction," in R.H. Tawney, *Equality*, Allen & Unwin, 1964 edn, p.24.

들이라고 해서, 그들이 반드시 평등주의적 사회라는 이상을 덜 지지하는 것은 아니다. 그들은 단지 그 문제에 관련된 윤리적, 현실적 문제점들에 대해 더 조심스러운 것뿐이다. 하지만 공적인 서비스의 수준이 사적인 서비스의 수준만큼 향상된다는 것은 순전히 재정적인 이유 때문만으로도 거의 불가능하다는 점은 인정되어야 한다. 또한 공적인 서비스의 수준향상을 바라는 사람도 정부가 사적인 사회서비스를 제한하기 위해 설정할 행정적, 재정적 제약조건을 피해갈 방법을 찾기는 매우 어려울 것이다.

오랫동안, 페이비안 사회주의자들은 민영화정책을 주장하는 우파와 공적인 복지서비스에 대해 비아냥거리는 언급을 하는 맑스주의자들에 반대하여 복지국가를 주도해온 집단으로 인식되어왔다. 맑스주의자들에 관한 한, 50여 년 전에 토니가 나타냈던 분노는 오늘날의 페이비안주의자들에게도 공감을 불러일으킬 것이다. 토니는 "사회서비스를 '단순한 진정제' 정도로 경멸하는 것은 아동과 실업자들을 희생시키면서 부자들의 호주머니에 돈을 채워주려는 데에서 이익을 보는 자들과 한통속인, 단순히 인기를 끌기 위한 실없는 짓에 불과하다"라고 썼다.[89] 복지국가의 목적과 의도를 지지하기는 하지만 사회주의자들은 여전히 그것의 한계와 위험에 대해서도 인식하고 있다. 그들은 대체로 네 가지의 일반적인 위험에 대해 말하고 있다. 즉 첫째로 복지국가는 정의와 예방에 관한 것이 아니라 불의와 치료에 관한 것이라는 점이고, 둘째로 복지국가는 결과의 평등을 추구하기보다는 너무나도 자주 기회의 평등을 추구하는 데로 제한되어 버린다는 점이며, 셋째로 복지국가는 불평등보다는 빈곤에 관련된 것이고, 마지막 넷째로 복지국가의 행정구조는 민주적이고 참여적이기보다는 부패하기 쉽고(patronizing) 권위적이라는 것이다. 이 네 가지 위험을 차례대로 살펴보자.

국가복지급여의 아주 초기에, 토니는 사회개혁가들이 삶의 예외적인 불행에 너무 지나친 관심을 가진 나머지 다수의 사람들이 안정되고 독립적

---

89) Tawney, *Equality*, p.120.

인 삶을 살아가도록 기회를 확대하는 것을 등한시했던 데 따르는 위험을 지적하였다.[90] 사실상 1930년대의 모든 페이비안 사회주의자들은 사회서비스는 그 자체로 사회적으로 정의로운 사회를 만들어 내지 못할 것이라는 점을 인식하고 있었다. 사회서비스가 정의로운 사회를 만들어 낼 수 있는 것은 사회서비스가 생산수단과 분배수단이 사회화된 경제체계에서 운용될 때에만 가능한 것이다. 2차대전이 끝날 무렵 확대되기 시작한 사회서비스에 대해 가졌던 행복감으로 인해 토니의 그와 같은 경고가 가진 진실은 잠시 동안 망각되었다. 그러나 그 망각은 오래 가지 못하였다. 1968년에 티트머스는 사람들에게 복지국가의 성공을 측정하기 위해 사용되는 관점이 지나치게 좁다는 점을 상기시킨 바 있다. 티트머스는 "사상, 연구, 그리고 행위(정책)는 가난한 사람들에게 지나치게 집중되어왔기 때문에, 전체 사회로부터 빈곤공학(poverty engineering)이 따로 분리되었다. 사회정책은 경제성장을 위해 그때그때 쓰이는 임시조치로서의 급여를 지급하는 것으로 간주되어왔고, 권리를 정식화한 것으로는 간주되지 못하였다"고 말하였다.[91] 1980년대에는 경제환경이 좋지 못할 경우 사회정책이 갖는 한계에 대한 이해가 더욱 증진되면서, 새로운 경제전략의 개발과 경제정책과 동등한 우선순위가 부여되는 효과적인 급진적 사회정책을 구상해야 한다는 요구가 등장하였다. 단순히 기회의 평등 개념에만 근거한 정책은 불평등을 해결할 수 없다고 페이비안주의자들은 주장하였다. 그들은 우선 첫째로 사람들의 환경이 출생 당시부터 불평등한 사회에서는 기회의 평등이 성취될 수 없으며, 다음으로 사회주의자들은 단순히 평등한 시합을 위한 기회만이 아니라 결과에 있어서의 평등을 열망해야 한다고 생각하였던 것이다.

빈곤의 제거가 사회주의자들에게 매우 중요한 것이긴 하지만, 그들은 빈곤의 제거가 자신들의 궁극적인 목표가 될 만큼 만족스러운 것이라고

---

90) Winter and Joslin, *R.H. Tawney's Commonplace Book*, p.13.
91) Titmuss, *Commitment to Welfare*, p.164.

생각하지는 않는다. 빈곤과 불평등은 같은 문제의 서로 다른 측면인 것으로 간주되며, 빈곤을 제거하기 위해서는 불평등이 상당한 정도로 감소되는 것이 함께 필요하다고 생각되는 것이다. 이제 페이비안주의자들 사이에는 2차대전 이후 영국에 도래한 '복지국가'가 다른 어떤 것을 성취했는지는 몰라도, 부나 소득의 의미 있는 수직적 재분배는 성취하지 못하였다는 사실에 대해 전반적인 동의가 이루어지고 있다.[92]

페이비안주의자들은 1970년대에 들어와 사회서비스관료주의에 대해 보다 많은 관심을 가지게 되었다. 페이비안주의자들은 사회서비스관료주의에 대해서 세 가지의 상호관련된 비판을 하였다. 첫째는 사회서비스관료주의가 지나치게 집중되어 있고 위계적이라는 비판이고, 둘째는 사회서비스 관료주의가 전문가와 행정가들에게 너무나 많은 권력을 부여하였다는 비판이며, 셋째는 사회서비스관료주의가 서비스의 사용자들에게 너무나 적은 발언권을 준다는 비판이다. 크로스랜드는 다음과 같이 주장한다. 즉 지방정부는 공영주택 임차인(council tenant)에게,

> 그가 그의 집에서 원하는 것을 할 수 있도록, 자신의 집을 가지고 있는 사람들과 유사한 수준의 보장, 독립성 그리고 자유를 주어야 한다. 그러므로 임차인들의 보다 많은 민주주의를 위한 프로그램은 노동당 정부의 주택프로그램에 있어서 가장 중심되고 또한 아마도 가장 새로운 정책이 되어야 한다.[93]

다른 사회서비스에 관련해서도 이와 유사한 요구가 전개되었다.

최근까지 페이비안주의자들은 복지국가의 실패를 여러 가지 기술적, 행정적 요인들에 돌리는 경향이 강하였다. 티트머스는 복지국가가 빈곤을 제거하지 못하고 불평등을 감소시키기 못한 것을 사회변동의 영향과 공적 및 사적 서비스의 확대가 가져온 전체적인 영향을 자세히 검토할 도구가

---

92) Field, *Inequality in Britain*; Townsend, *Poverty in the United Kingdom*.
93) Crosland, *Socialism Now*, pp.122-3.

부족했다는 점,94) 정부가 박탈의 문제가 갖는 복잡성을 이해하지 못하였다는 점, 가난한 사람과 소수집단에게 접근하는 것과 그들로 하여금 보편적 서비스를 이용하도록 하는 것의 어려움을 인식하지 못하였다는 점95) 등의 원인으로부터 기인한 것으로 돌렸다. 크로스랜드는 티트머스의 주장에 그와 유사한 두 가지 설명을 덧붙였다. 첫번째는 서비스 목표가 명확하지 못하여 결과적으로 여러 가지 정책들을 조정하기 위한 노력이 거의 이루어지지 못하였다는 점이다. 이는 특히 박탈지역인 도시중심부 지역에서 두드러지게 나타난 현상이다.96) 두번째는 역대 정부들이 경제성장을 이루지 못하였다는 점이다. 크로스랜드는 종종 경제의 정체는 곧 공적인 복지제도의 정체, 더 이상의 재분배 추구의 종말을 의미하는 것이라는 견해를 반복하곤 하였다.

1980년대의 경제침체와 보수당 정부에 의한 사회서비스의 축소로 인해, 페이비안주의자들은 보다 구조적인 설명을 요구받게 되었다. 1980년대에 들어서도 영국에 광범위하게 존재하는 빈곤에 대해, 타운젠드는 '계급관계에 기초를 둔' 이론적 틀 내에서 설명하면서, "빈곤이 제거될 수 있으려면, 근로자들 간에 위계상의 차별이 보다 완화되어야 하고, 상위소득집단이 국가의 전체 자원을 보다 적게 가져가도록 해야 한다"는 결론을 내리고 있다.97) 새로운 사회적 전략(new social strategy)이 필요하다는 워커의 논의도 사회정책의 실패에 대한 구조적인 관점을 취하고 있다. 워커는 교육과 사회보장, 그리고 기타 서비스에 있어서 근본적이고 철저한 변화가 필요하다고 주장하고 있다.98) 마찬가지로 사회에서의 권력분배를 분석한 미쳐도 경제정책과 평등주의정책이 모두 실패한 것에 대해 구조적인 설명

---

94) R.M. Titmuss, *Income Distribution and Social Change*, Allen & Unwin, 1965, p.188.
95) R.M. Titmuss, "Goals of Today's Welfare State," p.362.
96) Crosland, *Socialism Now*, pp.45-7.
97) Townsend, *Poverty in the United Kingdom*, p.919.
98) A. Walker, "Why We Need a Social Strategy," *Marxism Today*, September 1982.

을 제시하고 있다.99)

페이비안주의자들은 복지국가와 사회주의의 관계에 대해서 어떻게 생각하고 있는가? 매우 초창기부터, 사회서비스 국가와 사회주의 국가는 다르다는 점은 인식되어 있었다. 토니, 티트머스, 크로스랜드는 비록 사회주의 사회의 본질적 특성이 무엇인가에 관해서는 의견을 달리 했지만, 복지국가가 사회주의는 아니라는 데 대해서는 의견이 일치하고 있었다. 하지만 그들은 복지국가가 사회주의로의 변화에 중요한 영향을 미칠 것이라는 점에 대해서는 상당 정도로 낙관하고 있었다. 대중들은 복지국가에 의해 부여되는 혜택은 사회주의에서 보다 훌륭한 삶을 누리는 데 필요한 전단계에 불과하다는 것을 곧 깨닫게 될 것이다. 토니는 "개인들의 삶을 변화시킴으로써 그리고 그들에게 새로운 가능성을 열어줌으로써, 개인들의 사회심리도 변화하게 된다. 변화된 심리는 사회구조를 변화시키는 데 영구적인 힘으로 작용하게 되고, 또 사회구조가 변화하게 되면 이는 다시 보다 높은 수준의 변화를 요구하는 심리와 의지를 만들게 된다"고 썼다.100)

오늘날, 페이비안주의자들은 사회서비스가 사람들의 의식에 미치는 영향에 대해 보다 비관적인 견해를 가지고 있다. 사회서비스에 대한 사람들의 태도를 결정짓는 것은 다른 어떤 요인보다 사람들의 경제적 이해관계라는 요인인 것이다. 이에 따라 복지국가는 사회주의로 가는 길의 중간 정착지일 수는 있지만, 사회주의로 가는 길은 과거에 생각했던 것보다 훨씬 더 멀고 어려운 길이라는 점과 복지국가로부터 사회주의로 이르는 역사적 필연성 따위는 존재하지 않는다는 점에 대한 인식이 나타나게 되었다.

간단히 말하면, 페이비안 사회주의자들은 복지국가를 사회주의적 목적 중 일부만을 제한적이고 부분적으로 성취한 것이라고 보긴 하지만, 그들은 복지국가의 영향에 대해서는 아직도 어느 정도 낙관적인 견해를 가지고 있다. 페이비안주의자들은 복지국가를 더 많은 사회변화를 위해 제반

---

99) Meacher, *Socialism With a Human Face*, ch.1.
100) Tawney, *Equality*, p.219.

정치세력들을 약화시키는 것이 아니라 사회변화에 필요한 역동성을 제공하는 것으로 간주한다. 여전히 복지국가는 불안정한 타협물이며, 사회주의를 향한 잠재적인 도약판인 것으로 간주된다. 하지만 오늘날 페이비안주의자들 사이에서는, 현재와 같은 복지국가가 사회주의 사회로 발전될 것인지 아니면 현재 상태 그대로 정체될 것인지, 또는 잔여적인 복지국가로 퇴보할 것인지는 제반 경제적, 정치적 세력들 간의 힘의 균형에 달려 있다는 것이 보다 광범위하게 그리고 보다 공개적으로 인정되고 있다.

제5장
맑스주의자

맑스주의자들(Marxists)은 사회적 가치, 국가의 본질, 정부의 역할, 그리고 복지국가의 바람직성 등과 같은 쟁점들에 대해 반집합주의자들과 완전히 반대되는 견해를 가지고 있지만, 맑스주의와 반집합주의는 위의 쟁점들에 대한 접근에 있어서 두 가지 공통적인 특징을 가지고 있다. 첫째로 맑스주의자들과 반집합주의자들은 위의 쟁점들을 발전된 이론적 틀 내에서 소극적 집합주의자들이나 페이비안주의자들보다 더 광범위하게 고찰하고 있다. 둘째로 맑스주의자들과 반집합주의자들은 복지국가를 개혁하기 위한 방안을 제시—비록 그들의 방안에 대해 대중들은 혐오감을 가지고 있긴 하지만—함에 있어서, 실용적인 점증주의보다는 기본적인 원리에 근거하고 있다. 하이에크는 1949년에 쓴 글에서 점증주의적 접근에 대한 거부를 다음과 같이 표현하고 있다.

사회질서에 대한 어떤 명확한 원리를 주장하는 것은 오늘날, 실용적이지 못한 독단주의자라는 비판을 받게 될 가장 확실한 길이 되었다. 사회의 제반 사안들에 있어서 고정된 원리에 집착하지 않고 각 사안들을 '그것의 장점에 따라' 판단하는 것이 현명한 정신의 표시인 것으로 간주되게 된 것이다. 편의성이 이제 일반적으로 사람들을 이끌게 되었으며, 사람들은 상반된 견해들 사이에서 타협할 준비를 갖추게 되었다.[1]

---

1) F. Hayek, *Individualism and Economic Order*, Routledge & Kegan Paul, 1949, p.1.

최근에 들어 보다 큰 존경을 받게 된 반집합주의자들보다 맑스주의자들의 이상이 더 많은 비난을 받게 되었기 때문에, 그들은 아마도 위와 같은 견해에 커다란 공감을 표시할 것이다.

사회적 가치

맑스(Karl Marx)의 저작은 맑스 자신이 살아 있을 당시의 자본주의 체제가 갖고 있던 비인간성을 끊임없이 비판한 것이었다. 노동자계급에 속하는 사람들은 착취되고 있었고, 또한 그들은 그들의 동료 노동자들로부터 그리고 그들 자신의 진정한 자아로부터 소외되고 있었던 것이다. 그러나 맑스의 저작에서나 엥겔스(Friedrich Engels)의 저작에서는 사회주의 사회 또는 공산주의 사회에서의 사회관계를 지배할 가치형태에 관한 언급은 거의 발견할 수 없다. 이는 한편으로는 그들이 그러한 가치형태를 선험적으로 미리 묘사하는 것은 공상주의적(Utopian)인 것이라고 생각한 데서 기인한 것이고, 또 다른 한편으로는 그들이 역사적 변화에 대해 유물론적(materialistic)인 해석―이에 대해서는 다음 절에서 살펴볼 것이다―을 했던 데서 기인한 것이다. 현재 우리들의 논의에서는 그들은 사회적 가치를 사회를 지배하고 있는 경제적 조건의 결과로 간주하였다는 점과 사회주의 사회에서 가치가 변화하게 되는 것은 생산수단과 분배수단의 사회적 소유의 결과로서 나타나게 되리라고 생각하였다는 점을 지적하는 것으로 충분하다. 자본주의 체제 아래에서 지배적인 이데올로기가 소수에게 이익이 되는 자본주의적인 생산 및 분배형식과 조화로운 것과 똑같은 방식으로, 사회주의 체제 아래에서 지배적으로 될 이데올로기는 모든 사람들의 이익에 공평하게 봉사할 사회주의적인 생산 및 분배형식을 반영하게 되리라는 것이다.

하지만 맑스와 엥겔스는 사회주의 사회에서의 소득분배와 개인의 자유를 지도할 광범위한 원리에 관해 개괄적으로 언급하는 '사치'를 범하기도

하였다. 그들에 따르면, 고도로 발달된 자본주의 체제의 붕괴 혹은 변형 이후에 올 사회발전단계, 즉 사회주의 단계에서 분배를 지도할 원리는 "각자 능력에 따라 일하고, 일한 만큼 분배받는다"라는 것이다. 또한 그들에 의하면, 사회주의 단계 이후에 오게 될 보다 고도의 발전단계인 공산주의 단계에서의 분배원리는 "각자 능력에 따라 일하고, 욕구에 따라 분배받는다"는 원리로 변화할 것이라는 것이다.[2] 맑스는 분배원리라는 것은 지배적인 경제상황을 반영하고 그 지배적인 경제상황을 통하여 대중들의 태도를 반영할 때만이 어떤 실질적인 의미를 가질 수 있다는 점을 알고 있었다. 따라서 분배가 욕구에 따라 이루질 수 있는 단계는 공산주의 단계뿐인데, 왜냐하면 공산주의 사회에서만이 물질적 재화가 풍부하게 될 것이고, 또 사람들의 의식이 개인주의와 경쟁으로부터 집합주의와 이타주의로 변화하게 될 것이기 때문이다.

밀리반드(Ralph Miliband)는 맑스는 "정치적 해방과 인간해방을 근본적으로 구별"하고 있었다고 쓰고 있다. 정치적 해방이란 참정권의 확대, 대의제적인 제도, 자의적인 권력의 억제 등과 같은 제반 공민적 권리(civic rights)에 관련된 것을 말하는 것인데, 이는 자본주의 체제 내에서도 수용 가능한 것이다. 반면에 '인간해방'은 단순히 정치적 변화를 통해서만으로는 성취될 수 없는 것이고, 경제질서와 사회질서의 혁명적 변형에 의해 성취될 수 있는 것이다.[3] 자본주의는 진정으로 인간다운 환경을 창조할 수 없다. 자본주의는 남성과 여성을 포함하여 모든 사람들이 그들의 진정한 잠재력을 실현할 수 있는 조건을 제공하지 못한다. 인간의 진정한 잠재력의 실현이라는 의미에서의 '인간해방'은 자본주의적 분업이 강요하는 노예화의 압력으로부터 인간성을 자유롭게 함으로써 얻어질 수 있다. 인간해방이라는 개념은 욕구에 따른 분배라는 개념보다 훨씬 더 어려운 개

2) K. Marx, "Preface to a Contribution to the Critique of Political Economy," in K. Marx and F. Engels, *Selected Works* vol. I, Moscow, n.d., p.504.
3) R. Miliband, *Marxism and Politics*, Oxford University Press, 1977, p.10.

넘인 것이다. 공산주의 사회에 대한 맑스의 다음의 서술에서 우리는 인간 해방에 대한 가장 극적인 묘사를 발견할 수 있다.

> 공산주의 사회는 어떤 사람도 자기만의 활동영역을 가지고 있지는 않지만, 각자 자기가 원하는 분야에서 자신을 실현할 수 있는 사회이다. 사회가 전체 생산을 규제하기 때문에, 나는 오늘 이 일을 하고 내일 다른 일을 할 수 있다. 아침에는 사냥을 하고, 오후에는 낚시를 하고, 저녁에는 가축에게 풀을 뜯기고, 저녁 만찬 후에는 토론을 할 수 있는 것이다. 마치 내가 사냥꾼이나 낚시꾼, 목동 혹은 비평가가 되지 않고도 사냥꾼이나 낚시꾼, 목동, 또는 비평가의 정신을 가지고 있는 것처럼 말이다.[4]

맑스주의자들은 개인의 자유를 반집합주의자들보다 훨씬 더 넓은 의미로 간주한다. 맑스주의자들은 인간해방과 자기실현-이것들은 집합적인 행위를 통해서만이 성취될 수 있다-에의 방해물을 제거한다는 측면에서 자유를 바라본다. 페이비안주의자들과 마찬가지로, 맑스주의자들도 자유와 평등을 상호 조화로운 것으로 볼 뿐만 아니라 서로가 서로를 풍부하게 해주는 것으로 본다. 라스키(Laski)는 자유를 실현하는 데 필요한 조건을 세 가지로 보고 있다. 첫째 라스키는 "특권이 존재하는 곳에서" 자유는 결코 있을 수 없다고 주장한다.[5] 둘째 "일부 사람들의 권리가 다른 사람들의 쾌락에 의존하는 경우" 자유는 존재할 수 없다.[6] 셋째 자본주의에서 명백히 그런 것처럼, 국가의 행위가 특정 집단에게만 이로울 경우 자유는 존재할 수 없다. 라스키는 사실상 자본주의 사회에서는 맑스주의자들이 의미하는 바의 자유가 일반 대중들에게 결코 완전히 실현될 수 없다고 주장한다.

스트래취(Strachey)도 이러한 관점에서 자유를 보고 있다. 스트래취는

---

4) K. Marx, *The German Ideology*, International Publishers, New York, 1947, p.22.

5) H. Laski, *A Grammar of Politics*, Allen & Unwin, 1925, p.149.

6) *Ibid.*, p.150.

자본주의 하에서의 근로대중들을 위한 시민적 자유는 비록 그것이 중요한 것이긴 하지만 "빈약하고 보잘 것 없으며 반쯤은 헛된 것"이라고 말한다7) 맑스주의적 정치의 임무는 밀리반드의 말로 하면, "이러한 자유(시민적 자유)를 보존하고, 그것을 계급적 한계를 극복하도록 확장시키고 풍부하게 하는 것"이다.8) 이러한 임무를 성취하기 위해서는 부르주아적 자유는 경제적 자유—고용기회, 높은 수준의 임금, 그리고 지위향상의 전망 등—에 의해 보완되어야 한다. 자유와 평등은 따라서, 전체의 서로 다른 일부인 것이다. 정치적 영역 또는 경제적 영역에서의 평등의 결여는 다른 영역에서의 불평등을 산출할 것이다. 이는 라스키가 표명하는 견해이기도 하다. 그는 "정치적 평등은… 그것이 실질적인 경제적 평등과 함께 하지 않으면 결코 실현될 수 없다. 만일 그렇지 않으면 정치적 권력은 경제적 권력의 시녀가 되어 버릴 것이다"라고 주장하고 있는 것이다.9)

그러면 평등은 무엇인가? 스트래취는 맑스를 충실하게 좇아 사회주의 하에서의 "근로의 질에 따른" 분배와 공산주의 하에서의 개인의 욕구에 따른 분배를 구분하고 있다. 그러나 스트래취는 개인의 욕구에 따른 분배는 전반적인 경제적 풍요를 필요로 할 뿐 아니라 자본주의에서와는 완전히 상이한 가치체계를 필요로 한다고 경고한다. 스트래취가 보기에, 가치체계의 변화는 경제적 부의 성취보다 훨씬 더 어려운 것이다.10) 라스키는 맑스주의자들은 평등을 동일함이라고 생각한다는 비판을 거부한다. 넓은 의미에서 평등은 첫째 "특권의 부재"와 둘째 "모든 사람에게 적절한 기회가 개방되어 있음"을 의미하는 것이다.11) 상이함은 "그 상이함의 원인을 적절히 설명할 수 있는 경우라면," 평등주의와 양립가능하다. "차등화된 부나 지위는 그렇게 차등화된 부나 지위의 모든 단계에 모든 사람들이 도

---

7) J. Strachey, *The Theory and Practice of Socialism*, Gollancz, 1936, p.198.
8) Miliband, *op. cit.*, p.190.
9) Laski, *op. cit.*, p.162.
10) Strachey, *op. cit.*, p.95.
11) Laski, *op. cit.*, p.153, p.154.

달할 수 있는 것이어야 하며, 공동의 복지에 의해 요구되는 차등이어야
한다."12) 라스키는 또한 경제적 평등은 모든 사람에 대한 평등한 소득을
의미한다는 생각도 거부한다. 그 이유는 세 가지이다. 첫째 "평등하지 않
은 노력에 대한 평등한 보상은 결코 정의로운 것이 아니기 때문"이다. 둘
째 "욕구가 평등하지 않은 경우에 평등한 보상을 주는 것은 정의롭지 못
하기 때문"이다. 셋째 완전한 소득의 평등이라는 것은 "서구문명의 정신적
관습"과 조화롭지 못해서 정부가 완전한 소득의 평등을 시행하기는 불가
능하기 때문이다.13)

　라스키는 또한 다소 내켜 하지는 않지만, 개인의 욕구에 따른 분배라는
맑스의 견해도 거부한다. 그는 개인의 욕구에 따른 분배를 원칙으로서는
인정하지만, 현실적으로 실현불가능하기 때문에 그것을 거부하는 것이다.
라스키는 개인의 욕구는 정의하기가 어려우므로 정부는 정책적 의도를 이
루기 위해서는 평균적 욕구라는 개념을 사용할 수밖에 없다는 점을 지적
한다.14) 따라서 그는 상대적 평등(relative equality)이라는 개념을 채택한
다. 실제적인 면에서, 상대적 평등이란 개념은 첫째로 "시민적 최저한
(civic minimum)에 관련된 모든 욕구, 즉 그것이 충족되지 않았을 경우
사실상의 시민으로서의 지위를 유지할 수 없게 되는 그러한 모든 욕구를
다른 모든 욕구에 우선하여 충족시켜야 한다"는 것을 의미한다.15) 둘째로
시민적 최저한이라는 기본적인 욕구가 충족되고 난 이후에, 상대적 평등
이라는 개념은 상이한 직업에서의 개인들에 의해 이루어지는 다양한 기여
를 고려하기 위하여 '노력 또는 능력에 근거한' 보상의 차별이 있을 수 있
음을 의미한다.16) 이러한 견해는 사실상 앞 장에서 논의한 토니의 견해와
매우 유사한 것이다.

---

12) *Ibid.*, p.157.
13) *Ibid.*, p.190.
14) *Ibid.*, p.194.
15) *Ibid.*, p.195.
16) *Ibid.*, p.120.

사회와 국가

다른 모든 정치철학들과 마찬가지로, 맑스주의도 정치적 신념의 한 형태임과 동시에 사회가 어떻게 기능하는가를 설명하려는 사회이론이기도 하다. 아마도 맑스주의는 사회를 형성하는 요인들과 사회제도—사회서비스를 포함한—를 형성하는 요인들을 구체화하려는 가장 정교한 시도일 것이다.

대체로 오늘날의 맑스주의자들도, 맑스와 엥겔스가 주장한 역사에 관한 그리고 사회변동과 사회안정에 관한 유물론적 설명에 동의하고 있다—비록 역사나 사회변동 및 안정의 과정이 실제로 어떻게 작동하는가에 대해서는 상당한 의견차이가 있지만 말이다. 유물론적 견해에 따르면, 모든 사회에 있어서 경제구조는

사회의 법적, 정치적 상부구조(superstructure)가 발생하는 기반이 되고 일정한 형식의 사회의식이 조응하게 되는 진정한 토대(foundation)이다. 물질적 삶에 있어서의 생산양식이 삶의 사회적, 정치적 그리고 정신적 과정의 전반적인 특징을 결정한다. 인간의 의식이 인간의 존재를 결정하는 것이 아니라 오히려 그 반대로 인간의 사회적 존재가 인간의 의식을 결정하는 것이다.[17]

다시 말하면 사회가 자신의 생존을 유지해 나가는 방식이 정치체계와 교육체계, 미술과 음악, 이데올로기 등의 본질을 설명해 준다는 것이다. 마찬가지로, 사람의 직업의 성격이 그 사람의 전반적인 생활양식과 사고방식에 중요한 함의를 갖게 되는 것이다.

사회를 이처럼 구조와 상부구조로 구분하는 것은 사회변동을 추구하는 사람들에게는 매우 분명한 함의를 주게 된다. 하지만 맑스와 엥겔스는 둘다 경제구조가 상부구조의 여러 부분들에 영향을 미치는 구체적 방식에 관련해서는 상당한 논쟁의 여지가 있다는 것을 끊임없이 지적하였다. 맑

---

17) Marx, "Preface to a Contribution to the Critique of Political Economy," p.503.

스는 어떤 사회이든지 그 사회의 상부구조는 그 사회의 경제적 토대보다 훨씬 더 복잡하다는 것을 인식하고 있었다. 상부구조가 경제적 토대보다 훨씬 복잡한 것은 한편으로는 상부구조는 계급과 집단 그리고 개인들의 행위를 포함하기 때문이고, 또 한편으로는 상부구조는 역사적 변동의 산물인 관계로 어떤 특정 시기의 경제적 토대에 완전히 조응하지 않는 요소들을 언제나 포함하고 있기 때문이다. 자신들을 비판하는 사람들에 대해 답변하는 가운데, 엥겔스는 사실상 경제적 요인의 중요성을 상대적 비중요성의 지위(relative insignificance)로 제한하였다.

> 역사에 대한 유물론적 개념에 따르면, 역사에 있어서의 결정적인 요인은 궁극적으로, 실제적 삶에 있어서의 생산과 재생산이다. 맑스나 나 자신이나 이것 이상을 주장한 적은 결코 없다. 따라서 만일 누군가가 우리들의 이 주장을 역사에 있어서 경제적 요인이 유일한 결정요인이라는 진술로 왜곡한다면, 그는 역사에 대한 유물론적 개념을 아무런 의미도 없는 추상적이고 어리석은 개념으로 변형시키는 것이 된다. 경제적 상황이 토대를 형성하지만, 상부구조의 여러 가지 요소들도… 역사적 투쟁과정에 영향을 미치며 또한 많은 경우에 있어서 역사적 투쟁의 '형식'을 결정하는 데 보다 우세한 영향을 미치게 된다.18)

따라서 역사와 변화에 대한 맑스주의적 개념은 경제결정론으로 해석될 수도 있고, 보다 덜 경직된 개념으로 해석-그러나 이 경우에도 경제적 요인이 가장 중요한 것으로 간주된다-될 수도 있다. 바로 이 후자의 해석이 정치학과 복지국가를 연구하는 사람들 사이에 받아들여져왔던 해석이다. 따라서 라스키는 경제적 변동이 가장 중요한 것이라고 강조하는 한편, 다른 요인들도 또한 중요하다는 점을 인정하고 있다. 물론 경제적 요인 이외의 다른 요인들의 역할은 "환경에 달려 있으며, 환경은 경제적 관계체계에 의해 그 성격이 결정되는 것"이긴 하지만 말이다.19) 밀리반드도

---

18) K. Marx and F. Engels, *Selected Works*, vol.1, F. Engels in his letter to J. Bloch, pp.381-3.
19) H. Laski, *The State in Theory and Practice*, Allen & Unwin, 1934,

경제결정론을 거부하고, 경제적 토대는 상부구조에 있어서의 변화를 고찰하기 위한 '출발점'으로 그리고 '제일의 사례'로 간주되어야 한다는 견해를 취하고 있다.[20] 역사에 관한 유물론적 개념에서 나타나는 명백한 긴장은 엄격한 경제결정론은 정치나 교육, 종교 등을 부적절한 것으로 만들어 버리는 고식적인 이론이 될 수 있고 한편 상대적 경제결정론은 정치나 교육, 종교 등에 경제와 똑같은 중요성을 부여하는 다원주의적 형태의 이론으로 될 수 있다는 점이다. 엄격한 경제결정론과 상대적 경제결정론이라는 이 두 가지 극단적인 입장의 중간 어딘가에 오늘날의 대부분의 맑스주의자들이 선호하는 입장이 위치해 있다. 하지만 어떤 입장을 취하든 역사에 관한 유물론적 개념은 언제나 증명되지 않은 채로 남아 있을 수밖에 없다. 왜냐하면 비록 우리가 경제구조의 중요성을 인정한다 하더라도, 레이몬드 윌리암스(Raymond Williams)가 지적한 바와 같이, "실제에 있어서는 결코 홀로 나타나지 않는 요인의 궁극적인 중요성을 평가하는 데 어려움이 있기 때문"이다.[21] 역사에 관한 유물론적 입장에서 보면, 사회 내의 다양한 집단들이 생산수단에 대해 갖는 관계가 이들 집단들 간의 상이한 권력과 서로 간의 관계를 결정짓는 것이 된다. 자본주의 사회에서는 소수의 사람들이 생산수단을 소유하고 관리하므로 이들 소수의 사람들이 생산체계에 의해 창출되는 부의 대부분을 향유하게 되는 것이다. 인구의 대부분은 생산수단의 소유에 있어서 어떠한 몫도 가지지 못하며, 따라서 이들은 그들의 생계를 자신들의 노동에 의존할 수밖에 없다. 이리하여 자본주의 사회에서 두 주요 계급인 자본가계급과 노동자계급은 구조적으로 결정된 적대관계 속으로 들어가게 되며 따라서 상호 근본적인 갈등관계에 있게 된다. 그러므로 자본주의 사회에서 계급갈등은 보편적인 현상으로서 생산수단의 사적 소유의 폐지, 즉 자본주의 체제 자체의 폐지를 통해서만이 극복될 수 있는 것이다. 계급갈등은 여러 가지 형태를 취할 수 있고 그

---

p.108.
20) Miliband, *op. cit.*, p.8.
21) R. Williams, *Culture and Society*, Penguin, 1958, p.272.

정도가 격렬할 수도 있고 온건할 수도 있지만 자본주의 사회에서는 결코
폐지될 수 없다.

계급갈등은 경제적 영역과 정치적 영역 그리고 문화적 영역에서 발생하
며, 또한 매우 격렬한 것에서부터 온건하고 평화적인 것에 이르기까지 여
러 가지의 형태를 나타낸다. 테일러-구비와 데일(Taylor-Gooby and Dale)
이 말한 바와 같이, "우리가 계급투쟁에 관해 이야기할 때, 그것은 일반적
으로 착취당하는 계급이 생산수단을 소유하고 통제하는 계급의 권력에 대
항하여 투쟁하는 다양한 방법들에 관해 이야기하는 것"이다.[22] 따라서, 저
항과 시위-온건한 것이든 격렬한 것이든-, 임금협상과 파업, 의회선거나
지방선거에서의 투표, 정치적 논쟁 등의 이 모든 것들은 자본주의 사회에
내재한 지속적인 계급갈등의 부분들인 것이다. 이처럼 넓게 정의되기 때
문에, 계급갈등은 수량화하기가 지극히 어렵고, 따라서 계급갈등의 양(量)
이 지난 몇년 동안 어떤 추세를 보였다는 등의 진술은 별로 중요한 것이
아니다.

맑스와 엥겔스는 계급갈등 이외의 갈등도 존재한다는 점을 분명히 인정
하였다. 하지만 그들이 강조하고자 했던 바는 임금노동자와 자본가 간의
갈등이 자본주의 사회에 있어서의 가장 중요한 갈등형태라는 점이었다.
계급갈등과 인종간, 종교간, 이해집단 간 갈등이 구분되는 것은 이 후자의
갈등들이 자본주의체제 자체 내에서도 해결될 수 있다는 점에 있다. 라스
키의 말을 빌면, "다른 모든 사회적 적대들과 계급적대 간의 차이점은 후
자, 즉 계급적대가 자본주의 사회의 법적 전제들을 변경시켜야만 해결된
다는 데 있다"는 것이다.[23] 맑스주의자들도 한 나라에 있어서 개별 정치
가가 상황의 진행과정에 기여할 수 있다는 점을 인정하고 있지만, 그러한
기여는 그것이 이루어지는 광범위한 경제적, 정치적 환경에 의해 형성되
며 제약된다고 본다. 자주 인용되는 맑스의 말로 하면, "인간은 그들 자신

---

22) P. Taylor-Gooby and J. Dale, *Social Theory and Social Welfare*,
   Arnold, 1981, p.185.
23) Laski, *The State in Theory and Practice*, p.108.

의 역사를 만든다. 그러나, 인간은 자신이 원하는 대로 역사를 만드는 것
은 아니다. 인간은 그들 자신이 선택한 환경 아래에서 역사를 만드는 것
이 아니라, 그들이 직접적으로 저항할 수 없는, 과거로부터 전해진 주어진
환경 아래에서 역사를 만드는 것"이다.24)

간단히 말하면, 계급갈등은 자본주의 사회의 변화를 위한 유일한 동력
은 아니지만 가장 중요한 동력이라는 것이다. 맑스주의자들 사이에서 계
급갈등 이외의 요인들이 가지는 상대적 중요성과 이들이 계급갈등에 대해
가지는 관계에 관련하여 의견의 차이가 나타나게 되는 것은 필연적이지만,
그들은 계급갈등이 조만간 선진 자본주의 사회에서의 자본주의 체제를 전
복시키게 될 것이라는 신념에서는 일치하고 있다. 자본주의가 발전함에
따라 자본주의의 내적 모순도 깊어지며 노동자계급의 힘도 강화되는 것이
다. 바로 이러한 이유로, 맑스와 엥겔스는 사회주의로의 전환은 경제적으
로 저발전된 자본주의 사회에서는 일어날 수 없고 선진 자본주의 사회에
서만 일어날 것이라고 생각하였다. 맑스는 "그 내부에서 생산력이 발전될
여지가 있는 경우에는 어떠한 사회질서도 붕괴되지 않는다. 더 높은 새로
운 차원의 생산관계는 기존 사회의 태내에서, 그것의 물질적 존재조건이
성숙되기 전까지는 결코 나타나지 않는다"고 썼다.25)

궁극적인 변화는 사회 내의 계급들 간의 힘의 균형에 따라 평화적인 것
일 수도 있고 폭력적인 것일 수도 있다. 하지만 맑스의 전체적인 주장은
자본가계급은 필연적으로 그들의 특권을 평화적으로 양보하려 하지 않을
것이기 때문에 대부분의 나라에서 사회주의로의 이행은 비평화적인 수단
에 의할 것이라는 것이다. 그러나 그는 "미국이나 영국과 같이… 노동자
들이 그들의 목적을 평화적으로 성취할 수도 있는 나라가 있다"는 점을
인정하였다.26) 맑스가 죽은 후에 노동자계급의 운동이 경제적, 정치적, 사

---

24) K. Marx, *The Eighteenth Brumaire of Louis Bonaparte*, International
    Publishers, New York, 1969, p.31.
25) K. Marx, "Preface to a Contribution to the Critique of Political
    Economy," p.278.

회적 개혁을 이끌어내는 것을 목격한 엥겔스는 사회주의로의 평화적인 이행에 대해 맑스보다 더 낙관적이었다.

영국의 맑스주의자들은 비록 최종적인 수단이라 할지라도 정치적 목적을 위해 폭력적 수단의 사용을 인정하는 데 있어서 매우 소극적인 자세를 보여왔다. 영국의 맑스주의자들은 노동자계급에 의한 폭력의 사용은 자본가계급에 의한 폭력적인 반작용을 불러일으키는 경향이 있으므로 비생산적일 수 있다고 생각하고 있다. 게다가 그들은 사회주의로의 평화로운 이행은 비록 그 과정은 느릴지라도 다수의 합의에 근거한 진정한 사회주의 사회를 창조할 것이기 때문에 보다 우수한 방법이라고 생각하고 있다. 그래서 라스키는 약간의 주저에도 불구하고, 영국에서의 의회정치에 대한 신념을 계속 유지하고 있으며, 그의 그러한 신념은 또한 많은 맑스주의자들에 의해서도 공유되고 있다.

국가의 구성원들이 의견의 불일치로부터 정통적 견해를 효과적으로 끌어낼 수 있을 만큼 기본적인 정치적 권리를 실질적으로 충분히 향유한다면, 혁명이라는 수단에 호소하기 전에 의회에 의해 각자에게 부여된 모든 수단을 활용하는 것이 시민들의 의무라고 나는 생각한다. 물론 자본주의 하에서의 민주주의는 그 본질상 시민들에게 부당할 정도로 무거운 저울을 지운다는 점을 인정해야 한다. 또한 의회민주주의적 수단에 의존하는 것은 궁극적인 도덕적 권리라기보다는 편의성에 근거한 신중한 계획이라는 점도 인정한다. 그러나 그럼에도 불구하고, 나는 비록 완만하기는 하지만 의회주의적 전술에 내재한 이득은 혁명적 수단에 의한 이득보다 더 깊다고 생각한다.27)

2차대전 이후에는 정치적 목적을 위해 폭력을 사용한다는 생각에 대해 더욱 더 큰 거부가 나타났다. 영국 공산당은 1951년에 의회주의를 통한 사회주의로의 이행을 채택함으로써 서구유럽에서 의회주의를 채택한 첫번

---

26) K. Marx, "The First International and After," in *Political Writings*, vol.3, Pelican edn, London, 1974, p.324.

27) Laski, *The State in Theory and Practice*, p.213.

째의 공산당이 되었다. 유럽의 다른 공산당들도 영국 공산당을 따름으로써 오늘날 유로코뮤니즘 운동에서는 사회주의로의 '개혁주의적' 이행이 일반적인 정책이 되었다.

앞의 장에서 지적한 바와 같이, 페이비안주의자들은 사회주의로 갈 수 있는 유일한 길은 점진적인 개혁을 통하는 길뿐이라고 강조하고 있다. 이 점과 관련하여 페이비안주의자들과 맑스주의자들 사이에 상당한 유사점이 있는 것은 사실이지만, 그들은 다음의 세 가지 면에서 중요한 차이점을 드러내고 있다. 첫째로 맑스주의자들의 인식 속에는 의회주의적 방법과 비의회주의적(extra-parliamentary) 방법-'예를 들면 특수하거나 일반적인 요구를 개진하기 위한, 그리고 정부의 정책에 반대하기 위한, 또는 주어진 조치에 반대하기 위한 경제투쟁, 파업, 연좌농성, 시위, 행진, 캠페인 등'-이 모두 포함되어 있다.[28] 페이비안주의자들은 상황에 따라 어느 정도의 가변성은 인정하지만, 이론적으로는 비의회주의적 방법을 반대하고 있다. 두번째로, 페이비안주의자들이나 그외 다른 이념을 가진 사람들의 생각과 달리, 맑스주의자들에게 있어서 개혁주의는 사회를 사회주의적으로 변형시키기 위한 일관된 전략의 일부분으로서만 합당한 것이다. 하지만 페이비안주의자들 중에서도 이와 같은 입장을 취하는 사람들이 많이 있다. 즉 많은 페이비안주의자들도 변화는 그 자체로 바람직한 것일 뿐 아니라, 사회주의 사회를 점진적으로 이루기 위한 보다 광범위한 목적의 수단으로도 생각하는 것이다. 세번째로 사회변화를 위한 개혁주의적 접근에 대한 맑스주의자들의 태도와 페이비안주의자들의 태도 사이에 나타나는 차이점은 맑스주의자들은 그러한 개혁주의적 접근에 대해 불안감을 가지고 있다는 점이다. 맑스주의자들은 개혁주의적 접근을 하나의 가능한 전략이라고는 생각하지만 그것은 여러 가지 어려움에 둘러싸여 있다고 본다. 개혁주의는 기존 상황에 대한 수용으로 이어질 수 있고, 또한 노동자계급을 자본가계급과의 보다 안락한 관계 속으로 통합시켜 버릴 수도 있는 것이다.

---

28) Miliband, *op. cit.*, p.161.

개혁주의는 "사회주의에 대한 헌신으로부터 사회개혁에 대한보다 덜 열성적인 추구로 변질될 수 있는 개혁주의적 정당의 피할 수 없어 보이는 경향성"에 의해 위협받고 있는 것이다.[29]

최근에 맑스주의자들 사이에서 '개혁주의'에 대한 신념이 증가하게 된 것은 대부분 선진 산업사회의 노동자계급들이 혁명에 대한 열정을 가지고 있지 않다는 것에 대한 인식과 자본가계급들이 급진적 정책을 추구하는 좌파정부를 전복시키려는 적극적인 시도를 할 가능성이 별로 없어 보인다는 사실에서 기인한 것이다. 이러한 상황에서 보다 일어날 가능성이 높은 것은 자본가계급이 자본의 국제적 기구와 연대하여 경제적 붕괴를 최대한으로 창출하려고 시도하는 것이다.

자본주의의 미래가 어떠하든, 사회주의로의 변화가 임박하였다는 맑스와 엥겔스의 예견과는 반대로 아직까지 어떠한 선진 자본주의 사회도 사회주의 사회로 변화되지 않았다는 것은 여전히 사실로 남아 있다. 왜 사회주의로의 이행이 일어나지 않았는가? 노동자계급이 사회경제적 체제를 변화시킬 수 있는 수적 우월성을 사용하지 못하도록 한 요인으로는 자본가계급의 경제적 힘과 국가의 성격이라는 두 가지 상호 연관된 원인이 거론되고 있다.

선진 자본주의에서는 그 나라 경제에 대한 영향력이 언제나 강력하고 가끔은 매우 결정적인 영향력도 행사할 수 있는, 거대한 국가적인 또는 국제적인 사적 기업이 성장하여왔다. 많은 비(非)맑스주의자들도 밀리반드의 다음과 같은 견해, 즉 선진 자본주의는 "거대한 기업과 거의 다를 바 없고, 이 국가들의 경제조직에 있어서 상대적으로 적은 수의 거대기업들 -종종 서로 연결되어 있는- 이 산업과 금융, 상업의 핵심적인 부문들을 점차 지배하게 되는 것보다 더 중요한 것은 없다"[30]는 견해에 동의하고

29) D. Coates, "Reformism," in T. Bottomore(ed.), *A Dictionary of Marxist Thouhgt*, Blackwell, 1983., p.410.

30) R. Miliband, *The State in Capitalist Society*, Weidenfeld & Nicolson, 1969, p.12.

있다. 투자를 할 것인지 말 것인지, 투자한다면 어디에 투자할 것인지, 가격을 올릴 것인지 말 것인지, 자본을 국외로 유출시킬 것인지, 유출시킨다면 언제 유출시킬 것인지에 대한, 거대기업들의 결정은 자본주의를 위한 정부의 정책에 영향을 미칠 수밖에 없다. 노동당 정부나 사회민주당 정부도 보수당 정부와 꼭 마찬가지로 그러한 거대기업들의 힘을 결코 무시할 수가 없다.

맑스주의자들은 경영혁명은 경제력의 집중에 대해서나 경제운영에 있어서의 이윤의 최우위에 대해서나 아무런 영향을 미칠 수 없다고 주장한다. 경영진은 이윤극대화와는 다른 추가적인 목적들을 가지고 거대기업의 일을 수행할 수도 있다. 그러나 바란과 스위지가 주장하듯이, "이윤이 비록 궁극적인 목적은 아닐지라도 모든 궁극적인 목적의 필수적인 수단인 점은 부인할 수 없으며, 그러한 필수적인 것으로서의 이윤은 기업정책의 직접적이고 독특한 목표이자 다른 정책들을 통합시키는 계량적 목표가 되고, 기업합리성의 준거가 되며, 기업의 성공을 측정하는 수단이 되는 것이다."[31] 경영혁명이라는 명제를 주장하는 사람들의 말처럼, 건전한 기업이 건전하지 못한 기업을 대체해왔던 것은 아니다. 또한 경영자들의 힘이 부의 소유자들의 힘을 압도하였던 것도 아니다. 경영자들과 자본소유자들 사이에 때때로 의견이나 이해관계에 있어서 차이가 있을 수도 있지만, "그들 사이에 가능한 목적과 동기의 차이는 기본적으로 공통된 이해관계에 의해 압도되고 있는 것"이다.[32] 간단히 말하면, 자본의 집중과 국제화는 자본가계급이 정부—사회주의적 정부를 포함하여—에 대해 항상 가져왔던 영향력을 강화시켜온 것이다.

지난 십여 년 동안 맑스주의자들 사이에서 국가의 개념만큼 많은 주목을 받은 개념은 없을 것이다. 국가의 개념을 둘러싼 논쟁을 여기서 길게 살펴볼 필요는 없을 것이며 또 가능하지도 않다. 여기서는 현재의 우리들

---

31) P. Baran and P. Sweezy, *Monopoly Capital*, Penguin, 1970, p.40.
32) Miliband, *The State in Capitalist Society*, p.35.

의 논의에 관련되는 부분만 살펴볼 것이다. 맑스와 엥겔스의 저작에서, 우리는 세 가지 서로 구분되는 형태의 국가를 발견할 수 있는데, 그 각각은 사회 내에서의 계급 간 힘의 균형에 대한 상이한 견해를 나타내고 있다. 첫번째 것은 '공산당 선언'에서 맑스와 엥겔스에 의해 최초로 표현된 국가에 대한 고전적 견해이다. '공산당 선언'에서 그들은 "근대국가의 행정부는 전체 부르주아의 공동사를 관리하는 집행위원회에 불과하다"고 결론내렸다. 밀리반드는 이를 "국가라는 주제에 대한 맑스주의의 핵심적인 명제"라고 서술하였다.33) '공산당 선언'에서의 결론을 다시 말하면, 정부의 정책, 그리고 정부정책의 부재까지도 자본가계급의 이익을 위해 봉사하며 사회에서의 그들의 위치를 강화시킨다라는 것이다. 국가는 단순히 계급지배의 도구로 간주되는 것이다. 오늘날 결코 전부는 아니지만, 대부분의 맑스주의자들은 정치와 산업에서 좌파정당과 노동조합이 그처럼 강력한 힘을 발휘하고 있는 선진 자본주의 사회에서 그러한 국가형태가 존재한다고는 말할 수 없다고 생각한다.

두번째 국가형태는 '일시적으로 자율적인(temporarily autonomous)' 국가라고 부를 수 있는 형태일 것이다. 엥겔스는 "투쟁하는 두 계급들이 서로 거의 대등한 힘의 균형을 이루는 예외적인 시기가 있어서, 이 기간에는 명목상의 중재자에 불과한 국가의 힘이 이들 두 계급으로부터 일시적인 독립을 획득할 수 있다"고 썼다.34) 다시 말하면, 이러한 국가형태는 자본가계급과 노동자계급이 모두 너무나 허약하여 국가기구에 대해 강력한 영향력을 발휘할 수 없는 경우나 또는 두 계급 간에 힘의 균형이 이루어질 경우와 같은 지극히 예외적인 경우에 나타날 수 있다는 것이다. 이러한 예외적인 경우에, 국가는 정부 자체의 지위로부터 힘을 끌어낼 수 있으며, 정부 자체의 인력에 봉사하게 된다. 대부분의 맑스주의자들은 이 두

---

33) R. Miliband, "The State," in T. Bottomore(ed.), *op. cit.*, p.464.
34) F. Engels, "the Origin of the Family, Private Property and the State," in Marx and Engels, *Selected Works*, vol.2, Moscow, 1962., p.290.

번째 형태의 국가도 선진 자본주의 사회의 권력현실과 부합되지 않는다고 생각한다.

세번째 국가형태는 오늘날의 맑스주의자들 사이에서 가장 많은 지지를 받는 것으로서 '상대적으로 자율적인(relatively autonomous)' 국가형태이다. 이 국가개념에 따르면, 국가는 자본가계급의 이익에 봉사하는 경향이 있기는 하지만 자본가계급의 이익과 상반되는 정책을 추진하기도 한다는 것이다. 자본가계급의 이익과 상반되는 정책을 추구하기도 하는 것은 노동자계급으로부터의 정치적 압력에서 기인한 것일 수도 있고 또는 노동자계급의 급진주의적인 경향을 무마하기 위해 그들에게 이로운 정책을 제공해야 한다는 정부의 의도적인 결정에서 기인한 것일 수도 있다. 또한 국가는 자본가계급의 일부의 이익에는 상반되지만 장기적으로는 자본 전체의 이익에 도움이 되는 정책을 제공할 수도 있다. 밀리반드는 맑스와 엥겔스가 국가에 대해 상당한 정도의 자율성을 부여하였다고 주장한다. 국가의 임무는 "전체 부르주아의 공동사를 관리하는 것이다"라는 그들의 말은 부르주아가 공통의 이익뿐 아니라 서로 다른 특수한 이익도 가진 상이한 요소들로 구성되어 있다는 것을 암시하는 것이며, 따라서 부르주아의 공동사를 관리해야 하는 것은 국가여야 한다는 점을 암시하는 것이다. 이를 위해서는 국가는 어느 정도의 자율성을 가져야만 한다.[35] 이러한 점에서, 국가는 비록 때때로 노동자계급에게 양보를 강요당할 수도 있고 또는 스스로 그러한 양보를 결정하기도 하지만, 장기적으로는 자본가계급의 이익에 봉사하게 되는 것이다.

맑스주의자들 사이에서의 열띤 논쟁 가운데에서 국가가 자본가계급의 이익을 위해 봉사하게 되는 네 가지의 원인에 대해서는 의견의 일치가 이루어져 있다. 첫번째의 원인은 국가기구의 최고위층 사람들이 산업과 대중매체의 최고위층 사람들과 동일한 사회경제적 배경을 가지고 있다는 점이다. 이러한 결과로, 비록 이들 사이에 완벽한 의견의 일치는 존재할 수

---

35) Miliband, "The State," in Bottomore(ed.), *op. cit.*, p.466.

없다 하더라도, 그들은 밀리반드가 말한 바와 같이, 자본주의적 생산과 분배형태를 선호하는 "공통된 이데올로기적, 정치적 입장 및 태도와 공통된 가치 및 관점"을 가지게 되는 것이다.36) 두번째 원인은 자본가계급의 경제적 힘이 그들에게 직접적으로 그리고 간접적으로 정부에 대해 상당한 영향력을 발휘할 수 있게 해 준다는 것이다. 세번째 원인은 자본주의적 생산양식이 어떤 정부에 대해서라도 필연적으로 일정한 구조적 제약을 가하게 된다는 것이다. 즉 "자본주의 경제는 정부와 국가를 조만간 굴복시키고야 마는 그 자신의 '합리성'을 가지고 있다"는 것이다.37) 네번째 원인은 자본주의의 시장제도가 민주적 국가로 하여금 자본의 이익에 봉사하게 하는 태도와 가치를 생성시킨다는 것이다. 그리하여 좌파정부조차도 자신의 임무를 자본주의 경제의 성장을 위한 조건을 제공하는 것으로 간주하게 된다. 그것이 노동자계급 사람들의 생활을 일시적으로 고통스럽게 함을 의미한다 할지라도 말이다.

국가에 대해서 어떤 견해를 취하는가 하는 것은 그와 관련된 중요한 쟁점들, 즉 의회주의적 방법을 통한 사회주의로의 이행의 가능성, 폭력의 사용, 개혁의 가치 등과 같은 쟁점에 대한 입장에 있어서도 결정적인 함의를 갖는다. 따라서 의회주의를 통한 사회주의로의 이행을 선호하는 유로코뮤니즘 운동의 성장이 국가의 '상대적 자율성' 명제에 대한 압도적 지지와 함께 나타났던 것은 그리 놀랄 만한 일이 아니다. 하지만 국가가 어느 정도나 상대적으로 자율적인가 하는 점에 대해서는 여전히 답해지지 않고 있다. 미쉬라(Mishra)가 지적한 바와 같이, "상대적 자율성의 한계는 어떠한 이론에 의해서도 결정될 수가 없는 것"이다.38) 따라서 국가가 자본가계급의 이익에 해로운 정책을 얼마나 자유롭게 추구할 수 있는가의 문제는 개인적인 해석의 문제로 남아 있는 것이다.

---

36) R. Miliband, *Marxism and Politics*, Oxford University Press, 1977, p.69.
37) *Ibid.*, p.72.
38) R. Mishra, *Society and Social Policy*, Macmillan, 2nd edn, 1981, p.92.

지금까지 논의한 것에는 계급의 힘과 국가의 힘이 각기 분리된 채로든 서로 결합되어서든, 자본주의적 질서를 유지하기 위해 다양한 방법들을 사용하여왔다는 사실이 함축되어 있다. 그 다양한 방법들은 경제적인 것과 억압적인 것 그리고 이데올로기적인 것의 세 가지로 나누어 볼 수 있다. 노동시장에서 노동자들이 종속적인 지위에 처해 있다는 것-그들의 생계를 노동에 의존해야 한다는 것과 고용의 안정성을 스스로 통제할 수 없다는 것 등-은 비록 그들이 자본주의에 대해 이데올로기적으로 동의하지는 않더라도, 기존의 경제체제를 마지못해 받아들일 수 있음을 의미한다. 보수가 있는 고용의 규율적 역할은 실업율이 높은 경우에는 증가하고, 완전고용의 경우에는 완전히 없어지지는 않지만 감소하게 된다. 자본주의의 초기단계에 흔히 사용되었던 억압적인 방법은 많이 약화되었지만, 그것은 지금도 수정된 형태로 여전히 존재하고 있으며, 복지자본주의 사회에서도 매우 자주 억압적인 방법이 사용되고 있다. 복지자본주의에서의 국가는 국가의 공식적인 기관과 사회의 비공식적인 과정들을 통하여 지배적인 이데올로기를 선전하는 등 점차 이데올로기적 통제형식을 사용하게 된다.[39] 예를 들면 그람시(Gramsci)는 동의와 정당성을 조직하는 데 있어서 국가가 중요한 역할을 수행한다는 점을 강조하고 있다. 이러한 점에 근거하여, 맑스주의자들은 점차 이론적 투쟁과 이데올로기적 투쟁의 중요성을 인식하게 되었다. 바네트(Barnett)가 지적한 바와 같이, "대다수의 노동자계급이 사회주의를 적극적으로 소망하게 되기 전까지, 노동계급은 지속적으로 나타나는 자본주의의 위기-그 위기가 단기적으로 아무리 큰 것이라 할지라도-에 대한 부르주아적 해결책을 받아들일" 것이다.[40]

---

39) L. Althusser, *Lenin and Philosophy and Other Essays*, New Left Books, 1971.
40) A. Barnett, "Raymond Williams and Marxism," *New Left Review*, no. 99, November-October 1976.

정부의 역할

지금까지의 논의로 볼 때, 맑스주의자들은 당연히 경제적 영역과 사회적 영역에 있어서의 정부활동의 상당한 확장과 보다 참여적이고 민주적인 체계로의 전환을 모두 선호할 것이라고 생각할 수 있다. 사회복지에 있어서의 정부의 역할은 다음 절에서 상세히 다루고 있으므로, 본 절에서는 경제에 있어서의 정부역할에 대해서 살펴보기로 한다. 맑스주의자들의 전통적인 경제전략은 두 가지의 프로그램으로 구성되어 있다. 즉 그것은 생산 및 분배수단의 국유화와 효과적인 산업민주주의이다.

국유화는 정치적인 고려와 경제적인 고려 모두에서 정당화되고 있다. 생산수단의 사적 소유는 분명히 자본가계급의 손에 경제력을 집중시키게 된다. 이는 곧 정치적 권력도 자본가들의 손에 집중됨을 의미한다. 왜냐하면 스트래취가 지적한 바와 같이, "정치적 권력과 경제적 권력은 궁극적으로는 분리할 수 없는 권력 전체의 두 가지 측면에 불과하기 때문"이다.[41] 국유화 주장은 국가적 기업과 국제적 기업의 성장으로 인해 한층 더 강화되었다. 국가적 기업과 국제적 기업은 작은 기업과 달리 보다 강력하며 정부의 통제에 쉽게 순응하지 않기 때문이다. 홀랜드(Holland)는 전후 기간 동안 영국에서 경제력의 집중은 상당한 수준에 달하였음을 보이고 있는데, 그에 의하면 최상위 100개 제조업체의 순산출량이 제조업 전체 순산출량에서 차지하는 비율이 1910년의 경우에는 15%였고 1950년에도 20%에 불과하였던 것이 1970년에는 46%로 증가하였고 1985년에는 66%에 치솟았다는 것이다.[42]

경제력의 집중은 필연적으로 정치 권력의 집중을 의미하게 된다는 주장은 많은 비맑스주의자들 사이에서도 받아들여지고 있다. 갈브레이드와 린드블롬은 그 대표적인 예이다. 린드블롬은 권력의 이러한 이중성을 다음

---

41) J. Strachey, *Contemporary Capitalism*, Gollancz, 1957, p.180.
42) S. Holland, *The Socialist Challenge*, Quartet Books, 1975, chs.2.

과 같이 표현하고 있다.

시장체계에서의 공공 기능은 사업가들의 손에 달려 있기 때문에, 직업과 가격, 생산, 성장, 생활수준, 그리고 모든 사람들의 경제적 안정과 같은 모든 것들이 그들의 손에 달려 있게 된다. 결과적으로 정부관료들은 기업이 그러한 기능을 얼마나 잘 수행하는가에 관심을 가지지 않을 수가 없다. 경기침체, 인플레이션 또는 기타 경제적 어려움은 정부를 파멸시킬 수도 있다. 그러므로 정부의 중요한 기능은 기업이 그들의 임무를 잘 수행하도록 돌보는 것이다.43)

사적 기업을 국유화해야 한다는 경제적 주장은 정치적 주장만큼이나 강력한 것이다. 노동자들의 노동을 통해서 생산된 이윤이 일하지 않아도 되는 거대한 소유자들에 의해 거두어지는 것은 비도덕적인 것으로 간주된다. 이러한 상황에서, 노동자들은 자신들의 노동과정으로부터 소외됨을 느끼게 되고, 결과적으로 노동자들도 심리적인 고통을 받을 뿐만 아니라 경제적 생산 자체도 어려움을 겪게 된다.

그러나 국유화가 사회주의를 위한 필수적인 전제조건이기는 하지만, 국유화 자체가 사회주의 사회를 만들 수는 없다는 것이 점차 인식되고 있다. 밀리반드가 결론지은 것처럼, "국유화 그 자체가 산업사회에 관련된 모든 문제를 해결해 주는 것은 아니다. 하지만 국유화는 산업사회의 문제를 해결하는 데 장애가 되는 것 중 가장 큰 것을 제거할 수 있고, 또한 적어도 합리적이고 인간적인 사회질서를 창출할 수 있는 토대를 만들 수 있는 것"이다.44)

사회주의 사회에서 국유화된 산업은 노동자들의 최대한의 참여 속에서 민주적으로 운영될 것이라는 데 대해 오늘날 맑스주의자들은 일반적으로 동의하고 있다. 이것은 결코 새로운 생각이 아니다. 엥겔스는 노동자들의 참여가 없다면, 국유화는 사회주의적 생활양식의 일부가 결코 될 수 없다

---

43) C.E. Lindblom, *Politics and Markets*, Basic Books, 1977, pp.122-3.
44) Miliband, *The State in Capitalist Society*, p.269.

고 주장하였다. 엥겔스는 만일 국유화가 그 자체로 사회주의로 말해질 수 있다면, "나폴레옹과 메테르니히는 사회주의의 건설자가 되었을 것이다"라고 지적하였다.[45] 동유럽에서 있었던 노동자의 참여가 없는 국유화 산업의 경험은 사회주의적 참여를 주장하였던 맑스와 엥겔스의 주장에 새로운 힘을 부여하였다. 영국 공산당의 최근 정책문서인 『영국식 사회주의화 (The British Road to Socialism)』에서는 모든 형태의 참여와 산업 및 공공생활의 민주화를 강조하고 있다.[46]

산업민주주의(industrial democracy)의 장점으로 주장된 것들은 여러 가지이며, 또 그 주장들은 오랜 시간 동안 별로 변화하지 않고 있다. 그 장점들로는 산업민주주의는 정치적 민주주의를 확장시키며 그것에 실질적인 의미를 부여한다는 것과 산업민주주의는 노사갈등을 감소시키고 노사협조를 증진시킨다는 것, 산업민주주의는 일에 대한 개인적인 만족감을 증가시킨다는 것, 산업민주주의는 생산성을 향상시키며 사회의 모든 사람들의 생활수준을 향상시킨다는 것 등이 주장되었다. 산업민주주의에 관련되어 나타날 수 있는 문제점, 특히 산업민주주의가 효율성과 생산성에 미칠 수 있는 좋지 못한 영향에 대한 논의는 아직 많이 이루어지지 않고 있다.

생산수단의 국유화와 사회화는 정부로 하여금 경제정책과 사회정책을 보다 쉽게 계획할 수 있도록 해 줄 것이다. 최대한의 대중적 참여를 통한 정부계획은 민주주의와 사회주의에 필수적인 것들이다. 의회민주주의는 바람직한 것이며 사회주의적 계획사회와 양립가능하다는 라스키의 주장은 이제 많은 저명한 맑스주의자들뿐만 아니라 서구유럽의 공산당에 의해서도 점차 인정되고 있다. 이와 같은 견해는 사회주의에 대한 레닌주의적 접근 ─스탈린식의 접근은 말할 것도 없고─과 지극히 대조되는 것이다. 그러한 견해는 오히려 의회민주주의와 사회주의에 대한 로자 룩셈부르크(Rosa Luxemburg)의 굳은 신념과 더 가깝다. 로자 룩셈부르크는 "일반선거가 없

45) F. Engels, *Anti-Duhring*, Moscow, 1954, pp.305-6.
46) Communist Party of Great Britain, *The British Road to Socialism*, post 1970 edns.

다면, 그리고 언론과 집회의 제한없는 자유가 없다면, 논쟁의 자유가 없다면, 모든 공적인 제도에 있어서 삶은 질식될 것이며 오직 관료주의만이 능동적인 요소로 남아 있는 모조품과 같은 삶으로 될 것이다"라고 썼다.[47] 그럼에도 불구하고, 많은 사람들에 의해 '사회주의'라고 불리던 동유럽에서의 의회민주주의에 대한 억압은 많은 맑스주의자들에게 위기를 가져다주었다. 한편으로 맑스주의자들은 의회민주주의에 대한 그들의 신념을 주장하면서도 다른 한편으로는 대중매체에 의해 동유럽체제를 지지하는 존재로 간주되었던 것이다. 하지만 오늘날 많은 맑스주의자들이 의회민주주의를 강조한다는 것은 대중매체를 비롯한 여러 곳에서의 상반되는 주장에도 불구하고, 틀림없는 사실이다. 풀란차스(Nicos Poulantzas)는 사회주의 사회에 있어서의 대의민주주의 제도에 대한 자신의 신념을 다음과 같이 표현하고 있다. 즉 "한 가지 분명한 것이 있다―그것은 사회주의는 민주적일 것이며 그렇지 않다면 사회주의는 아무 것도 아닐 것이라는 점이다."[48] 하지만 맑스주의적 정부를 가진 국가가 민주주의와 맑스주의는 공존할 수 있다는 것을 증명하게 되기 전까지는 서구유럽 및 여타 지역의 선진 자본주의 사회의 대중들의 마음속에서 맑스주의는 독재와 동일한 것으로 계속 인식될 것이다.

복지국가

본 절에서는 서로 다르지만 관련되어 있는 세 가지 주제들을 논의할 것이다. 즉 그것들은 맑스주의자들이 제시하는 정부의 사회정책적 조치의 도입 원인, 복지자본주의 하에서의 사회정책의 역할과 기능, 그리고 사회주의적 사회정책에 대한 맑스주의적 견해들이다.

맑스주의자들의 문헌에서는 사회정책의 성장에 대한 중요한 설명으로 세 가지가 제시되어왔다. 즉 그것들은 계급갈등에 의한 설명, 자본가계급의 마키아벨리즘(Machiavellianism)에 의한 설명, 그리고 효율성의 증진을 위한 자본주의 체제의 필요성에 의한 설명들이다. 계급갈등에 의한 설명은 영국 공장법에 대한 맑스의 논의에 그 기원을 두고 있다. 맑스에 따르면, 공장법 입법에 배경이 된 주된 원인은 노동자들이 새롭게 획득한 경제적, 정치적 힘이라는 것이다. 맑스는 지주계급이나 박애적인 개인들과 같은 사회의 다른 집단들도 공장개혁을 지지하였다는 것을 인정하고 있지만, 이들의 힘은 노동계급의 힘에 비해 부차적인 것으로 간주하고 있다. 그는 "따라서 근로일수를 정상적인 것으로 만든 것은 자본가계급과 노동자계급 사이에 다소 숨겨져 있던 오랜 기간 동안의 시민전의 결과"인 것이다.[49] 1930년에 라스키는 맑스에 대해 다소 상이한 접근을 취하면서 다음과 같이 쓰고 있다.

> 사회입법은 공동체의 모든 구성원들에 의하여 공동선의 합리적이고 객관적인 의지가 표현된 것이 아니다. 그것은 재산소유자들의 지배를 보장해 주는 법적 원리들에 대한 대가로 지불된 것이다. 사회입법은 증가하기도 하고 축소되기도 한다. 사회입법은 재산소유자들의 권위를 유지시켜 주는 원칙들에 대한 결정적인 도전을 회피하기 위해 제공된 일련의 양보이다.[50]

라스키가 보기에 자본가계급의 마키아벨리즘을 주장할 만한 요소들이 분명히 존재하고 있다. 자본가계급의 이익을 대변하는 정부는 기존 질서에 대한 직접적인 도전을 사전에 막기 위하여 노동자계급에게 전술적인 양보를 하게 된다. 자본가계급의 마키아벨리즘은 19세기 말 독일에서 비스마르크에 의해 도입된 사회보험개혁에서 그 고전적인 예를 찾아볼 수 있다.

이 두 가지 설명, 즉 계급갈등에 의한 설명과 자본가계급의 마키아벨리

---

49) K. Marx, *Capital*, vol.1, Progress Publishers, 1965, p.299.
50) Laski, *The State in Theory and Practice*, p.270.

즘에 의한 설명을 구분하기가 어려운 것은 어떤 개혁조치가 노동자계급의 압력에 의해 어쩔 수 없이 나타난 것인지 아니면 자본가계급에 의해 자발적으로-마음 속에서는 어떤 궁극적인 동기를 가지고 있을지라도- 양보된 것인지를 알기가 거의 불가능하기 때문이다. 이러한 애매모호함이 그 두 가지 설명을 지지하는 맑스주의자들의 저작에서도 종종 발견된다. 밀리반드는 2차대전이 끝날 무렵 영국에서 사회서비스가 확장된 것을 "노동자계급이 백여 년의 기간 동안 그들의 지배자들로부터 끌어낼 수 있었던 '몸값'의 일부"로 간주하고 있다.51) 밀리반드의 이 설명에서, '끌어내다'라는 단어는 사회서비스의 확장이 노동자계급의 압력에 의해 자본가계급에게 강제되었다는 것을 의미한다. 그러나 그것은 또한 사회서비스가 '몸값(ransom)으로서 제공되었다'는 것을 의미할 수도 있다. 따라서 계급갈등 명제와 마키아벨리즘 명제는 이 명제들이 가진 의도와 목적을 생각할 때, 같은 설명의 두 가지 측면으로 간주하는 것이 가장 최선일 것이다.

자본가계급이 양보하게 될 개혁의 범위와 형태는 계급갈등이 발생하는 특정 상황의 역동성에 달려 있게 된다. 노동자계급의 단결력과 의식수준 그리고 상대적인 힘의 강도는 개혁과 계급갈등 간의 관계에 있어서 가장 중요한 변수이다. 노동자계급이 투표권을 획득함에 따라 중요한 사회개혁의 대부분이 도입되었다는 것은 우연의 일치가 아니다. 또 하나의 중요한 변수는 개혁을 위한 노동자계급의 압력이 실제로 나타난 시점이다. 전쟁 기간이나 전쟁 직후의 기간은 사회개혁을 위해서 매우 좋은 시기라는 것이 증명되었다. 경제상황도 고려해야 할 또 하나의 변수이다. 자본가계급은 경제가 번영하고 있을 때에 노동자계급에게 양보할 여유가 더 많아진다. 경제상황이 좋지 않을 경우에 그러한 양보는 확실히 더 어려워지는 것이다. 마지막으로 생각할 수 있는 변수는 물론 노동자계급이 제기하는 요구의 성격이다. 맑스주의자들은 지배적인 이데올로기는 그 본질상 노동자계급에 의해 제기된 요구를 완화시키는 방향으로 작용한다는 점을 지적

---

51) Miliband, *The State in Capitalist Society*, pp.109-10.

하고 있다. 그러나 지배이데올로기에 의해 다소 완화된 노동자계급의 요구조차도 가능한 한 최대한으로 저지되고 억제된다.

지난 십여 년 동안, 계급갈등에 의한 설명은 맑스주의에 속하는 개별 학자에 따라 '자본주의 체제의 필요성'에 의한 설명에 의해 보완되거나 그것에 흡수되거나 또는 그것으로 대체되어왔다. 자본주의 체제의 필요성에 의한 설명은 맑스의 다음과 같은 견해, 즉 자본주의적 생산 및 분배체계는 그 자체로 내버려 두더라도 정체와 과소소비, 이윤율의 저하, 주기적인 위기에 직면하게 되는 내재적인 경향성을 가지고 있다는 견해에 그 기원을 두고 있다. 국가는 자본주의 체제가 이러한 내재적 경향성을 극복할 수 있도록 하기 위해 그리고 체계의 효율성을 증진시키기 위해 개입할 수밖에 없는 것이다. 다시 말하면 공공지출과 사회지출은 그것이 자본주의 체제에 이롭기 때문에 발전하고 확장되는 것이다. 자본주의적 국가는 항상 개입적인 국가였지만, 그것의 활동영역은 경제운용에 대한 케인즈주의적 이론이 수용되고 난 이후에 그리고 현금 또는 현물의 정부부조를 보다 쉽게 얻어낼 수 있는 능력을 가진 독점자본주의가 등장하고 난 이후에 크게 확장되었다.

자본주의 체제의 필요성에 의한 설명은 매우 극단적인 형태로 전개될 때는 기능주의적인 성격을 띠게 되어, 파슨즈 식의 기능주의적 설명과 유사하다. 물론 파슨즈 식의 기능주의적 설명은 정부서비스를 모든 사람들에게 이로운 것으로 간주한다는 점에서는 자본주의 체제의 필요성에 의한 설명과 다르다. 하지만 기본적으로 이 두 가지 설명은 모두 정부서비스에 대한 체계통합적 이론이라는 점에서는 같다. 예를 들면, 만델과 같은 맑스주의자는 정부서비스―경제적인 것이든 사회적인 것이든―의 성장은 전부, 최소한의 정부보조만 있으면 되었던 초기 자유방임단계의 상황과 대조되는 것으로서 선진 자본주의의 기능적 필요성의 산물이라고 보는 경향이 있다.[52] 미국 자본주의의 발달에 대한 연구에서 바란과 스위지도 만델과

---

52) E. Mandel, *Marxist Economic Theory*, Merlin Press, 1968, p.498.

유사한 입장을 취하고 있다. 즉 그들도 정부서비스가 그리 많이 필요하지 않았던 자유방임단계의 자본주의는 정부서비스에 본질적으로 의존할 수밖에 없는 선진 독점자본주의에 의해 대체될 한 단계에 불과하다는 견해를 취하고 있는 것이다.[53] 이러한 엄격한 기능주의적 설명의 중요한 약점은 그러한 설명에 대해서는 경험적 방법에 의한 검증은 고사하고라도 경험적 연구 자체도 하기가 어렵다는 것에 있다. 공공지출 전체보다는 사회서비스의 성장에 자신들의 관심을 집중시키는 학자들은 계급갈등에 의한 설명과 자본의 필요성에 의한 설명을 결합시키려는 입장을 취하는 경향이 있는데, 이 두 가지 설명을 결합시키려는 시도는 그리 성공적이지 못하였으며, 대개는 두 가지 중 어느 한 쪽 설명에 치우치는 경향을 나타냈다. 예를 들면, 긴즈버그(Norman Ginsburg)와 같은 학자는 "여기서 복지국가는 전적으로 노동자계급의 투쟁의 산물인 것으로만 간주되지는 않는다… 마찬가지로, 그것은 자본주의 경제의 요구나 필요성에 의해서만 형성된 것으로도 간주되지 않는다. 복지국가는 특정한 역사적 상황에서 노동계급의 투쟁과 자본주의 경제의 필요성이라는 두 가지 요인이 상호작용한 결과인 것이다"라고 쓰고 있는데,[54] 하지만 그는 사회보장과 주택정책의 발전을 설명할 때에는 그것의 발달이 노동자들보다는 자본에게 더 많은 이익을 가져다준다는 점을 보다 강조하고 있다. 이러한 설명을 대하게 되면, 다음과 같은 질문을 하지 않을 수 없다. 즉 '그것이 사실이라면, 오늘날 보수당 정부는 왜 사회보장이나 주택정책을 삭감하며 노동자들은 보수당 정부의 그러한 삭감정책을 왜 반대하는가?'

계급갈등에 의한 설명과 자본주의 체제의 필요성에 의한 설명을 통합시키려는 시도를 하는 또 하나의 학자로는 이안 고프(Ian Gough)를 들 수 있다.

---

53) Baran and Sweezy, *op. cit.*
54) N. Ginsburg, *Class, Capital and Social Policy*, Macmillan, 1979, p.2.

우리는 복지국가의 발달을 설명함에 있어서 중요한 두 가지 요인을 구분하여 왔다. 그 하나는 계급갈등의 정도, 특히 노동계급의 투쟁강도와 형태이고, 다른 하나는 자본주의적 사회관계의 장기적 재생산을 보장하기 위한 정책을 형성하고 실행할 수 있는 자본주의 국가의 능력이다.[55]

고프는 이 두 가지 요인 중 어느 하나에 의한 설명은 어느 것도 개혁의 모든 형태를 설명하는 데에 적절하지 못하다고 주장한다. 그러나 그도 "지배계급으로 하여금 보다 전략적으로 사고하게 함으로써 사회정책을 도입하게끔 하는 것은 강력한 노동계급운동의 위협이다"라는 결론을 내리고 있다.[56] 확실히 이 두 가지 설명을 효과적으로 결합시키기는 매우 어렵다. 왜냐하면 한 가지는 행위적 준거틀에 입각해 있는 반면, 다른 한 가지는 정태적인 분석형식을 취하고 있기 때문이다. 이 두 가지 설명은 이제 우리가 논의하게 될 것들에 대해서도 상이한 함의를 갖고 있다.

복지자본주의 하에서 사회정책이 갖는 역할과 기능에 대한 맑스주의자들의 견해는 어떤 것인가? 맑스주의적 문헌에서나 비(非)맑스주의적 문헌에서나 모두 마찬가지로, 사회정책의 발달에 대한 분석이 또한 사회정책의 기능을 이해하는 데에 도움을 얻을 수 있다고 가정하는 경향이 있었다. 사회정책발달에 대한 연구가 사회정책의 기능을 이해하는 데 도움을 주는가 아닌가는 그럴 수도 있고 그렇지 않을 수도 있다. 어떤 정책이 노동자계급의 끈질긴 투쟁의 결과로 도입될 수도 있지만, 그렇다고 해서 그 정책이 노동계급에게 가장 많은 혜택을 준다고 섣불리 결론내릴 수는 없는 것이다.

그럼에도 불구하고, 맑스주의는 사회에 대한 보다 광범위한 분석에 근거하고 그로부터 출발하여 사회정책의 발달을 분석함으로써 자본주의 사회에서 사회정책이 가지는 다양한 역할과 기능을 보다 심도 있게 이해할 수 있는 길을 열었다. 모든 선진 자본주의 사회에서 사회서비스가 존재하

---

55) I. Gough, *The Political Economy of the Welfare State*, Macmillan, 1979, p.64.

56) *Ibid.*, p.65.

고, 그 사회서비스가 계급갈등과 자본주의의 마키아벨리즘 그리고 자본주의 체제의 필요성이라는 요인들의 갈등적인 상호작용의 결과라면, 사회서비스의 다양한 기능들은 비록 서로 모순되지는 않다 할지라도 매우 복잡한 것이 될 것이다.

사회정책의 기능과 역할에 대한 분석에서 오코너의 저작은 매우 가치있는 공헌을 하고 있는데, 왜냐하면 그는 선진 자본주의 사회에서의 공공정책의 기능에 직접적으로 초점을 맞추고 있기 때문이다. 오코너는 "자본주의 국가는 흔히 서로 모순되는 두 가지의 기본적인 기능, 즉 축적(accumulation)의 기능과 정당화(legitimation)의 기능을 수행해야 한다"고 주장하였다.[57] 다시 말하면, 국가는 사적 자본으로 하여금 이윤을 지속적으로 획득할 수 있게 해 주어야 함과 동시에 기존 경제사회질서에 정당성을 부여해야 한다는 것이다. 오코너는 공공지출을 다음과 같은 세 가지 범주로 분류하였다. 첫째는 기업이나 수송서비스 등에 대한 정부보조와 같은 사회적 투자이며, 둘째는 노동의 재생산 비용을 낮추어 이윤을 증가시키는 교육이나 보건, 주택 등과 같은 사회적 소비이고, 셋째는 사회적 조화를 유지·증진시키는 사회보장급여나 경찰, 사회사업 등과 같은 사회적 지출이다. 이러한 모든 공공지출은 축적의 기능과 정당화의 기능을 가지고 있다.

오코너는 나아가, 이러한 두 가지 기능은 상호 모순되며, 이러한 모순은 자본주의 국가의 재정위기를 창출한다고 주장한다. 왜냐하면 공공서비스의 비용을 충당하기 위한 재정을 확보하는 데 있어서의 어려움은 증가하는 반면, 공공서비스가 이윤과 사회적 조화에 미치는 영향으로 인해 공공서비스를 실시하지 않을 수는 없기 때문이다. 고프가 지적한 바와 같이, "복지국가는 자본주의 사회의 모순적인 발전의 산물이며, 복지국가는 그 자체가 다시 새로운 모순을 창출한다. 그러한 모순은 날이 갈수록 분명해

---

57) J. O'Connor, *The Fiscal Crisis of the State*, St Martin's Press, 1973, p.6.

지는 것"이다.58)

　오코너의 분석은 많은 맑스주의자들에 의해 지지받고 있다. 그를 지지하는 맑스주의자들 중에는 오페도 포함된다. 오페는 자본주의 국가의 딜레마를 매우 간략하게 요약하고 있는데, 즉 "자본주의는 복지국가와 공존할 수도 없고, 그렇다고 복지국가 없이 존재할 수도 없다는 데에서 딜레마에 봉착하고 있다"는 것이다.59) 오페는 더 나아가서, 오코너의 저작이 의미하는 바는 복지국가는 사회적 조화를 증진시킨다는 공식적인 목표에도 불구하고 실제로는 불안정 요인으로 작용할 수도 있다는 것임을 보이고 있다. 복지국가가 불안정 요인이 될 수 있는 것은 그것이 예컨대 조세율이나 근로동기, 이윤율 등에 미치는 영향으로 인해서이다―이러한 주장은 반집합주의자들의 주장과 그리 다르지 않다.

　국가지출의 기능을 분석하고 그 기능들의 모순을 평가하는 데 있어서 오코너의 저작은 매우 고무적인 것임이 증명되어왔다. 하지만 오코너의 저작은 지금 우리들의 논의와 관련하여서 세 가지의 약점을 가지고 있다. 첫째로 오코너는 공공정책의 공식적이고 의도된 기능과 비공식적이고 의도되지 않은 결과를 구분하지 않고 있다. 둘째로 공공지출의 기능에 대한 오코너의 다소 추상적인 분류는 공적 서비스로부터 노동자계급이 받는 실질적인 혜택을 과소평가하고 있다. 셋째 이는 다음 절에서 살펴보겠지만, 오코너의 저작은 경제성장이 정치적 안정에 기여할 수 있다는 점을 대체로 과소평가하고 있다. '축적'의 기능을 향상시키는 서비스는 자동적으로 '정당성'도 향상시키게 되는 것이다.

　단순한 계급갈등에 의한 설명에는 모든 사회정책의 발달은 노동자계급에게 잠재적으로 이익이 된다는 의미가 함축되어 있다. 하지만 정책발달에 관련된 여러 가지 요인들이 보다 복잡하다고 인식되면서, 노동자들이 언제나 복지지출증가의 유일한 수혜자가 될 수 있는지 혹은 심지어는 주

---

58) Gough, *The Political Economy of the Welfare State*, p.152.

59) C. Offe, "Some Contradiction of the Modern Welfare State," *Critical Social Policy*, vol.2, no.2, Autumn 1982.

요한 수혜자라도 될 수 있는지에 대해 의문이 나타나게 되었다. 자본주의 사회에 있어서의 사회정책의 기능과 역할에 대한 비판적 분석은 그러한 의문을 지지하며 또한 그러한 의문에 구체성을 부여하고 있다. 여러 가지 이유-예를 들면 개혁주의적인 정책 전반에 대한 의문 등-로 해서 오늘날의 맑스주의자들은 노동자계급에 대한 사회개혁의 중요성에 대해 양면적인 태도를 취하고 있으며, 맑스나 엥겔스가 가졌던 사회개혁에 대한 초기의 열정도 상실하고 있다.

이제 마지막으로, 무엇이 사회정책을 사회주의적인 것으로 만드는가에 대한 맑스주의자들의 여기저기 흩어져 있는 단편적인 언급들-이 언급들에는 일반적인 것도 있고 특수한 것도 있다-에 대해 살펴보는 작업을 하기로 하자. 이러한 작업은 그러한 언급들이 별로 없다는 점 때문에 그리고 맑스주의자들이 사회주의와 공산주의를 구분한다는 점 때문에 상당히 어려운 작업이다. 사회주의적 사회정책에 대한 맑스주의자들의 언급이 사회주의적 단계에 관련된 것인지 아니면 공산주의적 단계에 관련된 것인지가 항상 분명한 것은 아니다.

맑스와 엥겔스는 한 국가가 사회주의 단계를 거쳐 진보함에 따라 그 국가의 소득 중 '공동의 욕구'를 충족시키기 위해 사용되는 소득의 부분이 점차로 늘어나게 될 것이며, 공산주의 단계에 이르게 되면 서비스의 제공은 완전히 개인의 욕구에 기초하게 될 것이라고 생각하였다. 개인적 사회서비스에 대한 그들의 언급은 안타까울 정도로 단편적이지만, 그럼에도 불구하고 그들의 언급은 논의될 가치가 있으며 오늘날의 맑스주의자들의 견해와 비교해 볼 가치가 있다.

교육의 경우, 맑스와 엥겔스는 "보편적이고 세속적이며(secular) 다기능적이고(polytechnic) 참여적이며 환경중심적인 것이 될" 사회주의 하에서의 교육체계에 대해 언급하고 있다.[60] 맑스와 엥겔스가 말하는 보편적인

---

60) V. George and N. Manning, *Socialism, Social Welfare and the Soviet Union*, Routledge & Kegan Paul, 1980, p.65.

교육이 비용이 무료이고 모든 수준에서 모든 사람들에게 개방된 교육을 말하는 것인지 또는 비용이 무료이고 모든 수준에서 모든 사람들에게 개방되어 있지만 대학교육수준에서는 선별적인 교육체계를 말하는 것이지 또는 이들과는 다른 어떤 교육체계를 말하는 것인지는 불분명하다. 세속적인 교육을 강조한 것은 그 당시 학교에서의 종교교육에 흔히 수반되었던 다소 엄격한 도덕적 교육내용에 반대하기 위한 것이었다. 다기능적 교육은 맑스와 엥겔스가 사회주의적 교육내용으로서 가장 강조하였던 것이다. 맑스는 다기능적인 교육체계는 이론교육과 기술교육을 결합한 것이며, 이러한 교육체계는 경제성장에도 도움을 주는 것일 뿐만 아니라 "전인적인 인간을 만들어낼 수 있는 유일한 교육방법"이라고 생각하였다.61) 전인적인 인간을 만들어낸다는 말에는 사회주의 사회에서는 육체노동과 정신노동 간의 구분과 분업을 폐지하기 위해 남자나 여자나 모두가 다양한 직무를 수행할 수 있어야 한다는 맑스와 엥겔스의 생각이 담겨 있다. 민주적 참여의 원리는 교육 담당자들 간의 관계, 교육 담당자와 학생들 간의 관계 그리고 학교와 부모와의 관계에 관련된 것이다. 마지막으로, 교육에 있어서의 환경의 중요성을 강조한 것은 유전적인 요인을 가장 중요한 것으로 간주하였던 당시의 교육방법을 반대한 것이다. 맑스와 엥겔스의 주장은 유전적 요인을 부정한 주장이라기보다는 유전적 요인이라고 생각되는 것들이 사실은 사회적으로 결정되는 것이라는 주장이었다.

많은 맑스주의자들 그리고 심지어는 맑스주의자가 아닌 사람들이라 할지라도, 맑스와 엥겔스가 말한 것 중 보편적이고 참여적이며 환경중심적이라는 사회주의적 교육의 세 가지 특징들에 대해서는 누구나 찬성할 것이다. 하지만 학교교육과 근로 양자를 유기적으로 연결시켜야 한다는 함의를 갖는 다기능적인 교육을 감행해야 한다고 생각하는 맑스주의자는 오늘날 거의 없다. 영국 공산당이 주창한 정책내용에도 다기능적인 교육에 대한 언급은 찾아볼 수 없다. 영국 공산당의 선거공약에서 볼 수 있는 주

---

61) K. Marx, *Capital*, vol.1, Penguin, 1976, p.530.

요 내용으로는 포괄적인 학교교육, 모든 사람들에 대한 간호교육 실시, 고
등교육의 확대, 학급크기의 축소, 교사의 증원 및 교사들의 임금인상, 사
립학교의 폐지 등을 들 수 있다.62) 또한 세속적 교육이라는 것이 무신론
을 적극적으로 가르치는 것이라면 그것에 반대할 맑스주의자들도 많을 것
이다. 세속적 교육이 의미하는 바가 학교교육에 있어서 교육과정이 종교
적인 교육내용에 지나치게 경도된 것이 아님을 의미하는 것이라면, 세속
적 교육이라는 원리가 수용될 가능성이 보다 높아질 것이다.

맑스와 엥겔스는 노동자계급이 겪는 질병의 많은 부분과 또 그들의 높
은 발병률과 사망률은 산업화로 인한 것일 뿐 아니라, 그 산업화가 자본
주의적 산업화이기 때문에 나타나는 것이라고 생각하였다. 사적 이윤의
극대화를 쉴 새 없이 추구하는 것이 근본적인 원인인 것이다. 이러한 생
각을 바탕으로 하여 맑스와 엥겔스는 사회주의 사회에서는 질병이 감소할
것이라고 확신하였다. 맑스와 엥겔스의 이러한 확신은 오늘날 사회주의적
의료는 보편적이고 예방적이며 참여적인 것이라고 간주하는 보건분야의
맑스주의자들에 의해 받아들여지고 있다. 따라서 오늘날 영국의 모든 맑
스주의자들은 비록 몇 가지 면에서 부족한 점이 있는 것이긴 하지만 국민
건강서비스(NHS)를 지지하고 있다. 예방적 의료에 대한 강조는 보다 덜
기술적인 의학에 대한 요구와 관련되어 있으며, 참여적 의료에 대한 강조
는 탈전문화(de-professionalization)에 대한 요구와 관련되어 있다. 보건
분야에 관련된 오늘날의 맑스주의자들, 예컨대 도얄(Doyal)이나 카펜터
(Carpenter), 나바로(Navarro) 등도 유사한 견해를 취하고 있다. 도얄은 사
회주의적 의료는 국민건강서비스라는 제도 하에서 보다 많은 의료제공을
요구하는 것 이상으로 나아가야 한다고 강조하면서 다음과 같이 결론짓고
있다.

사회주의적 보건서비스는 의료에 대한 평등한 접근을 보장하는 것에만 그쳐서

---

62) Communist Party of Great Britain, *People Before Profits*, 1970, p.12.

는 안 된다. 그것은 의료지식을 탈신비화시켜 널리 보급하는 문제와 의료인력 자
신들 간에 그리고 의료인력과 의료소비자들 간에 존재하는 권위와 지위의 장벽을
없애는 문제 등에 대해 진지하게 관여해야 하는 것이다.63)

참여와 탈전문화 그리고 예방에 대한 요구는 많은 비맑스주의자들에 의
해서도 주장되어왔다. 그 대표적인 예가 일리치(Illich)이다.64) 그러나 맑스
주의자들과 비맑스주의자들 간의 중요한 차이는 후자는 위와 같은 의료개
혁이 자본주의 체제 내에서도 가능하다고 믿는 반면에 전자는 사회주의
사회에서만 그러한 개혁이 가능하다고 믿는다는 점에 있다.

주택문제에 관해서는 맑스보다 엥겔스가 더 많은 언급을 하였다. 그러
나 이 경우에도 그 언급이 결코 많은 것은 아니다. 불량한 주택의 경우도
사정은 질병의 경우와 유사하다. 즉 근본적인 원인은 자본주의 체제와 그
것의 특징적인 산업화, 즉 대규모의 농촌인구를 도시로 유입시키는 자본주
의적 산업화에 있는 것이다. 성숙한 사회주의 사회에서는 "근대적인 대도
시는 사라지고, 인구는 전국에 가능한 한 골고루 분포하게 될 것"이다.65)
하지만 사회주의의 초기단계에서, "주택의 부족 문제는 유산계급들이 가진
사치스러운 주택들의 일부를 수용(收用)함으로써 단기적으로 해결될 수 있
을 것"이다.66) 엥겔스도 그렇고 맑스도 그렇고 이들이 주택문제에 대해 상
세한 부분에까지 깊게 생각한 것은 아니었지만 그들의 전반적인 언급으로
볼 때, 공산주의 사회에서의 주택은 공동주거형태가 될 것이고 욕구에 따
라 분배될 것이며 민주적으로 운영될 것이라는 점은 알 수 있다. 하지만
오늘날의 많은 맑스주의자들은 노동자들 사이에도 자가소유 주택이 이미

---

63) L. Doyal, *The Political Economy of Health*, Pluto Press, 1979, p.294;
    N. Navarro, *Social Security and Medicine in the USSR*, Lexington
    Books, 1977, p.118; M. Carpenter, "Left Wing Orthodoxy and the
    Politics of Health," *Capital and Class*, vol.II, 1980.

64) I. Illich, *Medical Nemesis*, Calder & Boyars, 1975.

65) F. Engels, *The Housing Question*, Lawrence, 1942, p.96.

66) *Ibid.*, p.77.

보편화되어 있기 때문에 사회주의 사회 또는 공산주의 사회에서도 주택의 사적 소유를 폐지한다는 것은 불가능하다는 주장을 받아들이고 있다.[67]

공산주의로의 이행단계인 사회주의 단계에서는 "일할 수 없는 사람 등에 대한 급여, 다시 말하면 오늘날 빈민구제라는 이름으로 행해지고 있는 급여"에 있어서 적절한 급여가 이루어져야 한다고 강조한 것[68]을 제외하면, 사회주의 사회에서의 사회보장에 대해 맑스와 엥겔스는 거의 언급한 것이 없다. 공산주의 사회에서 소득의 분배는 욕구에 따라 이루어질 것이고 이는 사회보장제도의 필요성을 미연에 방지하게 될 것이다. 사회주의적 사회보장제도가 어떤 모습을 가질 것인가에 대해 명확한 언급을 한 것은 레닌(Lenin)이었다. 레닌은 1912년에 한 연설에서 사회주의적 사회보장제도에 관해서 다음의 네 가지 원리를 천명하였다.

① 임신 및 출산에 관련된 급여를 제공할 뿐 아니라 노령, 재해, 질병, 가장(家長)의 사망 등을 포함한 모든 경우의 능력상실(incapacity)에 대해서 부조를 제공한다.
② 모든 임금수입자와 그 가족들을 대상에 포함시킨다.
③ 급여수준은 정상적인 근로수입과 동일해야 하며, 모든 비용은 고용주와 국가가 부담한다.
④ 보험제도는 위험에 따라 분리되는 것이 아니라 지역을 기반으로 하여 단일하게 조직되어야 하며, 피보험노동자들에 의해 완전히 관리되어야 한다.[69]

레닌은 당시 존재하고 있던 사회보장급여를 훨씬 뛰어넘는 주장을 하고 있는 것이 분명하지만, 그가 사회보험의 내재적인 가정으로부터 완전히

---

67) N. Ginsburg, "Home Ownership and Socialism in Britain," *Critical Social Policy*, vol.3, no.1, Summer 1983; M. Cowling and S. Smith, "Home Ownership, Socialism and Realistic Socialist Policy," *Critical Social Policy*, no.9, Spring 1984.
68) K. Marx and F. Engles, *Selected Works*, Lawrence & Wishart, 1970, p.318.
69) V.I. Lenin, *Collected Works,* vol.17, Foreign Languages Publishing House, 1963, p.476.

벗어난 것은 아니었다. 즉 그는 임금근로자들에게만 급여가 주어져야 한다는 주장을 함으로써 절대다수의 농민들을 외면하고 있는 것이다.

맑스주의자들 중에서 사회주의적 사회보장제도에 대해 언급한 경우는 많지 않았으며, 있었다 하더라도 레닌의 정식화에서 그리 벗어나지 못하였다. 킨케이드는 사회주의적 사회보장체계는 보편적인 것이어야 하며, 일반조세로부터 재정을 충당해야 한다고 주장하고 있다. 또한 그는 보험원리와 자산조사는 모두 폐지되어야 한다고 주장하고 있는데, 왜냐하면 보험원리는 많은 사람들을 급여의 수급으로부터 배제시키며 자산조사는 "이등시민을 창조하는 조치이기 때문"이다.[70] 욕구가 발생하는 상황-실업, 질병, 노령 등-에 처한 모든 사람들에게는 적절한 급여가 주어져야 한다는 것이다.

간단히 말하면, 맑스주의자들은 사회주의적 사회서비스는 무엇보다도 욕구의 충족에 이상적으로 중점을 두어야 하며, 두번째로 사회서비스는 그 의도에 있어서뿐 아니라 실제에 있어서도 적용범위가 보편적이어야 하고, 세번째로 사회서비스는 전문직의 권력을 가능한 한 축소시키면서 참여적인 것이어야 하고, 네번째로 사회서비스는 예방을 중심적인 원리로 삼아야 한다고 주장하고 있는 것이다. 맑스주의자들은 인간의 욕구를 무시하는 사회경제체계에서 기인하는 문제들을 단순히 청소하는 제도로서 사회서비스를 바라보는 사회서비스에 대한 구급차적 개념과 결별할 것을 촉구하고 있다. 바로 이러한 이유로 그들은 진정한 의미에서의 예방적 사회서비스는 자본주의 체제에서는 불가능하다고 생각하는 것이다.

따라서 사회주의적 사회정책의 원리들을 자본주의 사회에서의 복지에 대한 맑스주의자들의 비판으로부터 추출하는 것이 가능하다. 그러나 그러한 원리들을 실제 프로그램의 기초로 되게 하기 위해서는 많은 작업이 필요하다. 디컨(Deacon)의 저작은 그러한 노력의 출발점을 제공하고 있다. 디컨은 "일반적인 원리들을 사회정책의 각 분야에 적용하기 위해서는" 일

---

70) J.C. Kincaid, *Poverty and Equality in Britain*, Penguin, 1973, p.235.

반적인 원리들을 넘어서는 것이 필요하며 "이렇게 할 때 사회복지의 미래에 대해 구체적인 전망을 가질 수 있게 될 것이다"라고 말한다.71) 이러한 노력이 없다면 맑스주의는 사회주의라는 대의명분을 비생산적인 것으로 만드는 하나의 지적 활동에 불과한 것으로 남고 말 것이다. 실제적인 쟁점들을 회피한다면, 사회주의는 공상적인 꿈에 불과하다는 대중적인 믿음을 지지하는 셈이 될 것이기 때문이다.

---

71) B. Deacon, "Social Administration, Social Policy and Socialism," *Critical Social Policy*, vol.1, no.1, Summer 1981.

제6장
복지국가의 미래

이 책의 마지막 장인 이번 장에서는 세 가지의 다소 상이한 작업을 하게 될 것이다. 첫번째 절에서는 앞에서 상세히 다루었던 네 가지 사상집단들의 입장을 비교하고 대조할 것이다. 그리고, 두번째 절에서는 앞에서 살펴보았던 쟁점들, 즉 사회와 국가, 정부의 역할, 가치, 복지국가에 대한 태도들에 대한 우리들 자신의 관점을 세우게 될 것이다. 마지막 세번째 절에서는 사회정책이 사회에 미치는 영향으로부터 습득된 복지국가의 발전 전망에 관한 몇 가지 교훈들을 검토해보고, 두번째 절에서 세운 우리들의 관점에 근거하여 그러한 교훈들에 관련된 전략을 개괄적으로 논의할 것이다.

네 가지 관점의 비교

가치를 둘러싼 네 가지 사상집단들 간의 논쟁을 자세히 검토해보면, 한 가지 중요한 점을 발견할 수 있다. 즉 네 가지 사상집단들 간의 의견일치와 의견불일치는 근본적으로 자유와 평등이라는 상호 관련된 두 가지 가치들에 대한 태도를 둘러싸고 나타나는 것이라는 점이다. 개인주의나 실용주의, 인본주의, 우애, 그리고 기타 가치들도 중요한 것들이지만, 이러한 가치들은 네 가지 사상집단들 각각이 인식하는 평등과 자유라는 가치를 지지하거나 거부하기 위해서 또는 그것들을 확장시키거거나 제한하기 위해서 사용되는 것들이라는 점에서 보다 부차적인 가치들이다.

자유는 반집합주의자들에게 있어서 가장 일차적인 가치이다. 그들은 자유를 소극적인 의미로서, 즉 자유란 개인에 대해서 다른 사람에 의한 또는 정부에 의한 직접적인 강제가 없는 상태를 의미한다는 식으로 파악한다. 개인은 굶주리더라도 자유로울 수 있고 부유하더라도 자유롭지 못할 수 있다. 소극적 집합주의자들도 자유를 가장 중요한 가치로 강조하지만, 그들이 말하는 자유는 반집합주의자들이 말하는 자유와는 다르다. 베버리지가 지적한 바와 같이, 소극적 집합주의자들에게 있어서 진정한 자유는 결핍, 불결 또는 기타 사회악들에 의해 삶이 노예화되는 것으로부터 자유로운 것을 의미한다. 반집합주의자들은 환경적인 강제나 경제적, 사회적 관계의 특정한 유형에 대해서는 아무런 언급도 하지 않는다. 하지만 소극적 집합주의자들은 환경적 강제에 대한 인식과 자유를 확장시키기 위한 정부행위의 필요성에 대한 인식을 가지고 있다.

페이비안주의자들도 역시 가장 중요한 사회주의적 가치로 자유를 강조한다. 페이비안주의자들에게 있어서 자유에 대한 신념은 곧 불평등을 감소시킬 것을 요구하는 것으로 이어지게 된다. 왜냐하면 일정 수준 이상의 불평등은 자유를 위협하기 때문이다. 이는 다시 자유를 창출하고 확대하기 위한 수단으로서 정부행위를 신뢰함을 의미한다. 이러한 생각은 반집합주의들에게는 결코 받아들여질 수 없는 생각이다. 토니가 자주 주장했던 대로, 20세기에 와서 보통의 남자들과 여자들의 자유가 신장된 것은 정부행위의 범위가 확대되었기 때문이다.

맑스주의자들의 자유에 대한 개념은 가장 광범위함과 동시에 가장 모호하다. 자유에 대한 그들의 개념은 인간해방과 자기실현에 대한 방해물을 제거하는 데 초점을 맞추고 있다. 진정한 의미에서의 개인의 자유가 실현되려면, 상당한 정도의 경제적 평등이 있어야 할 뿐만 아니라, 개인들이 이타주의적 사회라는 이념적 틀 내에서 자유롭게 자신의 이익을 추구할 수 있는 경제적, 정치적, 사회적 관계의 체계가 있어야 한다는 것이다. 맑

스주의자들의 자유개념은 페이비안주의자들의 자유개념보다 더 포괄적이
지만, 때때로 그들의 개념은 형이상학적인 성격을 띠고 있다.

자유에 대한 입장이 이처럼 상이한 것은 평등이라는 가치에 대한 입장
도 상이하게 나타날 것임을 의미하는 것이다. 반집합주의자들은 정부가
이미 존재하고 있는 분배유형을 변형시키기 위한 시도를 하는 것은 곧 자
신들이 가장 중요하게 여기는 가치인 개인의 자유를 억압함을 의미할 수
밖에 없다고 생각하기 때문에, 경제적 불평등을 적극적으로 옹호한다. 사
람들에게 시장이 가르치는 대로 불평등하게 보상하지 않으면, 사람들은
그들 자신과 그들의 가족을 위해 일하고 돈을 벌고 투자하고 저축하는 노
력을 극대화하지 않으리라는 것이다. 소극적 집합주의자들도 역시 불평등
은 바람직하며 불가피하다고 생각한다. 또한 그들은 자본주의 체제는 불
평등하지만 유지되어야 한다고 생각한다. 그러나 그들은 사회적 이유와
인본주의적인 이유로 현재의 불평등 수준이 좀 더 완화되기를 기대한다.
소극적 집합주의자들이 보기에, 과다한 불평등은 사회적 분열과 정치적
분열을 심화시키는 것이며 인간의 존엄성을 훼손시키는 것이다. 소극적
집합주의자들은 과다한 불평등을 억제하기 위한 정부의 행위가 사회 전체
의 평등을 증진시키기 위한 것이 아니라 저소득계층의 상황을 개선시키기
위한 것인 한, 개인의 자유를 해치는 것이 아니라고 생각한다.

반집합주의자들이나 소극적 집합주의자들과 달리, 페이비안주의자들과
맑스주의자들은 평등을 자유와 거의 동등한 정도의 중요성을 가진 가치로
간주한다. 조건의 실질적 평등은 개인의 자유를 보다 현실적인 것으로 만
들며, 개인의 능력과 재능의 실현을 증진시키고, 사회안정을 도우며, 또한
근로동기나 경제성장에도 악영향을 미치지 않는다는 것이다. 평등에 대한
접근에 있어서 페이비안주의자들과 맑스주의자들을 구분짓는 것은 바람직
한 것이라고 생각되는 평등의 수준이 어느 정도인가에 대한 견해에 있지
않다. 왜냐하면 두 사상집단 모두 이 점에 대해서는 명확한 견해를 밝히
고 있지 않기 때문이다. 두 사상집단 간의 차이는 평등이라는 목표를 이
룰 수 있는 정치적 방법과 단계에 대한 견해에 있다. 페이비안주의자들은

아무리 오래 걸리고 어렵다 할지라도 의회주의적인 방법을 전적으로 신뢰하고 있다.

자유와 평등 이외에 각 사상집단이 어떤 가치들을 지지하는가 하는 것은 자유와 평등에 대한 각 사상집단의 입장에 대체로 의존한다. 따라서 반집합주의자들은 개인주의를 지지할 것이고, 소극적 집합주의자들은 실용주의를 지지할 것이며, 페이비안주의자들은 우애를 지지할 것이라고 예상할 수 있는 것이다.

가치란 매우 모호하고 가변적인 개념이지만, 그럼에도 불구하고 네 가지 사상집단들이 어떤 가치를 지지하고 어떤 가치를 거부하는가 하는 점에서는 상당 정도의 일관성이 있다. 특히 같은 가치에 대해 부여된 의미가 상이하다는 점을 고려해보면, 네 가지 사상집단들이 가진 각기의 가치체계는 매우 높은 정도의 일관성을 가지고 있다. 가치는 개인에게 있어서나 정부에게 있어서나 중요한 것이다. 개인이 언제나 가치에 근거하여 행동할 수 있는 것은 분명히 아니지만, 그렇다고 일상생활에서 가치를 전적으로 무시할 수 있는 사람도 없는 것이다. 정부도 마찬가지로 정책을 실행함에 있어서 바람직한 것과 가능한 것을 결합시킬 수밖에 없으며, 정부의 수사(修辭)가 정부의 실천과 흔히 다른 것에 대해 놀랄 필요는 없다. 가치는 실천에 지침이 되는 여러 가지 요인들 중의 한 가지에 불과한 것이며, 따라서 가치를 실천에 대한 유일한 지침으로 삼는 것은 가치를 전적으로 무시하는 것만큼이나 어리석은 일이다.

확실히 네 가지 사상집단들의 가치는 사회의 모형, 시장체계에 대한 태도, 그리고 국가에 대한 견해 등과 같은 사회정책에 있어서의 중요한 쟁점들과 관련되어 있다. 이들 쟁점들에 대한 논의는 복지국가에 대한 네 사상집단들 간의 근본적인 차이점을 드러내 줄 것이다.

맑스주의자들은 사회와 국가에 대해 매우 극단적인 견해를 취하고 있는데, 그들은 자본주의 사회는 자본주의의 기본적인 경제관계로부터 발생하는 필연적인 계급갈등에 의해 특징지워질 수 있다고 주장한다. 페이비안주의자들도 계급갈등의 현실성을 강조하지만, 그들은 계급갈등이 언제나 그리고 반드시 일차적인 것이라고는 보지 않는다. 페이비안주의자들은 계급갈등뿐 아니라 계급갈등을 압도할 수도 있고 또 반드시 계급 간에서만 일어나지 않을 수도 있는 집단 간의 갈등의 현실성을 강조한다. 소극적 집합주의자들은 근본적으로 합의적인 사회모형을 가정하고 있으며, 계급 갈등이나 집단 간 갈등은 경제와 사회의 발전에 따라 제거될 수 있다고 생각한다. 반집합주의자들은 사실상 계급갈등에 대해서는 아무런 언급도 하지 않고 있다. 반집합주의자들은 개인들 간의 갈등이나 집단 간의 갈등에 대해 관심을 가지고 있다. 그들은 자유시장체계가 갈등을 생성시키는 원천이기보다는 그러한 갈등의 가장 위대한 치료자이며 이해관계를 조정해주는 가장 위대한 중재자라고 주장한다.

제1장에서 지적한 바와 같이, 사회의 본질에 대한 이러한 견해의 차이는 복지국가의 발달, 복지국가로부터 누가 이득을 얻는가 하는 점, 복지국가의 미래 등과 같은 사회정책의 중요한 쟁점들을 이해하는 데 있어 명백한 암시를 주며, 또한 인종문제나 성차별문제 등과 같은 여타의 사회적 쟁점들을 이해하는 데 있어서도 중요한 함의를 갖는다. 예컨대 맑스주의자들은 성차별문제가 자본주의 사회의 계급분화에 따른 필연적인 결과라고 간주할 것이고, 다른 사람들은 성차별문제를 가부장적인 측면에서, 즉 오랜 기간 동안 여러 가지 복합적인 요인에 의해 초래된 여성에 대한 남성의 지배라는 측면에서 파악할 것이다. 성차별문제나 인종문제에 관해서는 여기서 다루지 않는다. 다만 이러한 쟁점들은 지금까지보다는 더 많은 주목을 받아야 할 문제들이라는 점만 지적하고자 한다.

자유시장체계에 대한 네 가지 사상집단들의 태도는 극명한 차이를 보인다. 반집합주의자들은 자유시장체계야말로 사회의 제반 사안들에 있어서 자립적이고 자발적인 질서를 확립할 수 있는 근본토대라고 생각한다. 그들은 사회의 제반 사안들도 자립적이고 자발적인 측면에서 파악한다. 보다 구체적으로 말하면, 반집합주의자들에게 있어서 자유시장체계는 정치적 자유를 보호할 수 있는 필수적인 방벽이요, 지금까지 고안된 것들 중에서 가장 효율적인 경제체계이며, 경제성장을 이룰 수 있는 가장 위대한 수단인 것이다. 자유시장체계의 성공은 법적인 틀과 금융에 관련된 틀이 일단 확립되고 난 후에는 오로지 정부가 자유시장체계를 그냥 내버려두는 데 달려 있는 것이다.

소극적 집합주의자들도 자본주의의 기본적인 메커니즘으로서 시장의 유효성과 중요성을 인정하지만, 그들은 규제되지 않은 자본주의에 대해서는 매우 비판적이다. 소극적 집합주의자들이 보기에, 자본주의는 반집합주의자들이 주장하는 것처럼 그렇게 자기규제적인 것이 아니다. 자유시장체계는 정부의 규제를 받을 때에만 제대로 기능할 수 있는 것이다. 자유시장체계는 경제의 생산적인 능력을 충분히 활용하지 못하며, 자원의 분배를 올바로 하지 못한다. 그냥 내버려둘 경우 자유시장체계는 불의와 빈곤을 근절하지 못할 것이다. 그뿐만 아니라 소극적 집합주의자들이 보기에, 자유시장체계는 자립적이고 자발적인 정치질서의 가장 중요한 근본토대이기는커녕 정부가 장기적인 안목을 가지고 개입하지 않을 경우에는 오히려 정치적 안정을 직접적으로 위협하는 조건을 창출하고 말 것이다.

자유시장체계에 대한 페이비안주의자들의 비판은 소극적 집합주의자들의 비판보다 더 복잡하고 날카롭다. 대부분의 페이비안주의자들은 막대한 양의 자본이 유산으로 상속되는 것과 주요 기업이 사적으로 소유되는 것 모두를 비윤리적인 것이라고 간주한다. 이러한 것들은 사회의 총체적 불평등을 지속시키고, 자신의 능력을 실현할 적절한 기회를 시민들에게 제공해주지 못하며, 경제의 생산능력을 충분히 활용하지 못하게 한다. 또한, 그것들은 공동체적 목적에 해를 가하면서까지도 개인의 욕망과 요구를 만족시키려는 탐욕스러운 이데올로기를 생성시킨다. 그러므로 선진적인 복지자본주의 사회에서 극도의 사적인 풍요와 공적인 영역의 총체적 열악함이 함께 존재하고 있는 것은 그리 놀랄 만한 일이 아니다. 그럼에도 불구하고, 페이비안주의자들은 어떠한 정치체계를 가졌든 간에 선진 산업사회가 개인들이 자신이 원하는 재화와 서비스를 구입할 수 있는 실질적인 화폐시장이 없이도 작동될 수 있다는 주장은 거의 하지 않았다.

자유시장체계에 대한 맑스주의자들의 접근은 페이비안주의자들보다 더 비판적이다. 맑스주의자들은 자유시장체계는 억압과 착취에 기초한 것이고 사회 내의 특권을 고무하고 영속시키는 것이며 또한 사적인 수요는 그것이 아무리 변덕스럽고 일시적인 것이라 할지라도 공적인 욕구를 희생시켜서라도 충족시키도록 되어 있는 것으로서 도저히 어찌할 수 없는 것이라고 비난한다. 맑스주의자들은 재산상속의 폐지와 전반적인 국유화정책을 지지하며, 또 그들 중 다수가 적어도 공산주의 단계에서는 화폐시장의 운용을 필수적 최저한의 수준으로 제한할 것을 지지한다. 맑스주의자들이 생각하는 무상의 공적인 급여는 페이비안주의자들이 생각한 것보다 더 넓은 영역의 재화와 서비스를 포함한다.

네 가지 사상집단들이 국가에 대해 갖는 태도는 정치적, 경제적 체계의 변화가능성에 대한 각 사상집단의 신념을 나타낸다는 점에서 매우 중요하다. 반집합주의자들에게 있어서 국가란 중앙정부와 거의 동일한 것이다. 반집합주의자들은 중앙정부가 최근에 와서 선거권자들의 힘에 의해 지배되게 되었다고 주장하면서, 의회민주주의를 채택하고 있는 복지국가에서 정부가 표를 위해 경쟁하는 것과 그러한 경쟁으로 인해 정부가 이해집단의 포로가 되는 것에 대해 우려를 표시해왔다. 공공의 사안에 대한 과다한 정부개입을 초래한 것은 선거과정의 바로 이러한 특징 때문이라는 것이다. 반집합주의자들과 완전히 반대되는 극단에 위치한 맑스주의자들은 국가를 가장 광범위한 의미로 정의하고 있다. 맑스주의자들에게 국가는 자본주의 사회에서의 경제력의 분배와 자본주의 경제의 필요성에 의해 상당 정도로―완전히는 아닐 수도 있지만― 제약되는 존재이다. 따라서 기존의 의회주의적 과정을 통해서는 사회주의로의 정치적, 경제적 이행이 불가능한 것으로 간주되는 것이다. 페이비안주의자들은 반집합주의자들과 맑스주의자들의 중간영역에 위치한다. 페이비안주의자들은 지배적인 경제적 이해관계가 상당한 권력을 가진다는 점은 인정하지만, 국가가 그것의 단순한 산물이라고는 생각지 않는다. 상당한 어려움이 따르긴 하겠지만, 국가는 지배적인 경제적 이해관계의 요구에 반하여 행위할 수 있는 것이다. 의회적 과정을 통한 사회주의로의 이행이 쉽지는 않겠지만 불가능한 것도 아니다.

사회, 사적 시장 그리고 국가의 본질에 대한 이러한 근본적인 견해 차이는 네 가지 사상집단들의 복지국가에 대한 태도에도 필연적으로 영향을 미치게 된다. 복지국가에 대한 태도는 공공연한 적대로부터 우려 섞인 수용, 그리고 명백한 지지에 이르기까지 다양하다.

반집합주의자들은 복지국가의 발달에 대해 근본적으로 적대적이다. 기본적인 사회적 최저한을 정부가 제공하는 것은 필요한 것이며 비교적 문제가 되지 않는 것이라고 간주되지만, 최저한 이상의 것을 정부가 제공하는 것은 불필요할 뿐 아니라 바람직하지도 못한 것으로 간주된다. 보편적이고 관대한 정부의 서비스와 급여는 바람직하지 못한 경제적, 정치적, 사회적 결과를 초래하게 된다는 것이다. 보편적이고 관대한 정부급여가 경제적 측면에서 초래하는 바람직하지 못한 결과로는 다음과 같은 것들이 있다. 즉 정부급여는 인적, 물적 자원을 생산적 목적에 사용되지 못하게 한다는 것과 근로동기를 손상시킨다는 것, 그리고 서비스의 관리와 소비에 있어서 비효율을 창출한다는 것 등이다. 또한 보편적이고 관대한 정부급여는 정치적인 면에서는 개인의 자유를 침해하고, 궁극적으로 정부에 대한 대중의 존경심을 약화시키며, 따라서 독재적인 체제의 등장을 초래하게 되는 등의 부정적인 결과를 가져오게 된다. 사회적인 면에서, 국가가 서비스의 제공에 보다 깊이 개입하면 할수록 가족이나 지역사회, 자발적 단체 등의 전통적인 복지원천들에게 해를 끼치게 되는 부정적인 결과를 초래하게 된다. 스스로의 욕구를 충족시키기 위한 사람들의 능력과 의지가 소멸되어감에 따라 전통적인 복지원천들도 소멸되어간다는 것이다. 반집합주의자들은 정부급여가 가져오게 될 장기적인 측면에서의 결과에만 주의를 집중시킨 나머지 단기적인 측면에서의 혜택을 간과하였다. 또한 장기적인 측면에서의 고려에서도, 반집합주의자들은 복지국가는 자본주의의 중요한 지지자이며 자본주의에 이익이 된다는 맑스주의자들의 주장을 전적으로 무시하여왔다.

소극적 집합주의자들은 정부행위에 대해 반집합주의자들이 가지고 있는 것과 같은 우려를 가지고 있지 않기 때문에, 복지국가에 대해서 반집합주의자들과는 매우 다른 견해를 취한다. 소극적 집합주의자들은 정부는 자유시장체계의 결점을 보완하기 위한 정책을 실시해야 하며, 또한 비록 커다란 경제적, 사회적 변화를 이루지는 못한다 할지라도 피할 수 있는 사회악을 제거하기 위해 노력해야 한다고 믿는다. 따라서 그들은 복지국가는 개인들뿐 아니라 전체 정치체계에도 필요하며 이익이 되는 것이라고 간주한다. 소극적 집합주의자들은 정부행위가 빈곤을 제거하는 데에만 제한될 수 있으며 반집합주의자들이 염려하는 것처럼 불평등을 제거하는 데로까지 확대될 필연성은 없다고 확신한다. 또한 소극적 집합주의자들은 복지의 혼합경제-공적 복지, 시장적 복지, 자발적 복지 그리고 가족에 의해 제공되는 복지-에 대해서도 매우 만족스럽게 생각한다. 소극적 집합주의자들은 공적인 복지급여가 반드시 공적 복지 이외의 복지급여형태를 축소시키는 것은 아니라고 생각한다. 시장체계를 기본적으로 신뢰하고 있기 때문에, 소극적 집합주의자들은 국가의 역할은 자유로운 기업체계의 결점을 보완하는 것에만 제한되어야 한다고 확신한다.

페이비안주의자들은 자본주의에서의 삶이 보다 견딜 만한 것이 되게 하려면, 복지국가에게는 소극적 집합주의자들이 생각하는 것보다 더 많은 것들이 요구된다고 확신하고 있다. 그들은 공적 서비스의 역할을 보다 광범위한 관점에서 바라본다. 즉 그들은 공적 서비스는 경제성장을 촉진하고 경제적, 사회적 변화과정을 원활하게 만들며 사회통합에 기여하고 또한 불평등을 감소시키는 역할을 한다고 보는 것이다. 공적 서비스의 역할에 대해서 페이비안주의자들이 이렇게 광범위한 관점을 가지게 된 것은 그들이 자본주의 체제가 정부의 규제가 없는 상태에서 효율적이고 인간적으로 움직일 수 있는 능력에 대해 그다지 신뢰하고 있지 않기 때문이다. 하지만 페이비안주의자들에게 있어서 무엇보다 중요한 것은 그들이 복지국가를 단순히 자본주의의 거친 면을 다듬는 도구로만 보는 것이 아니라 복지국가를 사회주의사회를 향한 한 단계-불확실하고 과도기적인-로 본다는 점이다. 페이비안주의자들에게 사회서비스는 순수한 시장적 분배논리와의 결별을 의미하는 것이며, 시장적 분배체계와는 다른 효과적인 분배체계가 존재한다는 것을 대중들에게 증명해 보이는 것으로 간주된다. 그러나 최근 몇년 동안 페이비안주의자들은 일련의 선거와 사회과학적 증거들에 의해 사회서비스가 사회주의적 제도라는 자신들의 신념이 과장된 것이었음을 인정하도록 강요받아왔다. 또한 복지국가는 사회주의로 가는 길의 중간지점이라는 그들의 신념도 선진 산업사회에서 최근에 나타난 일련의 사건들로 인해 도전받고 있다.

맑스주의자들은 복지국가가 자본주의를 변화시킬 수 있는 도구라는 견해를 거부한다. 오히려 그들은 복지국가는 자본주의 체제를 지지하고 강화시키는 원천이라고 생각한다. 복지국가는 사적 자본의 이윤을 증진시키고, 자본주의 체제를 정치적으로 용인가능한 것으로 만드는—즉 축적과 정당화라는 이중의 과정을 수행하는— 서비스와 급여를 제공함으로써 자본주의를 지지하고 강화한다는 것이다. 맑스주의자들은 몇 가지 측면에서 복지국가가 대중들이 겪는 문제를 다소 완화시키는 작용을 한다는 점을 인정하기는 하지만, 복지국가의 전반적인 결과는 자본주의 체제를 경제적으로 그리고 정치적으로 유지시키는 것이라고 주장한다. 공적인 서비스가 정치체계에 위협을 가하는 것은 오로지 간접적인 것—즉 공적 서비스에 드는 비용의 증가와 그로 인해 정부가 조세를 인상시켜야 한다는 결과 등을 통한—일 뿐이다.

지금까지의 논의를 요약하면 다음과 같다. 반집합주의자들에게 복지국가란 잘못 붙여진 이름이다. 그들이 보기에, 복지의 주요 원천과 기원은 자유시장체계이며, 자유시장체계를 위협하는 것은 그것이 어떤 것이든 비복지의 원천인 것이다. 소극적 집합주의자들은 국가가 어느 정도의 개량적인 행위를 통해 시장적 관계의 고통과 불의를 완화시키고 자본주의 체제를 그대로 보존하는 것—또는 더 강화시키는 것—이 필수적일 뿐 아니라 가능한 것이라고 생각한다. 페이비안주의자들은 복지국가가 자본주의적 틀 내에서 이룰 수 있고 또 이루었던 것들에 대해서 그리고 복지국가가 사회주의를 향한 점진적인 길의 디딤돌이 된다는 점에 대해서 확신을 가지고 있다. 맑스주의자들은 이러한 페이비안주의자들의 견해를 인정하지 않는다. 그들은 복지국가는 자본주의 체제의 본질적인 모순에 대해 근시안적이고 궁극적으로는 불완전한 해결책을 제시하는 것이라고 간주한다.

지금까지 네 가지 사상집단들의 견해를 비교하고 대조하였다. 이제 네 가지 사상집단들의 견해가 표현된 쟁점들에 대한 우리들 자신의 견해를 보다 자세히 설명하고 다른 사람들의 견해에 대해 약간의 비판적인 언급을 제시해보자.

비판적 고찰

맑스주의자를 제외한 세 가지 사상집단들은 가치를 자기완결적인 존재로 간주하면서, 가치에 관련하여 그것의 기원이라든지 그것이 어떻게 변화하며 또 사회경제체계와 어떤 관련을 갖는지에 대해서는 실질적인 논의를 하지 않고 있다. 맑스주의자들은 가치와 태도, 신념을 포괄하는 보다 광범위한 의미를 지닌 이데올로기라는 개념을 선호한다. 이에 관련된 쟁점들을 여기서 상세하게 논의할 수는 없지만, 약간의 정의와 설명은 해야겠다. 가치란 암묵적인 혹은 명시적인 개념으로서, 이상적인 목적이란 무엇이며, 그러한 이상적인 목적을 성취하기 위한 바람직한 수단이 무엇인지에 관련된 사람들의 생각을 말한다. 이러한 가치의 수는 보통 제한되어 있으며, 일반적으로 어떤 한 개인이 가지고 있는 가치들―즉 가치체계(the value set)―은 서로 상당 정도의 일관성을 가지고 있기 마련이다. 그러나 어떤 한 개인이 가지고 있는 각각의 가치들이 완전히 일관성이 있는 것은 아니다. 가치들 간의 모순은 보편적인 현상이며, 때로 개인들은 여러 가치들 중 어떤 것을 선택해야만 할 경우도 있으며 또 자신이 가진 가치를 타협시켜야 할 경우도 있다. 간단히 말하면 가치란 일반화된 문화적 이상으로서, 다양한 상황에 있어서의 사람들의 행동과 상이한 여러 목적을 위한 사람들의 행동에 영향을 미치는 것이다. 사람들이 항상 자신들의 가치체계에 따라 행위하는 것은 아니지만, 때로 사람들은 자신들이 가진 가치체계를 위해 목숨을 버릴 각오를 하기도 한다.

어떤 사회에서든지 그 사회에서 일반적으로 인정되고 지지되는 일정한 가치들이 존재한다. 개인들이 가진 가치체계는 이러한 사회적 가치체계의 변형이라 할 수 있다. 왜냐하면 개인들의 가치체계는 사회의 가치체계를 완전히 모방한 것도 아니고 그렇다고 사회의 가치체계와 완전히 다른 것도 아니기 때문이다. 일반적으로 사회적 가치체계의 본질에 대한 사회과학적 논쟁에서, 사회적 가치체계에 대한 입장은 사회적 가치체계를 통일된 단일한 실체로 간주하는 입장과 사회의 가치체계를 여러 가지 분파적 가치체계들로 분열된 것으로 간주하는 입장으로 나누어진다. 이 두 가지 입장들은 서로 타협될 수밖에 없다. 만일 우리가 사회에는 단일한 가치체계만 존재한다고 가정한다면, 사회갈등이 일어날 것이라고 생각하기가 어렵다. 사회의 모든 사람들이 동일한 가치에 의해 동기화될 것이고 따라서 갈등은 거의 존재하지 않을 것이기 때문이다. 한편 사회의 각 집단이 각기 자신들의 가치체계를 가지고 있다고 가정한다면, 어떤 사안에 대해서든지 사회에는 합의라는 것이 있을 수가 없게 되고 갈등이 사회를 지배하게 될 것이다. 모든 사회는 기존 사회질서를 반영하고 그것을 유지시키는 지배적인 가치체계(dominant value system)를 가지고 있다. 이러한 지배적인 가치체계는 다양한 공식적, 비공식적 사회제도에 의해 직접 또는 간접적으로, 명시적 또는 암묵적으로 영속된다. 지배적인 가치체계는 기존 사회질서를 반영하는 것이기 때문에, 기존의 불평등을 지지하게 되고 따라서 필연적으로 사회의 힘 있는 집단들에게 가장 많은 이익을 가져다주는 역할을 하게 된다. 하지만 모든 사회에는 그 사회의 주요 집단들의 생활양식을 반영하는 몇 가지의 분파적인 가치체계도 존재하기 마련이다. 분파적 가치체계(sectional value system)는 지배적인 가치체계가 가진 요소들도 가지고 있지만 지배적인 가치체계와 모순될 수도 있는 독특한 하위문화적 요소들도 가지고 있다. 하지만 분파적 가치체계와 지배적 가치체계 사이의 그러한 차이는 주로 사회의 계층체계에 영향을 미치지 않는 쟁점들과 관련된 것들이다. 따라서, 하위문화적 가치체계가 사회에서 경제적 보상의 불평등한 분배에 공공연히 도전하는 경우는 별로 볼 수가 없는 것이다. 그러한 도전은 하위문화적 가치체계를 가진 사람들로부터 나오는 것이 아니라 급진적인 가치체계를 가진 사람들로부터 나오게 된다.

이 장의 앞에서 말한 바와 같이, 네 가지 사상집단들이 사회적 가치의 측면에서 근본적으로 상이함을 보이는 부분은 자유와 평등에 대한 견해에서였다. 자유와 평등의 이 두 가지 중요한 가치에 대한 반집합주의자들과 소극적 집합주의자들의 견해는 사회의 지배적인 가치체계를 나타낸다. 다시 말하면 사회의 불평등은 일반적으로 인정되며, 일과 가정과 학교와 기타의 여러 곳에서 불평등이 실현되고, 가족이나 학교제도, 대중매체, 법원제도 등과 같은 대부분의 사회제도에 의해 불평등이 옹호되는 것이다.

지배적인 가치체계는 우선 산업사회－경제성장이 가장 중요한－에서, 불평등이 비록 자연적인 것은 아니지만 반드시 필요한 것이라고 대중들을 설득 또는 고무시키는 데 성공하여왔다. 사람들에게 보상을 불평등하게 하지 않으면, 사람들은 그처럼 열심히 일하려 하지 않을 것이고 그러면 우리 모두가 고통을 받게 된다는 것이다. 그러나 다른 사람보다 열 배 더 많은 보수를 받는 사람이 그만큼 더 열심히 일했거나 일하려 하였다는 것을 증명할 수 있는 증거는 어디에도 없다. 또한 임금수준이 근로동기를 결정하는 유일한 또는 가장 중요한 유인이라는 증거도 없다. 간호사의 임금은 그리 높은 편이 아니지만 그럼에도 불구하고 간호사가 되기 위한 교육과정을 지원하는 사람들의 수가 부족한 적은 없었다. 물론 추가적인 소득이 사람들로 하여금 더 열심히 일하도록 동기화시킨다는 것을 부정하는 것은 아니다. 다만 우리는 보상의 불평등이 근로동기를 유지시킨다는 주장은 과장된 것이라는 점과 그러한 주장은 기존의 불평등을 설명하는 것이 아니라는 점을 말하려는 것이다. 기존의 불평등은 대개 가족적 배경과 직업적 배경 등에 그 원인을 두고 있다. 또한 무엇보다 중요한 것은 근로동기에 관한 기존의 이데올로기는 사회적 구성물이며 따라서 변화될 수 있다는 점이다.

두번째로 반집합주의자들은 불평등을 감소시키려는 정부의 시도는 경제 성장에도 해로울 뿐만 아니라 개인의 자유도 파괴시키는 것이라고 주장한다. 하지만 선진 복지자본주의 사회에서 찾아볼 수 있는 역사적인 여러 증거들은 반집합주의자들의 그러한 주장과는 상반된다. 정부개입이 보다 제한되어 있었던 20세기 초반에 비해 오늘날의 개인의 자유가 덜하다고 주장한다면, 이는 분명히 잘못된 주장이다. 마찬가지로 정부서비스의 영역이 보다 제한된 일본에서의 개인의 자유가 스웨덴에서보다 더 많다고 주장하는 것도 잘못된 것이다. 간단히 말하면 불평등을 대체로 인정하는 것은 있을 수 있지만, 불평등이 필수적이라는 주장에 대한 경험적인 증거는 그냥 보기에도 의심스러운 것들이다. 평등과 경제적 성장, 그리고 평등과 자유는 서로 반대되는 명제가 결코 아닌 것이다.

더 많은 평등이 개인의 자유를 증진시킨다는 페이비안주의들과 맑스주의자들의 주장은 논리적인 면과 경험적인 면 모두에서 타당하다. 불평등이 경제적 관계를 지배하게 되면, 그것은 사회적 관계와 정치적 관계도 지배하게 될 것이며, 가난한 사람들은 잘사는 사람들의 피조물과 희생자가 되어버릴 것이다. 진정한 자유는 기존의 불평등을 감소시켜야만 이루어질 수 있다. 강자의 약탈로부터 약자의 자유를 지켜 줄 수 있는 것은 오로지 입법과 정부행위를 통해서일 뿐이다. 다수의 자유를 증진시키기 위해서는 사회의 일부 구성원들의 자유가 제한되어야만 한다. 정부행위가 바람직했는가에 대한 최종적인 판단은 정부행위로 인해 개인의 자유가 손실되었는가 증가되었는가 하는 점만 단순히 고려할 것이 아니라 사회 전체에서의 자유의 정도와 합계에 대한 고려도 있어야 하는 것이다. 이러한 점에서 볼 때, 정부의 평등주의적 입법은 사회 전체의 자유의 범위를 증가시킬 수 있을 것이다. 정부의 평등주의적 조치는 보다 평등하고 보다 자유로운 사회를 창조하는 데 기여할 수 있을 것이고, 그러한 사회에서 개인적이고 제도적인 행위에 영향을 미치는 것은 개인주의가 아니라 우애, 즉 다른 동료인간에 대한 관심이 될 것이다.

이 장의 마지막 절에서는 민주적인 사회주의적 전략을 위한 복지국가주의의 40여 년의 경험으로부터 몇 가지 중요한 결론들을 도출하는 시도를 할 것이다. 그러면 여기서는 그러한 시도를 하기 전에, 사회주의적 전략의 문제와 가능성을 보다 명확하게 이해할 수 있도록 하기 위해 선진 자본주의 사회에서의 사회구조와 국가의 성격을 고찰해보기로 하겠다.

선진 산업사회의 구조

오늘날 모든 선진 산업사회에서는 정부의 활동이 상당히 많이 이루어지고 있다. 선진 산업사회에서는 소득과 부의 많은 부분이 정부가 소유한 기업에 의해 직접 생산되고 있으며, 전체 사회의 소득 중 많은 부분이 정부에 의해 광범위한 영역의 사회서비스와 공공서비스에 지출되고 있고, 노동력의 상당한 부분이 중앙정부 또는 지방정부에 의해 고용되고 있으며, 또한 복잡하게 얽혀 있는 규칙과 규정들이 사적 부문의 활동을 통제하고 영향을 미치고 있다. 오늘날 일부 학자들이 현대의 선진 산업사회를 은혜로운 '복지'국가라고 결론내리게 된 것은 바로 이러한 정부활동의 증가에서-그리고 다른 속셈이 있는 정치가들의 연설에서- 기인한 것이다. 이들 학자들의 결론에서는 정부의 '복지적' 활동에 대해서 지나친 강조점이 두어진 반면에, 부와 소득을 생산하고 분배하는 경제관계는 상당 정도로 무시되어왔다. 선진 산업사회에서의 정치체계와 이들 학자들이 스스로에 대해 주장하는 것들은 선진 산업사회의 경제체계가 근본적으로는 변화하지 않고 있다는 것에 대한 분석을 희생하고서 강조되어왔다.

오늘날의 선진 산업사회는 그 사회에서 나타나고 있는 상당한 정도의 정부활동에도 불구하고 본질적으로는 자본주의 사회이다. 사적 기업이 여전히 국부의 주요 원천이며, 사적 시장이 여전히 국부의 주요 분배자인 것이다. 정부활동은 사적 기업과 사적 시장을 보완하고 유지시키는 것일 뿐이며, 그것들을 결코 대체하지는 못한다. 경제체계로서의 자본주의는 최근 몇십 년 동안 재정이나 조직 그리고 운영방식에 있어서 많은 변화를 경험하였던 것은 사실이지만, 그럼에도 불구하고 자본주의의 네 가지 중요한 특징은 그대로 유지하고 있다. 그 네 가지 특징이란, 생산수단과 분배수단의 사적 소유, 사적 이윤의 극대화, 부의 상당 정도의 상속 따라서 그로부터 발생하는 거의 세습적인 자본가계급의 영속화, 그리고 경제와 사회관계에 있어서의 개인주의적인 경쟁윤리의 지배이다.

복지자본주의는 많은 중요한 측면에서 자유방임적 자본주의와는 상이하지만, 그렇다고 그것이 자본주의이기를 포기한 것은 아니다. 그것은 자본주의가 수정된 것이지 변형된 것이 아니다. 생산 및 분배수단의 대부분을 소유하고 있는 자본가계급은 과거에 비해 오늘날 보다 거대하고 보다 이질적인 집단을 형성하고 있다. 오늘날의 자본가계급 내부에는 산업자본가, 상업자본가, 금융자본가, 보험자본가 등과 같은 과거보다 더 많은 분파가 존재하고 있으며, 이들 자본가분파들이 항상 공통된 이해관계를 가지는 것은 아니다. 결과적으로, 오늘날에는 자본 내부의 다양한 분파들 사이뿐 아니라 자본분파들 내부에서도 과거에 비해 더 많은 이해관계의 갈등이 존재하게 되는 것이다. 따라서 자본가계급이 오늘날에도 여전히 생산수단과 분배수단을 통제하고 있기는 하지만, 이들이 사회의 다른 집단들을 상대로 또는 정부를 상대로 해결해야 하는 많은 쟁점들에 있어서 언제나 한 목소리를 내는 것은 결코 아닌 것이다. 이러한 변화는 때때로 자본가계급의 입지를 다소 약화시키는 측면도 있지만, 이러한 변화 이외의 다른 요인들로 인해 자본가계급의 입지가 강화되기도 한다. 예를 들면 전국적 기업과 다국적 기업의 성장은 자본가계급에게 막대한 경제력과 정치력을 가져다주었던 것이다.

간단히 말하면 자본가계급은 보다 거대해지고 보다 이질적으로 되고 보다 국제적이 되었으며 정부의 더 많은 규제를 받게 되었지만, 과거와 마찬가지로 오늘날에도 여전히 강력한 존재로 남아 있는 것이다. 자본가계급의 막대한 힘은 서로 연관된 여러 가지 원천들로부터 나온다. 그 원천들은 생산수단의 소유, 대부분의 대중매체의 소유나 통제, 사회의 다른 강력한 지배집단과 가족적·교육적 배경의 공유, 지배적인 이데올로기의 유지 등이다. 오늘날 생산수단의 소유란 고용계획이나 임금인상, 가격인상,

기타 경제적인 문제들에 대한 결정에 있어서, 전국적 기업 혹은 다국적 기업의 결정이 정부의 결정만큼 중요하거나 또는 정부의 결정보다 더 중요할 수 있음을 의미한다는 점이 대개 인정되고 있다. 대중매체의 법적 자유는 복지자본주의 사회에 있어서 의심할 바 없이 중요하고 가치 있는 자산임에는 틀림이 없지만, 대부분의 매체가 사적으로 소유되고 있기 때문에 대중매체의 법적 자유가 대중매체 자신의 본질이나 그 운용에 대한 근본적인 비판을 허용하거나 촉진하기보다는 사적 자본의 이해관계를 지지하는 경향을 더 많이 보인다는 명백한 사실을 변화시키는 것은 아니다. 마지막으로 사회에는 지배적인 이데올로기가 영향력을 발휘하게 마련이다. 모든 경제체계는 그것을 정당화하는 이데올로기를 필요로 하며, 자본주의도 여기서 예외가 아니다. 개인주의나 불평등, 경쟁, 사적 재산 등과 같은 가치들은 자본주의 경제체계에 있어서 필수적인 것들이며, 이러한 가치들은 사회의 제도들에 의해 전반적으로 그리고 거의 전적으로 인정되고 지지된다. 사회주의 체제나 봉건 체제가 그에 상응한 가치체계를 가지고 있듯이 자본주의적 경제체계가 자본주의적인 가치체계에 의해 떠받쳐지고 있는 것은 매우 당연한 것이다.

오늘날 광범위한 영역의 정부활동에도 불구하고, 노동자계급은 여전히 자신들의 생계를 대부분 그들의 노동에 의존하고 있다. 이는 공공서비스의 중요성이나 또는 노동자계급 사람들의 생활수준의 상당한 향상을 무시하려는 것이 아니다. 단지 노동자계급 사람들은 오늘날에도 여전히 노동에 자신들의 생계를 의존한다는, 종종 간과되는 간단한 사실을 말하려는 것뿐이다. 이와 마찬가지로, 생활수준이 향상되었다는 것과 부나 소득의 불평등이 감소되었다는 것을 혼동해서도 안 된다. 부의 대부분은 재산소유자들의 최상위 10%가 여전히 가지고 있으며, 지난 40여 년 동안의 수직적 재분배는 대개 핵가족 내부에서 일어났던 것이거나 최부유층으로부터 부유층에게로 일어났던 것이었다. 지난 기간 동안 소득에 있어서 상당한 재분배가 일어났다는 주장에 대해서도 부의 경우와 유사한 지적을 할 수 있다.

전후 세대의 보통사람들의 삶에 있어서 가장 많은 변화를 가져다준 것은 고용상태를 안정적으로 유지할 수 있는 가능성이었다. 1970년대 후반까지 안정된 고용의 가능성은 2차대전 이전의 기간에 비해 크게 증가하였는데, 이는 곧 새로운 소득보장을 의미하는 것이었을 뿐 아니라 생활의 향상을 가능케 함을 의미하는 것이었다. 안정된 고용가능성의 증가라는 이러한 변화는 조직노동자들의 수적인 증가와 조직노동자 내부에서의 분파적 이해관계의 성장이라는 두 가지 현상과 동시에 나타났다. 자본가계급과 마찬가지로 노동자계급도 수적으로 증가하면서 동시에 이질적인 집단이 되어갔던 것이다.

노동자계급의 힘은 세 가지의 서로 관련된 원천들로부터 나온다. 즉 그 원천들이란 노동에 대한 수요와 조직적 단결 그리고 정치적 의식의 세 가지이다. 노동에 대한 수요가 증가하게 되면 노동조합도 따라서 강력해지고 이에 따라 노동자들이 고용주들로부터 보다 높은 임금을 끌어낼 수 있는 가능성도 증가하게 된다. 조직적 단결로부터 나오는 힘은 노동조합의 발전에 있어서 언제나 거론되어온 주제였다. 이것은 서로 다른 조합에 속한 노동자들 간의 단결뿐만 아니라 동일한 노동조합에 소속된 노동자들 간의 단결에 모두 관련된다. 조직적 단결이 실업률이 높은 경우보다는 실업률이 낮은 경우에 더 쉽다는 것은 분명하다. 그러나 노동자계급의 힘의 원천으로서 조직적 단결이 갖는 가치가 더 중요해지는 때는 노동에 대한 수요가 낮을 때, 즉 실업률이 높을 때이다. 노동조합에 관련된 정부입법은 노동조합의 조직적 단결에 그리고 따라서 노동자들의 힘에 영향을 미치게 된다.

노동자계급의 정치적 의식이란, 노동자계급의 정치적 열망이나 투표성향뿐만 아니라 노동조합의 법적 권리를 지키려는 의지까지도 포함하는 것이다. 노동자들은 그들이 사회주의적인 목표에 대한 열망을 반드시 가지지 않았다 하더라도 노동조합의 법적 권리를 단호하게 옹호하려는 의지를 가질 수 있는 것이다. 대부분의 나라에서의 노동조합의 역사를 보면, 노동조합의 법적 권리에 대한 노동자계급의 지지는 시간이 지나도 쇠퇴하지 않았지만, 자본주의가 가진 문제를 사회주의적으로 해결하는 것에 대한 노동자계급의 전반적인 지지는 감소하여왔음을 알 수 있다. 따라서 노동조합의 정책과 요구는 시간이 지남에 따라 점차 탈정치화하게 되었으며, 임금이나 노동시간 또는 노동조건과 같은 직접적인 문제들에 점차 더 많은 관련을 가지게 되었다. 자본주의가 노동자계급의 경제적 열망을 만족시킬 수 있는 한, 사회주의가 예전의 대중적 호소력을 다시 회복하기는 어려울 것 같다.

선진 산업사회에서의 사회적 계급의 형성에 대한 논의에서는 중간계급에 대한 논의가 반드시 포함되어야 한다. 중간계급과 그 계급을 둘러싼 계급을 구분할 수 있는 엄격한 경계선을 긋기가 무척 어렵기 때문에, 중간계급에 대한 논의에는 계급의 정의에 관련된 문제가 많이 등장한다. 아마도 중간계급이 계층체계에서 차지하는 위치를 가장 잘 이해할 수 있는 방법은 중간계급 중 보다 하위에 속하는 사람들은 노동자계급과 경제적으로 그리고 정치적으로 동질성을 가진 집단으로 보고, 중간계급 중 보다 상위에 속하는 사람들은 자본가계급에 더 많이 가까운 집단으로 보는 방법일 것이다. 보다 상위에 속하는 중간계급이 자본가계급에 더 가까운 것은 이들이 관리적 기능을 수행한다는 이유 때문이거나 이들이 전문직적 혹은 경제적 지위를 가지고 있다는 이유 때문이거나 또는 이 두 가지 이유 모두 때문이다. 이처럼 중간계급에 속하는 사람들의 성격이 다른 것은 계급구조에서 개인이 어떤 위치를 차지하는가를 알기 위해서는 그가 생산수단과 어떤 관련을 맺고 있는가 하는 것뿐만 아니라 그가 고용으로부터 받는 보상이 어떤 것인가 하는 것ー즉 근로소득, 부가급여, 직장안정, 전반적인 근로조건 그리고 경력상의 전망 등이 어떠한가 하는 것ー도 고려해야 함을 의미하는 것이다. 이러한 이유로 사회를 두 가지 계급으로 단순히 분리하던 전통적인 구분이 더 복잡해졌지만, 이러한 복잡한 구분이 오늘날의 현실에는 더 적절한 것이다. 위의 것들을 고려하지 않는다면, 우리는 은행의 경영자나 은행청소부나 모두 생계를 위해 자신들의 노동을 파는 사람으로 간주하여 이들 모두를 노동자계급에 속한다고 주장해야 하는 입장에 서게 되는 것이다. 이러한 입장은 이제 더 이상 유지될 수 없는 입장이다.

여기서 제시된 분석을 통해 우리는 선진 산업사회에서 경제적 이해관계를 둘러싸고 계급 간에 나타나는 갈등은 불가피한 것이지만 갈등의 정도와 형태는 시간에 따라 변화하여왔다고 주장해야 될 것이다. 계급 간의 갈등이 폭력적으로 충돌하는 경우는 전반적으로 많이 사라졌고 노사 간의 갈등이 정치적 갈등과 공공연히 결합되는 경우도 많이 감소하였다. 대부분의 나라에서 정부는 파업을 예방하고 해결하기 위한 제도적 조정방법을 발전시켜왔다—이 방법의 성패는 나라에 따라 다양하긴 하지만.

계급갈등은 선진 산업사회에서 여전히 엄연한 사실로 남아 있기는 하지만, 계급갈등이 유일한 갈등은 아니게 되었다. 인종집단 간, 종교집단 간, 지위집단 간의 갈등과 성적인 갈등이 나라에 따라 정도는 다양하지만 공통적으로 나타나고 있다. 아마도 이 중에서 인종갈등이 많은 선진 산업사회에서 가장 두드러지게 나타날 뿐 아니라 사회안정을 가장 많이 위협하는 갈등일 것이다. 종교적 갈등은 사회의 세속화로 인해서 많이 감소하고 있다. 페미니즘 운동의 등장은 남성과 여성의 이해관계가 일치하지 않으며, 공공연하고 격렬한 갈등을 초래하지는 않지만 은폐된 제도적 갈등이 지속되는 상황을 부각시켜왔다. 끝으로 이익집단의 성장은 주택문제에 관련된 여러 집단들 간의 또는 퇴직한 사람과 퇴직하지 않는 사람 간의 갈등 등과 같은 수많은 잠재적 갈등상황을 창출하여왔다.

이러한 형태의 갈등이 반드시 계급적 구분과 일치하는 것은 아니다. 예컨대, 주택소유자와 임차인 간의 갈등은 계급갈등이 아닌데, 왜냐하면 대다수의 노동자계급 사람들은 주택소유자들이기 때문이다. 마찬가지로 인종 간의 갈등도 반드시 계급갈등인 것은 아니다. 성적 갈등이나 종교적 갈등에 대해서도 마찬가지로—아니 오히려 계급갈등과의 관련성이 더 적다고— 말할 수 있다. 따라서 이러한 종류의 모든 집단 간의 갈등은 계급적 구분을 가로지르기도 하며, 이러한 이유로 해서 사회 내에서 나타나는 연합과 대결의 망은 보다 복잡해지게 되는 것이다. 하지만 적어도 이론적으로는 집단 간 갈등을 제거하는 것은 자본주의의 폐지에 반드시 달려 있지 않으나 계급갈등은 자본주의가 극복되고 난 이후에야 없어질 수 있다는 점이 집단 간의 갈등과 계급갈등의 근본적인 차이점이다.

확실히 현대 복지자본주의 사회의 구조에 대한 이러한 식의 분석은 반집합주의자들의 분석과는 완전히 다르다. 반집합주의자들은 계급 또는 계급갈등의 존재를 인정하지 않고, 가장 강력한 이익집단은 노동조합이라고 생각하며, 갈등은 개인들 간의 경쟁을 둘러싸고 나타나는 것이라고 생각한다. 위의 분석은 또한 선진 산업사회에 대한 크로스랜드의 탈자본주의적 견해, 즉 사회 내의 가장 강력한 이익집단은 사적 기업의 소유자가 아니라 경영자이며, 사적 기업의 존재근거는 사적 이윤의 극대화로부터 사회적 목적으로 대체되었고, 산업에 대한 정부의 규제는 자본가계급의 힘을 약화시켰다고 보는 견해와도 다르다. 크로스랜드의 생각과 같은 견해는 경제성장과 완전고용이 모든 선진 산업사회에서 공통적으로 나타났었던 1950년대 말과 1960년대에는 설득력을 가질 수 있었다. 오늘날 이러한 견해는 사적 이윤을 극대화하기 위해 거대한 과잉노동력이 창출되고 또한 많은 나라에서 노동조합의 힘을 약화시키기 위한 입법이 이루어지는 현실 앞에서 그 모든 설득력을 상실하였다.

현대 사회에서는 선진 산업사회는 두 가지의 각기 동질적인 계급으로 구성된다고 보고 모든 형태의 갈등을 계급갈등 아래 포함시키는 전통적인 맑스주의적 견해도 현실과 맞지 않다. 전통적인 맑스주의적 견해는 자본가계급 내부와 노동자계급 내부 모두에서 나타나고 있는 명백한 분열상황을 충분히 고려하지 못하고 있다. 그뿐만 아니라 전통적인 맑스주의적 견해는 오늘날 공통적으로 나타나고 있는 집단 간의 갈등이 가지는 중요성이나 그것의 계급갈등에 종속되지 않는 독자적인 존재성도 제대로 인식하지 못하고 있다.

국가의 성격

사회의 권력구조에 대해 여기서 채택되는 분석에서는 선진 산업사회의 국가성격에 관한 일반적인 견해 중 두 가지 견해를 제외하고자 한다. 하나는 국가를 여러 가지 경쟁적인 이익집단들을 공평하게 중재할 수 있고 자신의 결정을 이익집단들에게 큰 어려움 없이 부과할 수 있는 독립적인 권위로 간주하는 다원주의적인 견해이다. 또 하나는 국가를 자본가계급의 이익에 맹목적으로 봉사하는 위원회에 불과한 것으로 간주하는 초기 맑스주의적 견해이다. 다원주의적 견해가 사적 자본의 매우 강력한 힘을 간과하고 있는 반면, 초기 맑스주의적 견해는 사적 자본의 힘을 어떤 상황에서든 늘 만능인 것으로 만들어 버리고 있다. 여기서 제시되는 사회의 권력구조에 대한 분석에서는 다소 불완전하게 정리되어 있긴 하지만 보다 현실적인 개념으로서 국가의 상대적 자율성이라는 개념을 제시하게 될 것이다. 다시 말하면 국가는 사적 자본에 의해 설정된 구조적 한계 내에서 작동하지만 언제나 어느 정도의 자율성을 가지고 있어서 문제되는 쟁점의 본질에 따라, 정부의 정치적 이데올로기에 따라, 여론에 따라, 그리고 계급 간의 힘의 균형상태에 따라 사적 자본으로부터 자유롭게 행위할 수 있는 여지를 항상 가지고 있다는 개념을 제시하게 될 것이다.

　일부 맑스주의자들은 국가가 다루는 모든 쟁점들은 자본주의 체제의 안정과 지속에 직접적으로든 간접적으로든 관련되어 있는 것이라고 주장한다. 하지만 정부의 정책을 좀 더 자세히 분석해보면 이러한 주장에 대해서는 심각한 의문이 제기될 수 있다. 정부의 정책 중에는 자본주의 체제의 생존과는 아무런 관련이 없는 도덕적 쟁점들에 관련된 것들—물론 전적으로 도덕적 쟁점에만 관련된 것은 아니다—도 있다. 이러한 정책의 예로는 입양에 관한 정책이나 낙태, 가족계획, 이혼, 사형, 약물중독에 관한 정책 등을 들 수 있다. 이외에도 자본주의의 생존과는 별 무관하게 보이는 정책들이 존재한다— 이에 관련된 것들로는 공원이나 스포츠, 공동묘지, 하수시설 등에 관한 정책을 그 예로 들 수 있다. 정부의 이러한 서비스의 구체적 형태나 이러한 서비스의 제공범위가 하나의 체계로서의 자본주의에 대해 어떤 함의를 갖는가를 밝히는 것은 매우 어려운 작업이다. 다른 한편 정부의 정책 중에는 자본주의의 생존에 가장 직접적인 관련을 가지는 경제적 쟁점에 관한 일련의 정책들이 존재한다. 이러한 정책들로는 사적 산업의 국유화나 재산에 대한 과세, 가격 및 임금정책, 투자, 직업훈련 등을 들 수 있다. 이러한 정책들은 자본주의의 이해관계와 너무나 명백한 관련성을 갖기 때문에 더 이상의 세밀한 언급이 필요 없을 정도이다. 마지막으로 자본주의와의 관련의 정도가 다양한 일련의 정책들이 있다. 이러한 정책들의 예를 관련의 정도가 작아지는 순서대로 몇 가지를 열거하면, 사회보장정책, 교육정책, 도로건설, 형사정책 등을 나열할 수 있다. 정부정책에 대한 이러한 논의에서 또 하나 지적해 두어야 할 매우 중요한 점이 있는데, 그것은 즉 특정 산업분야의 이윤에 위협이 되는 정부의 정책이 있다고 해서 그 정책이 반드시 체계로서의 자본주의 그 자체에 대해서도 위협이 되는 것은 아니라는 점이다. 따라서 예를 들면 담배에 대한 정부의 과세정책과 기타 흡연을 제한하기 위한 정부의 제반 조치들은 담배산업에 대해서는 위협적인 것이지만, 그렇다고 해서 그것이 자본주의 체제 자체에 대해서도 똑같이 위협적인 것은 아닌 것이다. 정부의 모든 정책이 자본주의의 안정과 지속에 관련된 것은 아니라는 점은 국가는 자본가계급의 이해관계에 반(反)하는 행위를 할 수 있다는 국가의 상대적 자율성 개념에 있어서 반드시 고려해야 할 첫번째 점이다.

국가의 상대적 자율성이라는 개념에 있어서 반드시 고려해야 할 두번째 사항은 정부가 가진 정치적 이데올로기가 어떤 것인가 하는 점이다. 국가는 몇 가지의 기구들, 즉 중앙정부와 지방정부의 기구, 공무원들의 기구, 그리고 사법부나 경찰 그리고 군대나 사회사업 등에 관련된 기구들로 구성되어 있지만, 그 중에서 가장 중요한 것은 중앙정부이다. 이는 의회민주주의체제 하에서는 더욱 그러하다. 따라서 중앙정부가 보수주의적 이데올로기를 가졌는가 아니면 사회주의적 또는 사회민주주의적 이데올로기를 가졌는가 하는 점은 중앙정부가 추구하는 정책의 형태에 못지않은 큰 중요성을 가지는 것이다. 이는 중앙정부가 사회주의적 이데올로기를 가지고 있으면 자본가계급의 이익을 완전히 무시할 수 있다거나 하는 이야기를 하려는 것이 아니라 사회주의적 이데올로기를 가진 정부는 그렇지 않은 정부에 비해 자본가계급의 이익과 반대되는 정책을 실시할 가능성이 더 많다는 점을 지적하려는 것이다. 어떤 이데올로기를 가졌든 간에 정부는 경제성장을 도모해야 하고 따라서 산업과 기업의 엘리트들이 원하는 것과 요구하는 것을 고려-어느 정도나 고려하는가는 차이가 있겠지만-할 수밖에 없다. 앞에서도 언급한 바 있지만, 산업과 기업의 엘리트집단이 국가적 차원에서 그리고 국제적 차원에서 내리는 제반 결정들은 사회의 고용전망이나 임금수준 또한 물가수준에 심대한 영향을 미치는 것이다. 하지만 이론적인 측면에서 본다면, 사회주의적 이데올로기를 가진 정부는 그렇지 않은 정부에 비해 자본가들의 압력에 저항할 가능성을 더 많이 가졌다고 간주하는 것이 합리적이다. 자본가들의 압력을 물리치려는 시도가 성공할 것인가 아닌가 하는 것은 몇 가지 국내적, 국제적 요인들에 달려있다. 이러한 요인들에 대한 논의는 우리들의 논의의 범위를 벗어나는 것들이므로 여기서는 논의하지 않겠다.

의회민주주의 사회에서 여론의 성격은 국가의 행위에 대해 그 범위를 설정하는 세번째 요인이다. 어떤 정부라도 다음 선거에서 승리하여 재집권하기를 원하며 따라서 여론에 반(反)하는 행위를 지속적으로 할 수는 없다. 그러므로 보수주의적인 이데올로기를 가진 정부라 할지라도 자본가계급의 이익을 노골적으로 옹호할 수는 없는 것이다. 보수주의적 정부는 자신이 지지받을 수 있도록 여론을 동원하거나 아니면 여론에 따라 자신들의 정책을 수정해야 한다. 사회주의 정부는 대중매체와 고위공무원 그리고 기타 지배집단들의 친자본주의적 성향 때문에, 훨씬 더 많은 제약을 받게 된다. 간단히 말하면, 의회민주주의적 정치제도는 보수적 정부의 친자본주의적 정책에 어느 정도의 제약을 가하며, 또한 사회주의적 정부의 급진적 또는 개혁적 정책에 대해서도 제약-이 경우의 제약이 훨씬 더 크다-을 가한다는 것이다.

노동자계급의 힘도 국가의 상대적 자율성에 관한 논의에서 반드시 포함되어야 하는 사항이다. 앞에서 이미 언급한 바와 같이, 노동자계급의 힘은 몇 가지 원천으로부터 나오는 것이며, 유리한 상황에서 효과적으로 동원

될 경우 정부는 노동조합의 요구에 대해 주목하지 않을 수 없게 된다. 권력이란 절대적인 개념이 아니라 관계적인 개념이어서, 노동자계급의 힘이 절정에 달하면 상대적으로 자본가계급의 힘은 약화되기 마련이다. 자본주의 사회에서의 계급 간 힘의 균형은 자본가계급과 노동자계급이라는 두 주요 계급의 상대적 힘에 따라 변화하며, 이는 다시 국가의 자율성에 영향을 미치게 된다.

간단히 말하면, 자본주의 사회에서의 국가는 노동자계급의 이익보다는 자본가계급의 이익에 더 많이 봉사하는 경향을 띠는데, 왜냐하면 첫째 자본가계급이 경제문제에 있어서 지배적인 힘을 가지고 있기 때문이고, 둘째 의회민주주의에서의 제반 정치제도들은 사회주의적 개혁보다는 보수주의를 더 선호하는 경향을 일반적으로 가지고 있기 때문이며, 셋째 지배적인 이데올로기가 일반적으로 받아들여지고 있기 때문이다. 국가에 대한 이러한 식의 분석은 다음과 같은 점을 암시하고 있는데, 즉 의회주의를 통한 사회주의로의 이행은 최선의 경우라 할지라도 점진적이며 매우 완만한 과정이 될 것이고 최악의 경우에는 결코 순탄치 못하며 불확실하기까지 한 과정이 될 것이라는 점이다. 복지자본주의를 사회주의로 향하게 하는 어떤 필연적인 정치적, 경제적 요인이란 존재하지 않는다는 것이다. 하지만 이러한 분석은 또한, 의회주의적 방법을 통하지 않은 사회주의로의 이행은 그것으로부터 실질적인 이득을 얻을 수도 있는 분파를 포함한 많은 분파들에 의해 저항받을 것이기 때문에 현실성이 더욱 더 없다는 점도 의미한다. 그리고 위와 같은 분석은 자산조사에 의한 잔여적인 급여형태를 선호하여 보편적인 사회서비스를 해체하려는 우파 정부의 시도가 조직노동자들과 여타 대중들로부터 그리고 일부의 대중매체로부터 또한 심지어는 자본가계급에 속하는 자본가 개인들로부터도 반대를 받을 수 있기 때문에, 그것이 반드시 실패하지는 않겠지만, 단기간에 성공할 가능성이 거의 없다는 의미도 함축하고 있다. 바로 이러한 반대가 '국가의 전선을 뒤로 후퇴시키려는' 우파 정부의 시도를 지금까지 억제해왔던 것이지, 그러한 시도가 자본의 이윤이나 정당성을 저해하지나 않을까 하는 두려움이 그 시도를 억제했던 것은 아니다. 정부가 빠른 속도로 그리고 상당한 정도로 사회주의 또는 자유방임적 자본주의로 나아갈 수 있는 기회를 잡을 수 있는 때는 사회적, 경제적인 조건이 예외적으로 어려울 때뿐이다. 그러한 때를 제외한 다른 때에는 좌 또는 우로의 정치적 변화는 점진적이고 점증적인 것이 될 가능성이 큰 것이다. 물론 그러한 정치적 변화를 시사하는 말들은 그렇지 않지만 말이다.

복지국가

이 장의 앞에서 지적한 바와 같이, 복지국가에 대한 반집합주의자들의 우려와 적대감은 엄밀한 분석에 근거한 것이라기보다는 독단에 의한 것이다. 공적 서비스의 확대가 개인의 자유나 경제성장을 저해하였다는 실질적인 증거는 어디에도 없다. 오히려 실제로는 찾아볼 수 있는 모든 증거들은 공적 서비스와 급여는 진정한 의미에서의 개인의 자유를 확장시켜왔다는 점과 노동의 질을 향상시키고 노동의 이동을 촉진시키며 제조업상품에 대한 수요를 촉진시킴으로써 경제성장에 기여하여왔다는 점을 강력하게 시사하고 있다. 또한 사회서비스를 상당 정도로 감소시키면 가족과 지역사회가 그 공백을 메울 것이라는 주장도 전혀 설득력이 없다. 가족과 지역사회라는 두 가지 제도는 이미 다양한 사회서비스적 기능을 수행하고 있다. 그러나 이 두 제도에 부과할 수 있는 책임에는 한계가 있으며, 또한 이 두 제도가 감당할 수 없는 책임도 있는 것이다. 가족이라는 제도는 그 구성원들이 어려움에 처했을 경우에 그들에게 재정적 지원을 제공하는 기능을 수행하지만, 가족이 어떤 경우에든 그리고 언제나 그러한 기능을 의무적으로 수행해야 한다고 생각하는 것은 비현실적이다. 마찬가지로 가족은 자발적으로 그리고 때로는 정부의 도움이 없어도 노인이 된 구성원들에게 보호를 제공하지만, 이러한 보호기능을 언제나 수행하도록 가족에게 강제할 수 있다고 생각한다면 이처럼 어리석은 생각은 없을 것이다. 사회서비스에 대한 욕구는 경제적, 사회적 그리고 인구학적 변동과정을 거치면서 창출된 것이며, 이러한 욕구를 충족시키는 것을 시장이나 가족에게 맡겨둘 수는 없다. 국가서비스의 폐지는 사회 내의 고통이 매우 크게 증가할 것임을 의미하게 되는 것이다.

복지국가에 대한 맑스주의적 접근은 커다란 장점을 가지고 있음과 동시에 약점도 가지고 있다. 그 장점은 복지국가를 다른 것들과 고립시킨 상태에서 보는 것이 아니라 특정의 경제적, 사회적 체계라는 맥락 속에 위치시켜 본다는 점에 있다. 그 약점은 우리가 알고 있는 바와 같이, 세 가지로 요약할 수 있다. 첫째는 맑스주의적 분석은 사회정책이 낳은 영향들을 단순히 일면적으로 파악한다는 점이다. 맑스주의는 국가를 자본가들의 이해관계에 봉사하는 단순한 도구로 보는 이론적 모형에 근거하고 있기 때문에, 사회정책도 자본주의 체제에 대해 정치적으로 경제적으로 봉사하는 것일 뿐이라고 가정하거나 그렇다는 것을 보여주는 부분적인 증거를 제시하게 된다. 하지만 자세히 분석해보면, 사회정책의 제반 영향들은 경제적, 정치적 체계를 지지할 수도 있고 훼손할 수도 있는 것임을 알 수 있다.

맑스주의적 접근의 두번째 약점은 사회정책의 영향들을 경제적 영향과 정치적 영향—서로 비슷한 중요성을 가지면서 다소 독립적인—으로 분리한다는 점에 있다. 경제성장과 이윤에 도움을 준다고 일컬어지는 사회서비스들은 사실은 정치적 정당화에 있어서도 없어서는 안 되는 것들이다. 다시 말하면 경제성장은 자본주의에 대해 강력한 정당화 작용을 하는 것이다. 자본주의는 경제성장 이외에 윤리적 정당성을 주장할 특별한 근거가 없기 때문에, 만일 경제성장을 달성하지 못한다면 대중들의 충성심을 상실할 위험에 처하게 될 것이다. 자본주의를 옹호하는 사람들조차도 자본주의의 윤리적 정당성은 그것이 사회정의나 평등주의를 추구한다는 데에 있는 것이 아니라 전반적인 생활수준을 끊임없이 향상시킨다는 데에 있다는 점을 항상 인정하여왔다. 경제성장이 정치적 정당화의 필수적인 요인이라는 점은 그 반대의 적용에 있어서도 마찬가지이다. 즉 정치적 안정도 경제성장과 이윤의 증가에 도움을 주는 것이다.

세번째의 약점은 맑스주의적 분석은 사회정책이 소득과 교육, 보건, 주택, 그리고 전반적인 생활수준의 측면에서 사회의 개개 구성원들에게 미치는 긍정적인 영향들을 충분히 인식하지 못한다는 점에 있다. 사실상 사회정책의 긍정적인 영향들은 상당한 것이다. 맑스주의는 전체적인 수준에서 사회정책이 갖는 정치적 함의에만 집중－때로는 거의 전적으로－하는 경향이 있으며, 따라서 사회정책이 개인과 가족에게 주는 혜택을 무시하거나 가볍게 취급하곤 한다. 맑스주의자들이 사회정책의 가치를 발견하게 되고 사회정책의 가장 굳건한 지지자가 되는 때는 우파들에 의해 복지국가가 공격받을 때뿐이다.

복지국가에 대한 페이비안주의자들의 접근도 기꺼이 추천할 만한 장점을 많이 가지고 있지만, 역시 몇 가지 약점을 가지고 있다. 공적 서비스와 사회서비스는 사람들에게 실질적인 혜택을 제공하며 그러한 서비스들은 보호하고 발전시켜야 할 가치가 있는 것이라는 그들의 기본적인 신조는 의심할 바 없이 올바른 것이다. 페이비안주의적 접근의 중요한 약점은 그것의 비현실적인 가정, 즉 사회서비스는 본질적으로 사회주의적인 것이라는 가정과 국가는 사회주의적 개혁의 강력한 도구로 쉽게 전환될 수 있다는 가정에 있다. 모든 증거들로 볼 때, 사회서비스는 사회경제적으로 하층에 속하는 집단들에게뿐 아니라 상층에 속하는 사람들에게도 마찬가지의 혜택을－때로는 더 많은 혜택을－ 주고 있고 계급 간 불평등이나 성적 불평등을 감소시키는 데에는 별 기여를 하지 못하고 있다는 점을 알 수 있다. 페이비안주의적 분석은 또한, 복지자본주의에서의 국가도 여전히 자본주의적 국가로 남아 있다는 기본적인 사실과 진정으로 개혁적인 모든 정부는 바로 그러한 기본적인 사실로 인해 한계에 부딪히게 된다는 사실을 종종 간과하고 있다.

게다가 사회문제에 대한 페이비안주의자들의 접근은 중앙집중적이고 상명하달식이며 전문가에 의한 서비스에 지나치게 의존하여왔다. 따라서 그들의 접근은 서비스의 수혜자들과 똑같은 정도의 도움 혹은 심지어 수혜자들보다 더 많은 도움을 서비스의 공급자들에게 주는 그러한 서비스를 만들어 내었던 것이다. 수혜자들의 생각과 요구에 보다 잘 반응할 수 있도록 보편적인 서비스를 제공하여야겠다는 필요성을 페이비안주의자들이 인식하게 된 것은 최근에 와서의 일이다. 고객이 항상 옳은 것은 아니지만 그렇다고 항상 틀린 것도 아닌 것이다.

복지국가의 영향을 어떻게 파악할 수 있을까? 복지국가가 거둔 주요한 성공은 삶의 여러 측면에서 일정한 최저한의 급여수준을 성취하였다는 것에 있다. 공식적인 빈곤선 이하의 소득을 얻는 사람들이 아직도 소수 존재하고 있는 것은 사실이다. 이들은 주택이 없거나 있더라도 적절치 못하고, 건강과 교육수준이 기준 이하이며, 대인적 사회서비스로부터 도움을 받을 수 없는 사람들이다. 그러나 이러한 사람들의 존재 때문에, 사회서비스는 욕구가 있는 대부분의 사람들에게 유용한 것이라는 사실이 가려져서는 안 될 것이다.

하지만 대부분의 사람들이 최저수준을 확보할 수 있도록 했다는 것과 계급 간 불평등의 감소를 혼동해서는 안 된다. 앞에서 말한 바와 같이, 지난 40여 년간 일어났던 부와 소득의 약간의 재분배는 최부유층으로부터 부유층으로 일어났던 것이었다. 성인사망률과 유아사망률에 있어서의 사회경제적 차이는 사망률의 전체적인 감소에도 불구하고 별로 좁혀지지 않았다. 대학진학은 대학재학생 수의 상당한 증가에도 불구하고, 1920년대에 그랬던 것과 같이 오늘날에도 가족적 배경에 의해 커다란 영향을 받고 있다. 주택분야에 있어서의 사회계급적 불평등도 마찬가지로 주택수준의 전반적인 향상에도 불구하고 여전히 많이 남아 있다. 정부가 직접 또는 간접적으로 지원해주고 있는 직업복지도 여전히 중간계급과 상층계급에게 더 많은 혜택을 주는 경향을 강하게 나타내고 있다. 사회정책의 모든 영역에서 사정은 다 매우 비슷하다. 즉 지난 수십 년 동안 혜택의 수준은 상당 정도로 향상된 것과 마찬가지로 사회계급적 불평등도 상당 정도로 유지되었던 것이다.

넓은 의미에서의 빈곤과 그리고 불평등에 대한 사회정책의 영향은 비교적 명확하다고 말할 수 있지만, 경제발전에 대한 사회정책의 영향에 대해서는 그렇게 말할 수 없다. 관련된 증거가 매우 부적절하기 때문에, 수사 (rhetoric)와 사실을 구분하기가 훨씬 더 어려운 것이다. 경험적 증거에 대한 우리들 자신의 평가로 볼 때, 사회정책은 인적 자본론자들이 주장하는 것만큼 중요한 공헌은 아니라 할지라도, 경제성장에 공헌하여왔다는 결론에 도달하게 되었다. 교육훈련정책이나 지역 간 이동 및 노동이동에 관련된 정책이 경제성장에 기여한 정도는 사회정책의 여타 측면들이 경제성장을 저해한 정도를 훨씬 압도하고 있는 것이다.

정치적 안정에 대한 사회정책의 영향에 관련된 증거도 역시 대개 부적절한 것이긴 하지만 이들 증거들로부터도 위와 유사한 결론에 도달할 수 있다. 즉 사회정책의 진짜 효능은 기존의 사회경제체계를 지지한다라는 것이다. 공적인 서비스가 그에 필요한 재원의 확보에 따른 문제로 정치체계에 부담을 주는 것은 확실한 사실이지만, 다른 한편으로 공적인 서비스는 다음과 같은 네 가지 방식을 통해서, 즉 정치적 안정을 파괴할 수도 있는 문제를 완화시키고, 사회문제를 개인주의적으로 해석하고, 특정한 가치와 행위양식을 조장하며, 그리고 계급갈등을 보다 덜 위협적인 집단갈등으로 대체시킴으로써 정치적 안정에 기여하고 있는 것이다.

제3절 복지국가의 미래

공공정책의 영향에 대한 지금까지의 평가를 통해서 우리들은 민주적 사회주의의 관점에서 복지국가의 발달 전망에 관련된 몇 가지 결론을 내릴 수 있다.

앞으로 사회권의 개념이 엄격하게 법적으로 뒷받침되지 않는다면, 서비스가 아무리 확대되더라도 복지국가가 사회정책의 제반 영역에서 모든 사람에게 최저수준을 확보해주지 못하는 상황은 지속될 것이다. 사회권에 대한 엄격한 법적 뒷받침은 보건과 교육분야에서는 이미 나타나고 있지만, 사회보장과 주택 그리고 대인적 사회서비스분야에서는 부족한 실정이다.

보건서비스와 교육서비스에 대해 법정에서 정당한 권리를 주장할 수 있는 것처럼 개인은 근로경력이나 기여경력, 행동기록, 지불능력 등의 조건에 관계없이 한 나라의 시민이라는 자격만 가지고도 보건이나 교육 이외의 다른 서비스에 대해서도 정당한 법적 권리를 주장할 수 있어야 한다. 예를 들면, 사회보장급여는 정부의 일반조세수입으로부터 재정이 충당되어야 하며, 특정한 조건-예컨대, 실업, 질병, 퇴직 등-만 충족시키면 근로경력이나 작업장 내 또는 작업장 외에서의 행동양식, 욕구기간의 길이 등과 같은 조건에 관계없이 급여를 받을 수 있어야 한다는 것을 의미한다. 주택과 대인적 사회서비스에 있어서도 마찬가지이다.

이와 같은 사회권의 확립이야말로 모든 민주적 사회주의 정부가 최우선적으로 수행해야 할 가장 시급한 개혁과제이다. 오늘날 선진사회에서 나타나고 있는 빈곤과 박탈은 도저히 받아들일 수 없을 정도로 높은 수준에 달해 있다. 이것들은 사람들에게 가장 고통스럽고 해로운 영향을 미치는 사회문제들이다. 불평등의 감소는 사회서비스만 가지고 성취될 수 있는 것은 아니지만, 정부정책의 우선순위에서 두번째 영역이 되어야 한다. 모든 복지자본주의 사회에서, 2차대전 이후에 등장하였던 개혁주의적 정부는 사람들의 근로소득은 정상적인 경우 시장에서의 상호작용에 맡겨져야 하며 이로부터 발생하는 소득불평등은 조세제도와 사회서비스를 통해서 완화되어야 한다는 견해에 동의하여왔다. 찾아볼 수 있는 모든 증거들로 볼 때, 이제 그러한 전략-그것을 전략이라고 부를 수 있다면-은 실패하였음이 드러나고 있다. 그러므로 소득의 불평등을 제거하기 위해서는 소득분배과정에 대한 정부의 직접적인 개입이 필수적으로 요청되는 것이다. 정부의 직접적인 개입은 삶의 다른 측면에서 나타나는 불평등을 제거하기 위해서도 반드시 이루어져야 하는 필수조건이다.

소득의 불평등을 제거하기 위해 요청되는 정부정책의 범위는 사회주의자들 사이에서 오랫동안 논쟁거리가 되어왔으며, 세부적인 사항에 대해서까지는 아니더라도 가장 중요한 부분들에 대해서는 전반적인 합의가 이루어져 있다. 재산상속의 폐지는 소득불평등을 제거하기 위한 정부정책 중 가장 첫번째 단계로 취해져야 하는 전략으로서, 이것은 사회주의자들의 저작과 노동당 또는 사회당의 정치적 강령에서 오랫동안 특징적으로 나타났었다. 하지만 재산상속을 폐지하기 위한 개혁의 속도와 시기뿐만 아니라 재산상속을 어느 정도까지 허용할 것인가(즉 재산상속을 어느 정도까지 제한할 것인가)의 문제와 같은 세부적인 사안에 관련해서는 의견의 차이가 존재한다. 흥미롭게도 재산상속의 폐지는 기회의 균등을 주장하는 자유주의자들의 견해와도 모순되지 않는데, 이는 왜냐하면 재산상속의 폐지는 개인들 간의 경쟁을 보다 평등한 것으로 만들어주기 때문이다. 또한 여러 가지 증거들로 볼 때, 최상층의 약 2/3 정도가 가진 재산은 상속된 재산이기 때문에, 재산상속의 폐지와 같은 개혁조치는 근로동기를 반드시 저해하지도 않는다. 삶에 있어서의 보다 평등한 출발은 개인들 간의 보다 건전한 경쟁을 낳을 것이고 따라서 경제성장에도 더 많은 자극을 줄 것이다.

하지만 좀더 평등한 소득의 분배를 보장하기 위해서는 재산상속의 폐지 이상의 정부조치가 필요하다. 근로 이외의 원천으로부터 나오는 소득이 특별한 욕구나 특별한 공적, 또는 공동선에 대한 특별한 기여를 고려하여 그에 따라 분배되기 전에, 근로소득 자체가 사회적으로 인정된 욕구를 충족시키기에 충분한 수준으로 분배되어야 한다. 실제 정책의 측면에서 보면, 이는 최저임금과 최고임금의 확립 그리고 적절한 아동급여를 포함한 지속적인 소득정책의 실시를 의미한다. 오늘날의 지배적인 가치체계를 염두에 두어, 임금이나 급여의 차이는 근로동기를 저해하지 않는 것이 되어야 한다. 하지만 앞에서도 말한 바와 같이, 이러한 전략으로부터 너무 많은 것을 이루려 해서는 안 된다. 소득의 불평등이 근로동기에 대해 갖는 의미는 소득불평등을 지지하는 사람들이 주장하는 것보다 훨씬 덜 명확하다. 기존의 소득불평등을 옹호하기 위하여 사용되는 여러 주장들을 드러내고 그것들에 대해 문제제기를 하는 것이 바로 평등주의자들의 임무인 것이다. 사회의 가치변화를 이룰 수 있는 요인들에는 여러 가지가 있지만, 그 중 한 가지는 기존질서를 지지하고 그로부터 혜택을 받는 사람들과 기존질서를 근본적으로 변화시키려는 급진주의자들 사이에 끊임없이 전개되는 이념의 싸움에서 주도권을 잡는 것이다.

소득불평등의 상당한 감소는 다른 형태의 불평등과 다른 영역의 사회정책에 대해서도 많은 의미를 갖는다. 그 중 주택분야만큼 그 의미가 두드러진 분야는 없을 것이다. 혼자 사는 사람, 한시적으로 고용되어 이동이 잦은 노동자, 최고령층의 노인, 학생, 그리고 여러 가지 이유로 집을 사는 것보다 세드는 것이 더 좋은 사람들에게는 정부가 제공하는 주택이 여전히 필요하겠지만, 대부분의 사람에 대해서는 자신의 집을 사도록 유도할 필요가 있다. 주택을 소유하는 것이 사회주의의 이상과 반대된다고 생각할 하등의 근거도 없다. 오히려 주택소유를 통해서 사람들은 보다 많은 자유와 보다 큰 평등을 그들의 삶에서 누릴 수 있으므로, 그 반대가 진실이다. 사람들은 그들 자신의 주택을 살 수 있을 여유를 가져야 하며 주택의 수준은 모든 사람들에게 충분히 좋은 것이어야 한다는 것이 보다 핵심적인 점이다. 주택의 불평등이 완전히 없어지지는 않겠지만 오늘날과 같은 불평등은 아니어야 할 것이다.

소득불평등과 밀접히 관련된 것으로는 보건과 교육 영역에 있어서의 불평등을 들 수 있다. 보건과 교육에서의 불평등은 변화에 대해 매우 저항적이다. 몇몇 나라에서의 경험을 통해 볼 때 보건 및 교육과 같은 삶의 영역에서 나타나는 불평등은 각각의 특수한 서비스가 아닌 정부의 보다 광범위한 프로그램들을 통해서만 감소될 수 있음을 알 수 있다. 보건서비스만 필요한 것이 아니라 보건정책이 필요하며, 교육서비스만 필요한 것이 아니라 교육정책이 필요한 것이다. 비록 현재로서는 보건이나 교육서비스의 범위 외부에 놓여 있지만, 근로조건이나 생활조건, 소득수준, 음식물 섭취유형, 여가활동 및 놀이시설 등과 같은 삶의 부분들도 보건 및 교육의 불평등과 매우 많은 관련성을 가지는 것들이다.

서구의 여러 복지자본주의 사회의 대중들은 적어도 1970년대 초반 이후부터 사회서비스의 조직구조—즉 은밀하고 비민주적인 의사결정과정, 소비자의 편리와 대중들의 불만에 대한 둔감성, 전문가에 대한 지나친 의존성 등—에 대해 불만을 품어왔다는 점을 보여주는 증거들이 많이 있다.

이러한 불만으로 인해, 사회서비스의 관리와 조직에 대중들이 보다 많이 참여할 수 있도록 해야 한다는 요구가 등장하게 되었다. 이러한 요구는 민주적 사회주의의 이념 및 실천과도 매우 조화로운 것이다. 지방정부의 통상적인 과정을 통한 사회서비스의 관리는 적절한 민주주의적 통제를 보장해주지 못한다. 참여란 서비스의 개발과 조직 및 실질적인 운영과정에 서비스의 현재 수혜자와 잠재적 수혜자가 관여하는 것을 의미한다. 따라서 참여가 실현되려면, 서비스는 분권화되어야 하고 지방화되어야 한다. 참여가 현실화되려면, 참여는 진료소 수준이나 각 지방의 학교 수준, 주택부동산의 수준, 사회서비스 지방사무소의 수준, 노인의 집 수준 등과 같이 지방수준에서 이루어져야만 하는 것이다.

사회서비스에 있어서, 민주화와 참여에 대한 주장에는 원칙적인 것과 실제적인 것이 결합되어 있다. 원칙에 관련된 주장은 매우 명확하다. 즉 민주사회에서 대중들을 위한 서비스는 그 운영에 있어서 대중들의 직접적인 관여를 필요로 한다라는 것이다. 실제와 관련된 주장은 전문가나 관료들이 내린 결정에 기초한 서비스보다 실제 수혜자와 잠재적 수혜자들에 의해 표현된 욕구에 직접적으로 대응한 서비스가 더 효과적이다라는 것이다. 이외에도 한 가지 중요한 주장이 있는데, 그것은 높은 수준의 복지지출에 대한 대중들의 지지가 유지되려면, 대중들은 사회적 욕구의 범위와 사회적 욕구를 적절히 충족시키기 위해 드는 비용, 그리고 공공재정의 지출을 통해 획득할 수 있는 것이 무엇인지에 대해 제대로 알고 있어야 한다는 주장이다. 복지국가가 복지사회로 전환되기 위해서는 시민들의 적극적인 참여가 필수적이다. 민주적 참여를 위한 분권화의 전략이 매우 중요한 것이다.

사회서비스에 대한 참여를 실험적으로 실시해 본 결과에 의하면, 참여는 흔히 생각했던 것보다 그리 간단한 문제가 아니며, 시간과 효율성의 측면에서 비용을 발생시킬 수 있다는 점이 드러나고 있다. 참여에 대한 올바른 접근법을 발견하는 것과 기존의 체계 및 구조를 참여의 이념에 맞게 수정한다는 것이 쉬운 일이 아닌 것이다. 예컨대, 서비스 수혜자가 서비스의 조직과 관리에 참여한다면, 이는 곧 서비스담당직원들의 참여에 대해 문제를 제기하는 것이며, 결국 관료적 조직에 있어서의 전통적인 권위유형에 문제를 제기하는 것이 되는 것이다.

우리는 이러한 어려운 점들을 결코 무시하는 것은 아니며, 또한 참여란 상황에 따라 여러 가지를 의미한다는 사실을 모르는 바도 아니다. 우리가 주장하고자 하는 바는 원칙적인 근거에서—즉 당위성의 측면에서—그리고 실제적인 근거에서—즉 대중의 지지를 받을 수 있는 유연하고 반응적이며 효과적인 서비스를 위한 유일한 방법이라는 측면에서— 사회서비스는 보다 참여적인 서비스체계로 전환되어야 할 필요성이 있다는 것이다. 참여를 보장한다는 것은 서비스의 이념과 실제 구조의 측면에서 중요하고도 근본적인 변화가 필요함을 의미한다. 그리고 그것은 모든 개혁이 그런 것처럼 자신들의 편의와 이해관계가 참여의 도입 및 실행에 의해 위협받을 수 있는 사람들로부터 저항을 받을 것이다.

영국에서 이른바 복지의 비공식부문, 특히 사회보호(social care) 영역에서의 비공식부문의 중요성이 부각되게 된 데에는 페미니즘운동과 우파정부의 등장에 힘입은 바 컸다. 비공식부문의 등장에서 그간 나타난 것을 보면, 전혀 새롭지 않은 것들을 새롭게 강조하고 있다는 것을 알 수 있다. 가족이나 친족, 이웃, 친구, 그리고 자발적인 단체들은 과거나 지금이나 노인들과 장애인들에게 보호(care)를 제공하였고 제공하고 있는 중요한 원천들인 것이다.

페미니스트들은 가족을 비롯한 비공식부문에 의한 보호는 사실상은 여성에 의한 보호를 의미한다는 것과 그러한 보호에 따른 부담(burden)이 얼마나 큰 것인지를 강조하여왔다. 우파정부는 공적 서비스의 축소를 정당화하고 합리화하며, 여성을 다시 가정으로 돌려보내는 데 기여할 수 있는 방안으로서 비공식부분에 집착하여왔다.

민주적인 사회주의 정책은 보호가 필요한 많은 사람들의 삶의 질에 비공식부문이 기여하는 바가 매우 크다는 사실과 요보호자들은 가족에 의한 보호를 더 선호한다는 사실, 그리고 가족들은 기본적으로 그러한 보호를 제공하려고 한다는 사실을 인정하여야 한다. 하지만 동시에 민주적인 사회주의 정책은 비공식부문에 의한 보호가 여성들에게 어떤 의미를 가질 수 있는지 그리고 여성들의 삶의 질에 어떤 의미를 가질 수 있는지도 고려하여야 한다. 신우파에게 있어서, 복지의 혼합경제는 공적 서비스의 삭감을 미화하기 위한 안성맞춤의 구호이다. 사회주의자에게 있어서, 복지의 혼합경제는 법정 서비스와 자발적 서비스, 공식적 서비스와 비공식적 서비스, 가족에 의한 복지와 국가에 의한 복지 간에 새로운 유형의 협력관계를 의미하는 것이다. 사회주의자에게, 그것은 공적 복지급여에 있어서의 새로운 정향성, 즉 공적인 복지급여 이외에 중요한 복지원천들을 고려하고 또 그러한 원천들을 지지하며 그것들과 함께 일하는 그러한 정향성을 의미하는 것이다.

적절한 서비스를 제공할 수 있는 가장 효과적인 방법은 바로 사회보호의 법정형태와 비법정형태 그리고 가족에 의한 형태가 서로 진정한 협력관계(partnership)를 이루는 것이다. 하지만 그러한 진정한 협력관계에서, 필요한 서비스와 그러한 서비스에 드는 재정은 정부가 책임지고 제공한다는 것이 가장 중요시되어야 한다. 그렇지 않을 경우에 서비스에 따른 일차적인 부담은 보수가 지급되지 않는 노동력으로서의 여성들에게 계속 지워질 것이기 때문이다. 이는 복지의 혼합경제에 대한 개념화에 있어서 사회주의자들의 관점이나 우파의 관점과 근본적으로 다른 것이다. 사회주의적 이데올로기에는 가족이 복지를 제공하게 한다든가 자원봉사자를 활용한다든가 또는 지역사회의 참여를 유도한다든가 등의 방법들이 지지와 인정 그리고 필요한 경우 정부로부터의 재정지원을 받기만 한다면 그러한 방법들을 반대하는 요소가 전혀 없다. 노인이나 장애인과 같은 특수한 욕구를 가진 집단들에 대한 서비스가 전시간제로 고용된 공무원들만으로 만족스럽게 제공될 것이라고는 결코 생각할 수 없으므로, 이와 같은 원리에 근거한 것으로서 사회보호에 대한 민주사회주의적 전략이 필요하다.

지난 40여 년 동안 복지국가를 운영해 본 경험으로부터 얻을 수 있는 마지막 교훈은 경제정책과 사회정책은 반드시 함께 고려되어야 한다는 것이다. 경제성장은 그 자체로 경제적 불평등과 사회적 불평등을 감소시키지 못한다. 또한 성장이 없이 불평등을 감소시키는 것이 가능할 수도 있지만, 그렇게 하기는 매우 어려울 것이다. 그러므로 모든 경제전략은 사회적 의미를 가지는 것이며, 마찬가지로 모든 사회전략은 경제가 어떻게 기능하고 있는가 그리고 앞으로 어떻게 기능할 것인가 또한 어떻게 기능해야 하는가라는 것 등에 관한 일련의 가정들에 의존하게 되는 것이다. 그래서 지난 40여 년 동안, 특히 1970년대 후반 이후의 기간 동안에는 평등과 불평등과 관련해서 사회정책보다 경제정책이 더 큰 중요성을 가졌던 시기였다. 오늘날 나타나고 있는 가장 두드러진 불평등은 취업한 사람과 실업한 사람 간에 나타나는 불평등이며, 이러한 불평등은 특정한 경제정책의 결과로 나타난 산물이다. 또한 그동안 경제정책이 언제나 사회정책적 고려보다 우위에 섰던 관계로, 사회서비스는 특정 경제목적에 부합되기 위해 확대되거나, 축소되고, 또는 정체되기도 하였다. 이제는 사회정책과 경제정책이라는 이 두 가지 정책의 목표 간의 관계가 보다 균등한 바탕 위에서 고려되어야 할 것이다. 이러한 필요성은 무엇보다도 '일자리를 위한 정책(a policy for work)'에서 가장 분명하게 나타나고 있다. 1945년부터 1970년대 초반까지의 완전고용시대에 있어서는 정부가 고용정책을 등한시하는 것이 가능하였고 실제로도 그 시대에는 고용정책이 등한시되었다. 일자리가 부족한 것이 문제라기보다는 일할 사람이 부족한 것이 문제였던 시기에는 고용정책이 불필요한 것이었는지도 모른다. 하지만 일자리가 희소한 상품이 된 오늘날(1980년대 중반)의 시점에서 볼 때, 고용이라는 삶의 중요한 부분은 더 이상 등한시될 수가 없게 되었다. 일자리를 창출하고 조직화하며 또한 필요하다면 일자리를 공유(to share work)하도록 하는 정책이 필요하게 되었다. 일을 하지 않고도 행복하고 창조적이며 유용한 삶을 살아갈 수 있는 사람은 언제나 존재하게 마련이다. 일자리가 부족한 경우 이러한 사람들은 사회가—매우 감사하면서—환영해야 할 것이다. 그러나 대부분의 사람들은 자신들의 삶의 틀을 형성하고, 만족감과 자신의 가치를 느끼며, 사회적 상호작용을 하기 위해서 일을 해야 한다.

일을 하지 못한다는 것은 대부분의 사람들에게 치명적인 손실을 입히는 것이며, 따라서 사회에 대해서도 치명적인 손실을 입히는 것이다.

이와 같은 사실을 인정한다면, 일자리를 제공하는 것은 정부가 수행해야 할 중요한 책임이 되는 것이다. 일자리를 공유하는 것(work sharing)은 3~4백만의 사람들을 실업자로 남겨두고 그 나머지 대다수의 사람들을 장시간 일하게 하는 것보다, 경제적인 측면에서 보면 덜 '효율적인' 것인지도 모른다. 하지만 이러한 비교가 받아들일 만한 것이라고 결코 생각할 수 없다. 그것은 효율성의 개념에 대해 매우 협소한 그리고 잘못된 견해를 내포하고 있기 때문이다. 3~4백만이나 되는 사람들을 낭비하고 그리고 그들에게 손실을 가하는 방식으로 경제를 운용하는 것이 경제적으로 또는 사회적으로 효율적인 것이라고 결코 생각할 수 없을 것이다.

물론 일자리를 위한 제반 정책들에는 비용이 들 것이라는 점은 인정한다. 현재의 정책들에도 비용이 든다. 하지만 이제 우리는 과거와는 다른 보다 대담한 사회계정방식(social accounting)을 필요로 하며, 특정 집단에게 명백한 손실을 가하지 않는 문제해결방법을 필요로 한다. 1980년 현재 영국에는 3백만이 넘는 사람들이 일자리가 없으며 동시에 사회적으로 가치 있는 수많은 일에 사람이 필요하다. 이와 같은 사회는 많은 사람들에게 해로운 명백히 불합리한 경제체계를 지속시키려는 시도에서 보듯이, 확실히 길을 잃고 방황하는 사회이며, 전통적인 경제교리에 집착하는 반(反)계몽주의적 사고에 빠져든 사회이다.

이 장의 두번째 절에서 제시된 바 있는 국가의 본질과 사회 내에서의 권력분배에 관한 분석으로부터, 정부의 정책을 통한 우편향으로의 급진적인 변화나 좌편향으로의 급진적이 변화가 단기간 내에 쉽사리 일어날 가능성은 정상적인 상황 아래에서 거의 희박하다는 점을 알 수 있다. 복지국가를 자유방임적 자본주의로 변화시키려 했던 영국의 대처 정부의 시도가 실패한 것이나 복지국가를 보다 사회주의적인 방향으로 변화시키려 했던 프랑스의 미테랑 정부의 시도가 실패한 것이 이러한 사실에 대한 단적인 증거이다. 평등주의적인 정부라 할지라도 점진적이고 점증적인 방법을 취하는 것 외에 다른 선택이 있을 수 없는 것이다. 하지만 보다 중요한 점은 개혁(급진적인 변화가 아닌)은 그 자체로서도 중요한 것으로 간주되어야 할 뿐 아니라 보다 웅장한 계획의 일부, 즉 민주적인 사회주의를 향한 먼 길의 디딤돌로서도 중요하게 간주되어야 한다는 점이다.

지금까지 제시한 정책들은 분명히, 다른 정책들보다 더 쉽게 받아들여 질 수 있고 반대도 덜 받을 것이다. 그러므로 대중들의 참여, 자발적 부문 과 가족에 의한 사회보호에 대한 정부의 지원, 그리고 사회권에 대한 법 적 뒷받침 등과 같은 것들은 선진 복지자본주의 사회의 경제적 틀 내에서 실행될 수 없다는 어떠한 논리적 근거도 존재하지 않는 것이다. 우리가 제시한 정책들은 이 장의 앞부분에서 말한 바 있는 자본주의의 네 가지 본질적인 요소들에 대해서도 직접적인 정면공격을 하지 않는 것들이다. 하지만 계급이나 성, 또는 인종 간의 불평등을 우리가 제시한 정도로 감 소시키는 것과 일자리를 위한 정책을 새로 도입하는 것은 자본주의에 대 해 직접적인 위협을 가하는 것들이어서, 선진 자본주의 사회의 기존의 경 제적 틀 내에서는 실행되기가 어려운 것들이다. 또한 이 두 가지 정책은 자본주의의 기본적인 축들을 변화시키기 않은 채 자본과 노동을 조화시키 려는 조합주의적 정부형태 하에서도 실행되기가 어렵다. 이 두 가지 정책 은 민주사회주의 정부에 의해서만이 점진적으로 성취될 수 있는 것으로서, 자본가들이 비록 내키지는 않겠지만, 그 실행을 위해서는 사회적 목표의 우위성을 인정한다든지 또는 여러 가지 형태의 사회적 소유를 계획적으로 확장시킨다든지 하는 것들이 있어야 한다.

전후의 기간은 모든 선진 산업사회에서 복지서비스가 성장하였던 기간 이었으며, 동시에 사회주의는 '역사적으로 필연적인 것'이라는 초기의 견 해가 잘못되었음을 드러내 준 기간이었다. 오늘날 복지자본주의 사회 중 에서 1940년대 후반기보다 민주사회주의에 더 가까이 간 사회는 하나도 없는 것 같다. 복지자본주의는 사회의 진화과정의 마지막 단계가 결코 될 수 없다. 비록 그 속도가 느리고 방향이 불확실하다 할지라도 사회는 언 제나 변화를 겪고 있기 때문이다. 하지만 한 가지 확실한 것은 오늘날 복지자본주의 사회가 당면하고 있는 사회적, 경제적, 정치적 문제들은 기술적이나 행정적인 개혁만으로는 해결될 수 없다는 점이다. 또한 그 문제들은 우파정부가 집권하였던 몇몇 나라에서의 경험이 보여 주듯이 자유방임적 자본주의로도 해결될 수 있는 것들이 아니다. 그 문제들을 해결하기위해서는 비록 충분하지는 않지만 민주적인 사회주의 정책이 전제조건으로서 필수적으로 요구되는 것이다.

참고문헌

Althusser, L. 1971, *Lenin and Philosophy and Other Essays*, New Left Books.

Anderson, P. and R. Blackaburn(eds.). 1965, *Towards Socialism*, Fontana.

Bachrach, P. and M. Baratz. 1970, *Power and Poverty*, Oxford University Press.

Baran, P. and P. Sweezy. 1970, *Monopoly Capital*, Penguin.

Barnett, A. 1976, "Raymond Williams and Marxism," *New Left Review*, no.99, Nov.-Oct.

Barry, N. P. 1979, *Hayek's Social and Economic Philosophy*, Macmillan.

Beer, S. H. 1969, *Modern English Politics*, Faber.

Bell, D. 1960, *The End of Ideology*, Free Press.

Benewick, R., R. H. Berki and B. Parekh. 1973, *Knowledge and Belief in Politics*, Allen & Unwin

Berki, R. N. 1975, *Socialism*, Dent.

Beveridge, W. H. 1943, *The Pillars of Security*, New York: Macmillan.

_____. 1944, *Full Employment in a Free Society*, Allen & Unwin.

_____. 1945, *Why I am a Liberal*, Jenkins.

_____. 1948, *Voluntary Action*, Allen & Unwin.

Birnbaum, N. 1969, *The Crisis of Industrial Society*, Oxford University Press.

Bosanquet, N. 1983, *After the New Right*, Heinemann.

Bottomore, T. and R. Nisbet(eds.). 1979, *A History of Sociological Analysis*, Heinemann

Bottomore, T.(ed.). 1983, *A Dictionary of Marxist Thouhgt*,

Blackwell.

Brittan, S. 1975, "The Economic Contradiction of Democracy," *British Journal of Political Science*, vol.5, no.1.

Carpenter, M. 1980, "Left Wing Orthodoxy and the Politics of Health," *Capital and Class*, vol.Ⅱ.

Churchill, W. S. 1909, *Liberalism and the Social Problem*, Hodder & Stoughton.

Cohen, P. S. 1968, *Modern Social Theory*, Heinemann.

Communist Party of Great Britain. 1970, *People Before Profits*.

Cowling, M. and S. Smith. 1984, "Home Ownership, Socialism and Realistic Socialist Policy," *Critical Social Policy*, no.9, Spring.

Crick, B. 1982, "The Many Faces of Socialism," *New Socialist*, no.5, May-June.

Crosland, C. A. R. 1956, *The Future of Socialism*, Cape.

_____. 1974, *Socialism Now*, Cape.

Crossman, R. H. S.(ed.). 1952, *New Fabian Essays*, Turnstile Press.

Dahl, R. A. 1961, *Who Governs?*, Yale University Press.

Dahrendorf, R. 1959, *Class and Class Conflict in Industrial Society*, Routledge & Kegan Paul.

Davis, K. and W. Moore. 1945, "Some Principles of Stratification," *American Sociological Review*, vol.10, no.2, April.

Deacon, B. 1981, "Social Administration, Social Policy and Socialism," *Critical Social Policy*, vol.1, no.1, Summer.

Doyal, L. 1979, *The Political Economy of Health*, Pluto Press.

Dubin, R. 1957, "Approches to the Study of Social Conflict: A Colloquium," *Conflict Resolution*, vol.1, no.2, June.

Durbin, E. F. M. 1940, *The Politics of Democratic Socialism*, The Labour Book Service.

Engels, F. 1942, *The Housing Question*, Lawrence.

_____. 1954, *Anti-Duhring*, Moscow.

_____. 1962, "The Origin of the Family, Private Property and the State," in Marx and Engels, *Selected Works,* vol.2, Moscow.

Etzioni, A. and E. Etzioni(eds.). 1964, *Social Change*, Basic Books.

Field, F. 1981, *Inequality in Britain*, Fontana.

Friedman, M. 1962, *Capitalism and Freedom*, Chicago.

Friedman, M. and Friedman, R. 1980, *Free to Choose*, Penguin.

Fromm, E.(ed.). 1967, *Socialist Humanism*, Allen Lane.

Galbraith, J. K. 1963, *American Capitalism*, Penguin.

_____. 1967, *The New Industrial State*, Deutsch(2nd edn. 1972).

_____. 1970, *The Affluent Society*, Penguin, 2nd edn.

_____. 1974, *Economics and the Public Purpose*, Deutsch.

Gamble, A. 1981, *Britain in Decline*, Macmillan.

George, V. and N. Manning. 1980, *Socialism, Social Welfare and the Soviet Union*, Routledge & Kegan Paul.

George, V. and P. Wilding. 1984, *The Impact of Social Policy*, Routledge & Kegan Paul.

Giddens, A. 1972, *Capitalism and Modern Social Theory*, Cambridge University Press.

Gilmour, I. 1978, *Inside Right*, Quartet.

_____. 1983, *Britain Can Work*, Martin Robertson.

Ginsburg, N. 1979, *Class, Capital and Social Policy*, Macmillan.

_____. 1983, "Home Ownership and Socialism in Britain," *Critical Social Policy*, vol.3, no.1, Summer.

Goldthorpe, J. 1962, "The Development of Social Policy in England 1800-1914," *Transactions of the Fifth World Con -gress of Sociology*, vol.4, no.4.

Gough, I. 1979, *The Political Economy of the Welfare State*, Macmillan.

Gouldner, A. W. 1971, *The Coming Crisis of Western Sociology*, Heinemann.

Hall, P., H. Land, R. Parker and A. Webb. 1975, *Change, Choice and Conflict in Social Policy*, Heinemann.

Hall, S. and M. Jacques(eds.). 1983, *The Politics of Thatcherism*, Lawrence & Wishart.

Harris, J. 1977, *William Beveridge*, Clarendon.

Harris, R. and A. Seldon. 1979, *Overruled on Welfare*, Institute of Economic Affairs.

Harris, S. E. 1955, *John Maynard Keynes*, Scribners.

_____(ed.). 1947, *The New Economics:Keynes' Influence on Theory and Public Policy*, Knopf.

Harrod, R. F. 1951, *The Life of John Maynard Keynes*, Macmillan.

Hayek, F. A. 1944, *The Road to Serfdom*, Routledge & Sons.

_____. 1949, *Individualism and Economic Order*, Routledge & Kegan Paul.

_____. 1960, *The Constitution of Liberty*, Routledge & Kegan Paul.

_____. 1967, *Studies in Philosophy, Politics and Economics*, Routledge & Kegan Paul.

_____. 1973, *Law, Legislation and Liberty,* vol.1: *Rules and Order*, Routledge & Kegan Paul.

_____. 1976, *Law, Legislation and Liberty,* vol.2: *The Mirage of Social Justice*, Routledge & Kegan Paul.

_____. 1978, *New Studies in Philosohpy, Politics and Economics and the History of Ideas*, Routledge & Kegan Paul.

_____. 1979, *Law, Legislation and Liberty*, vol.3: *The Political Order of a Free People*, Routledge & Kegan Paul.

Heald, D. 1983, *Public Expenditure*, Martin Robertson.

Holland, S. 1975, *The Socialist Challenge*, Quartet Books.

Horton, J. 1966, "Order and Conflict Theories of Social Problems as Competing Ideologies," *American Journal of Sociology*, vol.71, no.6, May.

Illich, I. 1975, *Medical Nemesis*, Calder & Boyars.

Inkeless, A. 1964, *What is Sociology? An Introduction to the Discipline and Profession*, Prentice-Hall.

Joseph, K. 1976, *Stranded on the Middle Ground*, Centre for Policy Studies.

Joseph, K. and J. Sumption. 1979, *Equality*, John Murray.

Kerr, C. *et al.* 1960, *Industrialism and Industrial Man*, Harvard University Press.

Keynes, J. M. 1927, *The End of Laissez-Faire*, Hogarth.
_____. 1932, *Essays in Persuasion*, Harcourt Brace.
_____. 1946, *The General Theory of Employment, Interest and Money*, Macmillan.
Keynes, M.(ed.). 1975, *Essays on John Maynard Keynes*, Cambridge University Press.
Kincaid, J. C. 1973, *Poverty and Equality in Britain*, Penguin.
Kincaid, J. 1983, "Titmuss,The Committed Analyst," *New Society*, 24 Feb.
Lambert, J., C. Paris and B. Blackaby. 1978, *Housing Policy and the State*, Macmillan.
Laski, H. 1925, *A Grammar of Politics*, Allen & Unwin.
_____. 1934, *The State in Theory and Practice*, Allen & Unwin.
Lees, D. S. 1961, *Health Through Choice*, Institute of Economic Affairs.
Lejeune, A.(ed.). 1970, *Enoch Powell*, Stacey.
Lenin, V. I. 1963, *Collected Works,* vol.17, Foreign Languages Publishing House.
Liazos, A. 1972, "The Poverty of the Sociology of Deviance: Nuts, Sluts and Perverts," *Social Problems*, vol.20, no.1, Summer.
Lindblom, C. E. 1977, *Politics and Markets*, Basic Books.
Lockwood, D. 1956, "Some Remarks on 'The Social System'," *British Journal of Sociology*, vol.8, no.2.
Luard, E. 1975, *Socialism Without the State*, Macmillan.
Machup, F.(ed.). 1977, *Essays on Hayek*, Routledge & Kegan Paul.
Macmillan, H. 1966, *The Middle Way*, Macmillan, 2nd edn.
Mandel, E. 1968, *Marxist Economic Theory*, Merlin Press.
Marshall, T. H. 1963, *Sociology at the Crossroads*, Heinemann.
_____. 1965, *Social Policy*, Hutchinson.
Marx, K. 1947, *The German Ideology*, International Publishers, New York.
_____. 1965, *Capital,* vol.1, Progress Publishers.

_____. 1969, *The Eighteenth Brumaire of Louis Bonaparte*, International Publishers, New York.

_____. n.d. "Preface to a Contribution to the Critique of Political Economy," in Marx and Engels, *Selected Works,* vol.1, Moscow.

_____. 1974, "The First International and After," in *Political Writings,* vol.3, Pelican edn, London.

_____. 1976, *Capital,* vol.1, Penguin.

Marx, K. and F. Engels. 1970, *Selected Works*, Lawrence & Wishart.

Meacher, M. 1982, "Socialism With a Human Face," *New Socialist*, no.4, March–April.

_____. 1982, *Socialism With a Human Face*, Allen & Unwin.

Miliband, R. 1969, *The State in Capitalist Society*, Weidenfeld & Nicolson.

_____. 1977, *Marxism and Politics*, Oxford University Press.

Mishra, R. 1981, *Society and Social Policy*, Macmillan, 2nd edn.

Moggridge, D. E. 1980, *Keynes*, Macmillan 2nd edn.

Navarro, N. 1977, *Social Security and Medicine in the USSR*, Lexington Books.

Nisbet, R. A. and R. K. Merton. 1966, *Contemporary Social Problems*, Harcourt Brace & World.

O'Connor, J. 1973, *The Fiscal Crisis of the State*, St Martin's Press.

Offe, C. 1982, "Some Contradiction of the Modern Welfare State," *Critical Social Policy*, vol.2, no.2, Autumn.

Owen, D. 1981, *Face the Future*, Cape.

Parsons, T. 1951, *Towards a General Theory of Action*, Harvard University Press.

_____. 1957, "The Distribution of Power in American Society," *World Politics*, vol.X, no.1, Oct.

_____. 1969, *Sociological Theory and Modern Society*, Free Press.

Poulantzas, N. 1978, "Towards a Democratic Socialism," *New Left Review*, no.109, May–June.

Powell, E. 1969, *Freedom and Reality*, Elliot Right Way Books.

Quinney, R. 1977, *Class, State and Crime*, Longman.

Reisman, D. 1980, *Galbraith and Market Capitalism*, Macmillan.

Rex, J. 1961, *Key Problems of Sociological Theory*, Routledge & Kegan Paul.

_____. 1981, *Social Conflict*, Longman.

Rodgers, W. 1982, *The Politics of Change*, Secker & Warburg.

Rule, J. R. 1971, "The Problem with Social Problems," *Politics and Society*, vol.2, no.1.

Runciman, W. G. 1965, *Social Science and Political Theory*, Cambridge University Press.

Ryan, W. 1971, *Blaming the Victim*, Orbach & Chambers.

Seldon, A. 1967, *Taxation and Welfare*, Institute of Economic Affairs.

_____. 1981, *Wither the Welfare State*, Institute of Economic Affairs.

Smithies, A. 1945, "Full Employment in a Free Society," *American Economic Review*, vol.35.

Social Insurance and Allied Services, Cmd.6404. 1942, HMSO (*Beveridge Report*).

Stewart, M. 1967, *Keynes and After*, Penguin.

Strachey, J. 1936, *The Theory and Practice of Socialism*, Gollancz.

_____. 1957, *Contemporary Capitalism*, Gollancz.

Sykes, G. M. 1971, *Social Problems in America*, Scot, Foresman.

Tawney, R. H. 1921, *The Acquisitive Society*, Bell & Sons.

_____. 1931, *Equality*, Allen & Unwin.

_____. 1953, *The Attack and Other Papers*, Allen & Unwin.

_____. 1964, *The Radical Tradition*, Penguin.

Taylor, I., P. Walton and J. Young. 1973, *The New Criminology*, Routledge & Kegan Paul.

Taylor-Gooby, P. and J. Dale. 1981, *Social Theory and Social Welfare*, Arnold.

Terill, R. 1973, *R. H. Tawney and His Times*, Deutsch.

Thatcher, M. 1977, *Let Our Children Grow Tall*, Centre for Policy Studies.

Timms, N.(ed.). 1980, *Social Welfare: Why and How*, Routledge & Kegan Paul.

Titmuss, R. M. 1958, *Essays on the Welfare State*, Allen & Unwin.

_____. 1965, *Income Distribution and Social Change*, Allen & Unwin.

_____. 1968, *Commitment to Welfare*, Allen & Unwin.

_____. 1973, *The Gift Relationship*, Penguin.

Townsend, P. 1979, *Poverty in the United Kingdom*, Penguin.

_____. 1981, "Poverty in the '80s', *New Socialist*, no.1, Sept.-Oct.

Van den Berghe, P. L. 1963, "Dialectic and Functionalism: Towards a Theoretical Synthesis," *American Sociological Review*, vol.28, no.5, Oct.

Walker, A. 1982, "Why We Need a Social Strategy," *Marxism Today*, Sept.

Waters, M. A.(ed.). 1070, *Rosa Luxemburg Speaks*, New York.

Weber, M. 1968, *Economy and Society*, New York.

Wedderburn, D.(ed.). 1974, *Poverty, Inequality and Class Structure*, Cambridge University Press.

Wilding, P. 1976, "Richard Titmuss and Social Welfare," *Social and Economic Administration*, vol.10, no.3, Autumn.

Williams, R. 1958, *Culture and Society*, Penguin.

Williams, S. 1981, *Politics is for People*, Penguin.

Winter, J. M. and D. M. Josiln. 1972, *R. H. Tawney's Commonplace Books*, Cambridge University Press.

Wright Mills, C. 1943, "The Professional Ideology of Social Pathologists," *American Journal of Sociology*, vol.49, no.2.

_____. 1956, *The Power Elite*, Oxford University Press.

■ 저자 소개

빅 조지·폴 윌딩

빅 조지(Vic George)는 캔터배리에 있는 켄트대학교 사회정책·행정 및 사회사업학부의
교수이며, 폴 윌딩(Paul Wilding)은 맨체스터대학교 사회행정학부 교수이다. 두 사람은,
공저로 『어머니 없는 가족(Motherless Families)』(Routledge & Kegan Paul, 1972), 『이데
올로기와 사회복지(Ideology and Social Welfare)』(Routledge & Kegan Paul, 1976), 『사회
정책의 영향(The Impact of Social Policy)』(Routledge & Kegan Paul, 1984)을 저술하였
다. 그들은 『사회정책의 개념(Concepts in Social Policy)』(Routledge & Kegan Paul)의 공
동편집자들이다.

■ 옮긴이 소개

남찬섭

연세대학교 대학원 사회사업학과 박사
역서 『비교사회정책』(한울, 1992)
현재 동아대학교 사회복지학과 교수

한울아카데미 111

이데올로기와 사회복지

지은이 | 빅 조지·폴 윌딩
옮긴이 | 남찬섭
펴낸이 | 김종수
펴낸곳 | 한울엠플러스(주)

초판 1쇄 발행 | 1994년 9월 28일
재판 17쇄 발행 | 2016년 3월 30일

주소 | 10881 경기도 파주시 광인사길 153 한울시소빌딩 3층
전화 | 031-955-0655
팩스 | 031-955-0656
홈페이지 | www.hanulmplus.kr
등록 | 제406-2015-000143호

Printed in Korea.
ISBN 978-89-460-6154-5 94330

* 책값은 겉표지에 표시되어 있습니다.